KB237024

한국어 계량적 연구 방법론

한국어 계량적 연구 방법론

박 병 선

도서출판 역락

｜책을 펴내며｜

　이 책은 한국어 연구에 있어서, 최근 정보화 시대를 맞아 대규모 언어자원을 효율적으로 활용하여 연구하는 방법을 실제 예를 이용하여 소개한 것이다. 이 글은 필자의 학위논문을 일부 교정하고 일반 연구자들이 좀 더 쉽게 볼 수 있도록 장별 주요내용 정보를 추가하여 출판하게 되었다. 한국어 어휘와 구문의 특징을 직관이나 이론적 기반에서 기술하는 형식을 통해서 보이는 연구 방법과는 매우 다른, 명시적이고 객관적으로 실제 언어자료를 활용하여 한국어의 특징을 밝히고자 하는 연구자들에게 그 효과적인 방법을 소개한 것이다.

　이 연구 방법론은 어떤 어휘의 특징을 그 어휘 자체가 갖고 있는 고유의 특징과 더불어 그 어휘와 함께 사용되는 어휘들과의 상관성을 엄밀한 계량적 방법을 활용하여 입체적으로 어휘 의미적 특징과 구문적 특징을 밝힐 수 있음을 보인 것이다.

　기존 언어학 연구에서 대세적 연구 방법은 주로 모국어 화자의 직관에 의존한 논리적 설명에 기반을 두었다. 그러나 정보화시대에 필수적으로 요구되는 언어자원의 기계적 자동처리와, 최근 날로 관심이 증대되는 외국어로서의 한국어 교육에 한국어 직관이 없는 한국어 비모국어 화자들에게 객관적이고 실증적인 자료를 바탕으로 언어자원을 활용할 수 있는 방법론이 절실히 요구된다.

　이 요구에 부합할 수 있는 연구 방법론이 현재 다양한 연구자들에 의해 연구가 진행 중이지만, 실제로 대규모 언어자원을 직접 다룬 연구와 무엇보다도 대규모 자료처리에 필수적인 통계적 처리 방법론을 복합적으로 활용한 연구 사례는 국내에서 찾아보기 힘들었다.

필자는 앞에서 말한 한국어학 연구에 새로이 요구되는 계량적 연구 방법론에서 가장 기초가 되는 공기관계(co-occurrence)를 어휘 의미적 관점의 연어관계(collocation)와 구문적 관점의 연접범주관계(colligation)를 바탕으로 다양한 예를 바탕으로 새로운 계량적 연구 방법을 정리하고 소개해 보았다.

지금까지는 계량적 연구에서도 주로 영어를 중심으로 한 인구어의 연구에 사용한 방법을 비교적 단순하게 한국어에 적용하는 경우가 많았다. 그렇지만 이 책에서 시도한 방법에서는 한국어 언어 자원의 특징을 정확하게 인식하고, 언어자원별 특성을 고려한 엄밀한 통계식을 실제 한국어 자료를 통해 검증하여 연구를 진행하였다. 특히 언어연구에 사용된 여러 통계식 중에서 외국어 연구 사례와는 많이 다른 결과를 보이는 것이 많았다. 이러한 특징을 이해하기 위해선 통계학적 특징을 분명히 인식하고 한국어 연구에 가장 적합한 통계식의 선택이 필수적이다. 이 책에서 다룬 연구에서는 바로 이 점에 중점을 두어 실제 한국어 자료를 직접 사용한 모의실험을 통하여 한국어 연구에 적합한 다양한 통계 분석법을 찾고자 했다. 많은 시행착오를 겪으면서 통계의 언어학 응용 방법에 대해 많은 고민을 했고, 필자가 기존에 시도한 다양한 연구방법을 최대한 다듬어서 다양한 연구 방법론을 제시해 보고자 했다.

이 연구를 완성하기까지 필자가 도움을 받은 분들이 너무 많다. 너무 감사한 일이다. 그 모든 분들에게 감사의 말씀을 올리는 것이 마땅하지만, 지면 사정상 은사님들에게만 감사의 말씀을 올린다. 우선 학부부터 학위를 받을 때까지, 이 부족한 제자가 올바른 연구자의 길을 가도록 지도해 주신 강범모 선생님의 은혜는 항상 감사하는 마음으로 살게 할 것이다. 게으른 제자가 나태해지지 않고 열심히 연구하도록 항상 곁에서 가르침을 주셨다. 식지 않는 열정으로 항상 연구하시는 모습은 그 어떤 가르침보다도 나에겐 큰 것이다. 그리고 필자가 언어학을 전공하다가 국문과 박사과정에 들어가서 국어학 연구를 제대로 할 수 있도록 지도해 주신 홍종선 선생님께도 너무나도 큰 은혜를 입었다. 무슨 일을 하든지 항상 인자하신 말씀으로 이 부족한 제자를 응원해 주시는 그 모습은 필자에겐 너무나도 큰 힘이 된다.

항상 유머가 넘치시는 최호철 선생님께서도 큰 가르침을 주셨을 뿐 아니라, 필자의 학위논문 심사도 맡아 주셔서 부족한 점을 보완할 수 있게 꼼꼼하게 지도해 주셨다. 한영균 선생님께서는 계량언어학 세미나에서 많은 지도도 해 주셨고 계량적 연구에 많은 영감을 주시고 계량언어학 연구로서의 부족한 점을 보완할 수 있도록 논문 심사를 맡아 주셨다. 그리고 국어학 논문으로서 잊어서는 안 될 점들을 일일이 지적해 주신 김창섭 선생님께도 감사의 말씀을 드리지 않을 수 없다. 필자가 대학에 처음 입학하여 언어학의 미래에 대한 혜안으로 가르침을 주셔서 전산언어학에 처음 눈뜨게 해 주신 이기용 선생님과 언어학 이론과 응용 언어학 연구에 큰 관심을 갖도록 해 주신 최재웅 선생님의 은혜도 잊을 수 없다. 대학원에서 필자가 언어학과 국어학을 깊이 연구할 수 있도록 가르침을 주셨던 정광 선생님, 성광수 선생님, 박영순 선생님, 강명윤 선생님, 김성도 선생님, 유석훈 선생님, 신지영 선생님께도 감사하다는 말씀을 드린다.

필자는 고려대 민족문화연구원에서 본격적으로 언어자료처리 연구를 시작했고 여러 연구 과제를 하면서 많은 경험을 쌓았다. 그리고 계량언어학 분야에선 세계적으로 유명한 영국 랑카스터 대학에서 1년간 객원연구원으로 지내면서 선진 연구 환경과 방법을 익히면서 국어학도로서의 사명감도 크게 깨달을 수 있었다. 이 모든 연구원 생활에서 너무나도 큰 은혜를 주신 김흥규 선생님께 깊은 감사의 말씀을 드린다. 김흥규 선생님께서는 세계 어느 곳에 견주어도 부족함 없는 연구 환경 속에서 필자를 비롯한 여러 제자들이 큰 사명감을 갖고 연구를 할 수 있도록 아낌없이 도와 주셨다. 이렇게 큰 도움을 주신 여러 선생님들의 은혜에 조금이라도 보답하기 위해서라도 필자는 더욱 열심히 연구에 전념하고자 한다.

사랑하는 아내와 나의 분신인 딸 세은이는 내 힘의 원천이다. 그리고 부모님과 장인, 장모님의 큰 사랑 없이는 내가 있을 수도 없다. 내 동생과 처형 가족 모두의 격려와 응원 속에서 지금까지 달려 왔다. 이렇게 가족들의 큰 응원에 힘입어 앞으로도 더 좋은 연구결과를 내고자 다짐을 한다.

마지막으로 항상 반갑게 대해 주시고 이렇게 좋은 책으로 출판해 주신 역락의 이대현 사장님과 표와 수식이 많아서 편집과 교정에 어려움이 큰데도 보기 좋게 편집해 주신 박윤정 선생님께도 깊은 감사를 드린다.

2005년 8월

박병선

┃차 례┃

제1장 서 론

1. 연구 목적

이 글은 국어의 공기관계(共起關係; co-occurrence)[1]를 중심으로 한국어 연구를 위한 다양한 계량적 접근 방법과 계량언어학적 분석의 방법을 제시하는 것을 목적으로 한다. 이를 위해서 국어의 실제 사용 예인 대규모 말뭉치(코퍼스, corpus)를 이용하여 계량언어학적으로 공기관계를 연구한다. 대규모 말뭉치를 이용한 이 연구에서는 우선 공기관계의 계량적 연구 방법의 유형을 설정한다. 다음으로 이를 바탕으로 말뭉치에서 각 유형에 해당하는 공기 구성을 추출하여, 검증된 계량언어학적 방법으로 유의미한 공기구성 목록을 선정하여 이들의 언어학적 특성을 정리한다.

이 연구를 위해서는 국어의 유의미한 공기 현상 추출에 있어서의 정확한 통계식 사용을 위한 통계식 검증과 국어 자료에의 적용을 통한 다양한 추출 방법 설정이 선행되어야 한다. 말뭉치를 효과적으로 공기관계 연구에 이용하기 위해서는 계량언어학적 연구에 필수적인

---

1) 이 논문에서 사용하는 용어 '공기관계'는 한 문장 안에서 어떤 단어(중심어, base)와 함께 출현하는 단어(연결어, collocate) 사이의 여러 언어학적 관계를 모두 나타내는 것이다. 기본적으로 모든 문장은 언어학적으로 적형(well-formed)이라는 것을 전제로 한다. 따라서 본 논문의 용어 '공기관계'는 후에 설명할 '연어관계(collocation)'와 '연접범주관계(colligation)' 등의 여러 언어학적 공기 현상의 특징을 모두 포함하는 개념이다.

통계 기법의 특성을 정확하게 이해하여야 한다. 이를 위해서 기존의
계량적 연구에서 사용한 여러 통계 방법의 검증을 통한 이해와 보완
이 필요하다. 이를 바탕으로 한 문장 내에서 연구 대상어인 중심어
(node, base)와 유의미하게 공기하는 단어들의 적절한 추출과 정리를 위
한 적합한 자료 처리 방법 및 연구 방법을 설정하여 국어 공기관계
의 특성을 살필 것이다.

지금까지 언어 연구는 어떤 문제가 되는 언어 표현이 적형인지(well-
formed) 아닌지에 주로 관심을 가져왔다고 볼 수 있다. 이런 연구는
객관적인 자료를 기반으로 하기보다는 주로 모국어 화자의 직관에
의존하는 경향을 갖는다. 그러나 본 연구에서는 언어 표현의 적형 여
부에 대한 관심보다는 실제 언어 자료를 바탕으로 어떤 것이 더 의
미 있는 공기관계를 갖는지에 관심이 있다. 다음의 예들을 살펴보자.

(1) ㄱ. 차가운 공기
    ㄴ. 차가운 맥주
    ㄷ. 차가운 눈길
    ㄹ. *?차가운 라디오

(2) ㄱ. 찬 바람
    ㄴ. 차가운 바람

(3) ㄱ. *?찬 현실
    ㄴ. 차가운 현실

(1ㄱ), (1ㄴ), (1ㄷ)은 모두 자연스러운 표현인데 반하여 (1ㄹ)은 어
색한 표현임을 직관적으로도 쉽게 알 수 있다. 그렇지만 '차갑다'라
는 형용사가 수식할 수 있는 대상의 전체적인 양상을 직관적으로 정
리하기는 어렵다. 그리고 (2)에서 보이듯이 '찬'과 '차가운' 중 어느
것이 더 많이 사용되는지에 대한 의문의 해결이라든지, 피수식 공기
관계 어휘들의 분포상의 차이 등은 직관만으로 이론을 전개하기 쉽

지 않다. 그 예로 매우 유사한 의미의 어휘인 '찬'과 '차가운'의 피수식어 자리에 (3ㄱ)의 '현실'은 어색하고 (3ㄴ)의 '현실'은 자연스러운데, 이런 예는 '찬'과 '차가운'이 수식하는 단어들의 분포를 말뭉치 자료로 비교한다면, 좀더 분명하고 객관적으로 두 단어의 용법상의 차이를 정리할 수 있다. 이와 같이 언중(言衆)들이 사용한 실제 자료를 이용하여 문제되는 형식의 분포와 그 유의미성을 조사하고 분석한다면 '자연스러움'에 관한 실제적이고 명시적인 증거를 제시할 수 있다. 또한 이러한 연구는 언어의 계열관계(paradigmatic relations)와 결합관계(syntagmatic realtions)의 특성을 객관적인 방법으로 분명히 정리할 수 있게 한다.

앞의 (1)의 예들을 실제 자료2)를 바탕으로 보면, 형용사 '차갑다'의 바로 다음 어절에 나타나는 단어(어절)3)들은 550만 어절 규모의 말뭉치에서 총 246종4)이다. 그리고 형용사 '차갑다'는 550만 어절 말뭉치에서 318회가 쓰였고, 그 중에서 관형형 '차가운'은 182회가 쓰였다. 이 자료에서 '차가운'의 수식을 받는 우인접(右隣接) 공기 단어들은 149종이 쓰였는데, 여기에는 촉감과 관련된 '물, 날씨, 바람, 공기' 등이 있고, 추상적으로 은유화된 의미인 "인정이 없이 매정하거나 쌀쌀하다"와 관련된 '가슴, 말, 눈길, 눈총, 목소리, 미소' 등이 있다. 이들의 출현 빈도는 일반명사 '바람'이 가장 높고 다음으로 '물', '공기'의 순서로 높다.

---

2) 자료는 정확한 형태/품사 정보가 부착되어 비교적 정확한 검색이 가능한 550만 형태 분석 말뭉치이다. 이 말뭉치는 '21세기 세종계획'의 '국어기초자료 구축'분과에서 1999년부터 2001년까지 구축한 것이다. 이 자료에 대한 자세한 설명은 해당 장에서 다룬다.
3) 이 논문에서 사용하는 '단어'는 일반적으로 말뭉치를 세는 단위로 쓰이는 어절로써 어휘의 기본형이 아닌 굴절형, 즉 체언의 곡용 형태와 용언의 활용 형태를 모두 고려한 것이다.
4) 굴절형을 고려하지 않은 종(種)수이다. 즉 기본형이 같더라도 굴절형이 다르면 다른 종으로 간주하였다.

본고에서는 다루는 내용은 단순히 '차가운'과 공기하는 단어들의 절대빈도만이 아니라, 이들 단어들이 550만 어절 전체 텍스트에서 출현하는 빈도를 고려한다. 이를 위해서 통계 이론에 바탕한 좀 더 유의미한 공기관계[5]를 추출하고 그 결과에 대해 분석할 것이다. 그리고 (2)의 예에서 보이듯이 유사한 의미와 공기 구성의 환경에서 어떤 형태들이, 또 같은 형태라 하더라도 어떤 것이 더 많이 쓰이는지에 대한 문제를 실제 자료를 바탕으로 해결하고자 한다. 그 예로 '차가운'의 피수식어 자리에서 '바람'이 14회 나타나고 '찬'의 피수식어 자리에서는 9회가 나타난다. 특히 전체 빈도를 고려한 통계적 유의미성을 보기 위해 t-test를 적용했을 경우 '차가운'과 공기하는 '바람'의 t-score는 4.29이고 '찬'과 공기하는 '바람'은 t-score가 2.94이다.[6] 이것은 '바람'을 수식하는 '차가운'과 '찬'은 모두 일반적인 수식 관계보다는 유의미한 공기관계임을 보여준다. 그렇지만 두 수식어 중에서 어떤 것이 더 유의미하게 공기하는 것인지는, 앞에서 설명한 t-test 통계 검증을 통해 '차가운'이 '찬'보다 '바람'을 수식하는 공기관계가 더 유의미한 것임을 알 수 있다. 이렇게 통계적 방법을 통해 명시적인 유의미성과 그 차이를 확인할 수 있는데, 이런 차이는 직관으로는 알아내기 어렵다.

국내 언어학 분야에서 공기관계의 주요 부분에 대한 연구는 연어관계(collocation)[7]에 대한 연구를 중심으로 이루어져 왔고(이희자 1994, 최

---

5) 이 유의미성을 측정하기 위해 통계기법을 이용하는데, 자세한 내용은 해당 장에서 다룬다.

6) 일반적으로 t-score가 1.64 이상이면 통계적으로 유의미한 결과인데, 값이 높을수록 유의미성이 커진다.

7) 영어의 'collocation'은 일반적으로 한 문장에서 유의미하게 공기하는 단어들의 결합관계를 지칭하는 것으로, 통상적으로 '연어(連語)'로 번역하여 사용한다. 본고에서 '연어'라는 용어가 '관계' 개념을 잘 나타내지 못한다고 판단하여 '연어관계'를 collocation의 번역어로 사용한다. 그리고 '연어관계'에서 공기하는 두 단어 중에서 연구 대상이 되는 단어를 중심어(base, node)로, 이 중심어와 연어관계에 있는 단어를 '연결어(collocate)'로 부른다.

경봉 1995, 강현화 1998-1999, 이동혁 1998, 홍종선 외 2000-2001, 김진해 2000, 한영균 2002 등), 전산학에서는 자연언어처리를 위해 유의미한 공기관계를 자동추출하기 위한 연구가 이루어져 왔다(이공주 외 1995, 윤준태 1998, 박경미 2002 등). 언어학 분야에서 그동안 관심을 갖고 연구하였던 연어관계 연구는 연어관계 개념 설정과 이를 바탕으로 한 연어관계 구성의 정리와 특성 기술이 주된 것이었다.

본 논문에서 다루는 내용은 기존의 국내 연구들에서 주로 다루었던, 특정한 언어학적 규명을 통한 연어관계 설정과 특성 기술보다는, 중심어(base)와 한 문장에서 공기하는 연결어(collocate)의 관계를 계량적 접근 방법을 통해 공기관계의 특성을 분석하는 것이 주목적이다. 그런데 이런 목적으로 다양한 공기관계를 전체적으로 정리하고 언어학적 특성을 종합적으로 설명하고자 한 시도는 매우 드물었다. 특히 구문적 공기관계 연구나 '연접범주관계(連接範疇關係; colligation)[8]' 연구, 공기하는 단어를 이용한 단어의 의미적 특징 연구는 더욱 드물었다. 국외의 경우, 통계를 이용한 언어 현상 분석에 대해 엄밀한 통계방

---

8) 연접범주관계(連接範疇關係)는 영어 'colligation'의 번역으로, 국내 연구에서는 이에 대한 마땅한 번역을 찾지 못하였다. 다만 영어학사전(1990)에서 '통합(統合)'이라는 용어로 소개하고 있다. 그렇지만 이 용어가 공기관계에서 '연어관계'에 대응되는, 통사적 결합 관계를 중심으로 본다는 개념의 'colligation'을 적절히 번역하였다고 보기 힘들다. '연접범주관계'는 중심어와 연결어의 문법적 결합 관계에 초점을 맞춘 공기관계를 나타내는 용어이다. 예를 들어 '철수는 학교에 간다'에서 '철수는'은 '간다'의 주어인데, '철수는'과 '간다'의 공기관계에서 문법적 결합 관계인 주어와 서술어의 관계를 중심으로 분석하는 것이 바로 연접범주관계(colligation)가 된다. '연어관계(collocation)'가 공기관계에서 단어들의 어휘론적 결합 관계를 지칭하는 것에 착안하여, 중심어와 공기하는 단어의 문법적 구조와 통사범주에 초점을 맞춘 공기관계 특성에 해당하는 개념이 '연접범주관계'이다. 따라서 영어의 'colligation'에 해당하는 용어로 '연접범주관계'를 사용한다. 여기서 분명히 해둘 점은 '연접'의 개념이다. '연어관계'에서 '연어'가 단순히 중심어와 이어진 단어의 결합을 지칭하는 것이 아니고, 인지적 측면에서 하나의 개념으로 받아들여지는 단어들의 결합 관계인 공기관계를 지칭하는 용어이다. 따라서 연접범주관계에서 연접의 개념도 단순히 중심어와 연접하는 단어들만을 대상으로 하는 결합 관계가 아닌, 공기관계를 구성 할 수 있는 모든 결합 관계를 포함하는 것이다.

법 검증이 어느 정도 있었지만, 국내에서의 연어관계 연구는 통계를 이용한 연구에서 엄밀한 검증 없이 외국의 연구사례를 적용하는 수준에 머물렀었다(홍종선 외 2000-2001 등). 본 논문은 이에 대한 문제점을 깊이 인식하고 통계식 자체의 특성 검증과 비교, 그리고 한국어 자료를 이용한 검증을 시도하였다. 이를 통해 적합한 통계 검증 모델을 설정하여 연구함으로써 국어의 유의미한 공기관계를 효과적이고 엄밀하게 추출하여 언어학적 관점에서 정리할 수 있었다.

2. 선행 연구 검토 및 문제 제기

언어학 분야에서 공기관계에 있는 단어들의 연구는 앞서 언급한 바와 같이 주로 연어관계(collocation)에 대한 연구를 중심으로 이루어져 왔다. 여기서 '연어관계'란 포괄적 개념으로, 외국에선 여러 공기 구성에 대해서 다양한 개념을 적용하여 비교적 많은 연구가 있었다. 연어관계 개념은 일반적으로 Firth(1957)에 의해 처음으로 언급된 것으로 본다. 자연 언어의 단어들은 주변 단어들과의 어울림을 통해서 여러 언어학적 특성을 갖는다고 보는 개념에서 출발한 연어관계 연구는 최근에 대규모 언어 자료 처리를 이용한 자연언어처리 분야의 발전과 함께 언어학적으로도 더 많은 관심을 불러일으키게 되었다. Firth 이후 여러 언어학자와 사전학자들이 다양한 연구를 통해 연어관계의 개념 설정과 연구 대상 및 연구 방법에 대한 여러 논의를 해왔다. 한영균(2002)에서 이에 대해 정리한 바에 따르면 연어관계 개념, 연어관계 연구방법론 등이 연구자와 연구 목적에 따라 다양함을 알 수 있다.[9] 김진해(2000)에서는 외국의 다양한 연어관계 연구 분야를 연구 목적에 따라 분류 정리하였다.[10] 그러나 본 논문에서 다루는 내용은 기존에 다루어 왔던 연어관계 연구와는 달리, 특정한 연어관계 구성이나 특성에 국한되지 않는다. 앞서 언급한 Firth(1957)의 개념을 좀 더 폭넓게 수용하여, 연구 대상으로 삼는 단어와 한 문장에서 공기하는 단어들과의 관계를 통해 연구 대상 단어의 언어학적 특성을 살피고자 한다. 따라서 한 문장에서 공기하는 단어들 사이의 관계를 효과적으로 분석하기 위한 다양한 연구 방법 설정과 이를 바탕으로 한 유의미 공기관계의 정리를 주된 목적으로 삼는다.

이러한 다양한 공기관계의 연구 성과들은 국내외에서 일반 언어학 이론이나 사전 편찬, 언어 교육 등의 실용적 측면에서 다양하게 사용되어 왔다. 국외의 연구는 서구 유럽을 중심으로 활발히 진행되어 왔고 대규모 말뭉치에서 자료를 추출하여 연구한 사례도 많이 있다. 특히 대규모 자료를 효과적으로 처리하기 위한 전산적 방법을 이용한 도구 개발과 객관적이고 명시적인 분석을 위한 통계 기법을 이용한 연구도 활발히 이루어졌다. 연구가 진행되면서 기존 연구 방법에 문제점을 보완하여 새로운 자료 처리 도구와 통계 기법이 개발되었고 이로 인해, 영어를 중심으로 한 인구어의 처리 기술과 연구 성과는 많이 있다. 그러나 이러한 연구는 인구어 중심으로 이루어진 것으로 한국어에 그대로 적용하는 데는 엄밀한 검증이 필요하다. 일

---

9) 한영균(2002)에서는 지금까지 논의되어 온 쟁점들을 네가지로 나누어 정리하고 있다. 첫째, 연어관계 개념 설정 문제, 둘째로 연어관계 구성 문제, 셋째는 연어관계 범위 문제, 마지막으로 연어관계의 계량화 문제로 나누었다.

10) 일반 언어학적 접근(Firth 1957, McIntoch 1961, Grubber 1965-1970, Halliday 1966, Greenbaum 1970, Palmer 1976-1981, Hausman 1985, Partington 1998, Tucker 1998), 사전학적 접근(Cowie 1978-1981, Aisenstadt 1979, Benson 1985-1989, Benson, Benson & Ilson 1986-1997, Bennett 1988, Svensen 1993, Me'cuk 1988a-1988b-1995-1996, Mel'cuk & Wanner 1996, Renouf & Sinclair 1991, Apresjan 1992), 비교 언어학적 접근(Cop 1989, Bahns 1993), 언어교육학적 접근(Brown 1974, Mackin 1978, Newman 1988, Bahns 1993, Gitsaki 1996, Al-zahrani 1998), 전산언어학적 접근(Sinclair 1991, Heid 1992, Stubbs 1996, Fontenelle 1997, Biber, Conrad & Reppen 1998) 등으로 정리하였다.

반 이론의 수용 뿐 아니라 연구 방법론의 수용에도 한국어 특성과 방법론의 충분한 이해가 필수다. 예를 들어 연어관계 연구에서, 통계 기법의 한국어 연구 적용에 있어서 기존의 영어중심의 연구와의 차이점이 홍종선 외(1999)와 박병선(2000), 박병선·강범모(2001)에서 언급되었다.[11]

계량언어학적 관점에서 연구한 국내의 연구 사례로는 홍종선·강범모·최호철(2000, 2001), 박병선(2000, 2002a, 2002b), 박병선·강범모(2001), 문화관광부 세종계획 보고서(2001)[12], 임근석(2002), 한영균(2001, 2002) 등이 있다. 홍종선 외(2000, 2001)에서 1,000만 어절 규모의 말뭉치를 이용하여 중심어와 연접하여 공기하는 연결어들에 대한 연구와, 한 문장 내에서 문법 관계를 보이는 공기관계를 다루었다. 임근석(2002)에서는 연구 대상을 통사 구성상의 기준을 바탕으로 6가지 유형을 설정하여 350만 어절 규모의 말뭉치를 이용하여 어휘적 연어관계를 연구하였다. 박병선(2000, 2002a, 2002b, 2002c), 박병선·강범모(2001)에서는 대규모 자료처리 방법과 유의미한 공기구성을 추출하는 통계기법 활용에 대해 방법론을 주로 다루었다.

그리고 문화관광부 보고서(2001)는, 본고에서 이용하는 자료인 형태분석 말뭉치의 일부를 이용하여 국어 형태소의 다양한 정보를 이용하여 형태소 연접관계와 한 어절 내에서의 형태소 연접관계를 유형화하여 그 양상을 정리하였다. 이 연구는 형태 정보가 부착된 말뭉치를 이용하여 연접범주관계(colligation)적 관점에서[13] 연구한 의의가 있으나 주로 어절 내부의 관계만을 다루었다는 한계가 있다. 그렇지

---

11) 이와 관련된 내용은 본 논문의 방법론과 관련하여 뒤에 상세히 다루겠다.

12) 문화관광부 주관 '21세기 세종계획 - 국어기초자료분과'의 2001년도 소과제 '분석말뭉치를 이용한 한국어 형태소 연접 관계 연구': 연구책임자 - 홍종선·최호철

13) 엄밀히 말하면 연접범주관계는 한 문장에서 문법 관계를 중심으로 공기관계를 보는 것이므로, 어절 내부의 결합 양상은 연접범주관계로 보기는 힘들다. 그렇지만 문법 범주들의 결합 양상을 어휘적 관점이 아닌 통사적 관점에 한정하여 정리한 자료이므로 넓은 의미의 연접범주관계로 이해할 수 있다.

만 특히 연접범주의 출현 양상을 실제 자료를 이용하여 제시한 예를, 이전 연구에서는 찾기 힘들다. 이 자료는 국어교육, 사전편찬, 자연언어처리 분야에 중요한 기초 정보가 될 수 있다.

본고는 자료 처리와 함께 유의미한 공기관계를 연어관계뿐 아니라 연접범주관계도 고려하여, 공기관계를 연어관계와 연접범주관계의 두 측면에서 정리하고자 한다. 단순한 빈도 제시가 아니라 계량언어학적 관점에서 유의미성이 검증된 자료들을 추출하여 공기관계를 분석할 것이다.

한영균(2001, 2002)은 주요 공기관계인 연어관계 연구에 있어서 계량언어학적 방법과 관련된 자료 처리와 활용 문제에 대해 연구한 것이다. 이들 연구는 기존의 언어학적 연구와는 달리 실제 자료를 바탕으로 실증적 결과 도출을 위한 것으로, 새로운 관점과 방법을 도입한 데에 그 의의가 있다 하겠다. 그러나 이들 연구는 대체로 외국의 연구 방법들을 이용하여 한 것으로, 기존 외국의 연어관계 연구의 방법론상 일부 문제점을 지적하고 한국어 특성에 맞는 자료 처리 방법론에 대해 다루었지만 문제점을 제시하는 수준이었고, 새로운 자료처리 기법에 대한 구체적 대안 제시는 미흡했다고 볼 수 있다.

전산학 분야에서 공기관계를 중심으로 다룬 대표적인 것으로는 윤준태(1998)가 있다. 이 논문에서는 한국어 구문 구조 분석 도구 개발을 위해 동사를 중심으로 공기하는 명사구와의 공기관계를 이용하여 연관도를 측정하고 전역적 연관 테이블(全域的 聯關 테이블; global association table)을 만들어서 이를 이용하여 구문 구조 파서(parser)의 성능을 향상시키고자 한 것이다. 그런데 이 연구에서는 연관도를 측정하기 위해서 사용한 통계식에 대해 일부 문제점을 인정하면서도, 인구어 중심의 연구에서 주로 이용한 기존의 방법을 수용하였다.14) 그러나 이

---

14) 윤준태(1998: 41)에서 정규분포를 가정한 통계식 적용의 문제점은 언급했으나 상세한 설명 없이 정규분포를 가정한 통계식 적용에 큰 문제가 없다고 판단하

연구는 대규모 말뭉치에서 추출한 정보를 이용하였고, 동사를 중심으로 공기하는 명사구들에 대한 연구로 한정하였으므로 큰 무리 없이 연구를 진행할 수는 있었다고 본다. 박경미(2002)는 자연언어처리의 효율성 향상을 위해 연어관계에 있는 단어들의 특성을 이용하여 확률 정보를 이용한 자동 연어관계 추출 방법을 시도하였다.

계량언어학에서 대규모의 자료를 다루기 위해서는 전산 처리와 통계 이용이 필수적이다. 공기관계의 연구에 있어서도 이러한 방법들이 외국의 연구에서는 비교적 활발히 이루어져 왔다.[15] 특히 유의미한 공기관계를 추출하기 위한 적정 통계식의 연구도 함께 이루어져 왔다.[16] 반면 국내에서는 계량언어학적 관점에서 시도한 이 분야의 연구가 드물었고, 주로 자연언어처리를 위한 전산 분야에서 다루어졌다(윤준태, 1998 등). 그리고 언어학적 관점에서 다룬 예도 드물다.[17] 그리고 이들 연구에서 사용한 통계적 방법은 영어를 중심으로 한 외국의 연구에서 주로 사용한 것을 한국어에 적용한 것이고, 동일한 계량적 연구 방법의 적용에 있어서 외국어 연구에서 나타나는 결과와 차이가 있는 현상에 대해서는 적절한 연구와 논의가 부족했다.

본고는 이 부분에도 문제가 있음을 지적하면서, 외국에서 사용한 통계 방법을 검증하여 한국어 연구에 있어서의 적용 타당성을 시험하고, 나아가 기존에 사용되어 온 통계방법과 다른 새로운 통계식을 개발하여 시험해 보고자 한다.[18] 이를 통하여 좀 더 면밀한 언어 자

여 z-test를 하였다.

15) Stubbs(1996), Snedecor and Cochran(1989), Moore and McCabe(1989), Weinberg and Goldberg(1990), Ramsey and Schfer(1997) 등

16) Oakes(1998), Daille(1995), Gale and Church(1991), Brown et al(1988), Church and Hanks(1990) 등

17) 박병선(2000), 홍종선·강범모·최호철(2000, 2001), 박병선·강범모(2001), 임근석(2002)

18) 기존의 여러 연구사례를 바탕으로 다양한 통계식을 모의실험(simulation)을 통하여 각 식의 특징을 규명하고 적절한 통계식을 도출한다.

료 처리를 위한 방법을 제시하고 이를 통해 추출되는 유의미 공기관계에 있는 어휘들과 문법 관계 등의 특징을 서술한다.

3. 연구 범위와 논문의 구성

이 논문은 앞에서 서술한 바와 같이 국어 공기관계의 계량적 연구와 활용을 위해, 대규모 자료를 효율적으로 처리하기 위한 적절한 연구 방향을 제시하고자 한다. 이를 위해 연구의 특징을 잘 보여줄 수 있는 단어들을 예로 들어 논의를 전개한다.

대규모 언어 자료 처리에 있어서 언어학적 주석(annotation)은 필수적이다. 아무 정보가 부착되지 않은 원시말뭉치(raw corpus)의 경우 이용에 많은 한계가 있다. 언어학적 연구 뿐 아니라 전산적 연구에서도 자연언어처리를 위해서는 언어학적 정보를 부착한 말뭉치가 아주 유용하고, 전산학 분야에서는 정보 부착 도구의 개발 자체가 연구의 목표가 되기도 한다. 이런 언어학적 부가 정보는 기본적으로 어절 단위로 형태소 정보나 품사 정보를 부착하는 것과, 문장 단위로 전체 문장 구성을 고려한 단어별 문법 관계 정보를 부착하는 것, 그리고 어휘 의미 정보를 부착하는 것이 있다.

본고에서는 국어의 유의미 공기관계를 통하여 각 단계별 작업과 직접적으로나 간접적으로 관련이 되는 여러 언어학적 공기 특성을 효과적으로 추출하는 방법과, 이들 결과에 대한 언어학적 정리를 시도하였다. 그러나 본 연구는 언어정보학적 관점에서 이루어지므로 기존의 언어관계 연구에서 중요하게 다루었던 공기관계 구성의 정의와 공기관계 구성의 통사론적, 의미론적인 특징에 대한 상세한 이론적 논의는 하지 않는다. 그보다는 한 문장 내에서 유의미하게 공

기하는 단어들을, 실제 언어 사용 양상의 객관적이고 일반적인 언어
학적 정리에 한정하여 연구한다.

이 연구는 말뭉치 자료의 올바른 처리 방법과 효율적인 사용 방법
을 제시함으로써 국어학 일반 이론 연구에도 많은 도움이 될 수 있
다. 좀 더 직접적으로는 한국어교육 분야와 자연 언어 처리 분야, 사
전 편찬 분야 등에 커다란 활용 가치를 갖는다고 볼 수 있다. 한국
어교육 분야에서는 모국어로서의 한국어 지식이 없는 학습자들에게
좀 더 자연스럽고 일반적인 언어 사용의 근거를 분명히 제시해 줄
수 있다. 자연 언어 처리 분야에서는 엄밀한 유의미 공기관계 추출
방법에 의해 나온 결과를 이용한다면, 훨씬 효율적인 언어 처리 도
구의 개발에 크게 기여할 수 있다고 본다. 그리고 사전 편찬 분야에
서는 실질적인 언중의 언어 사용 양상을 기반으로 한 사전의 편찬을
가능하게 함으로써 실용성을 높일 수 있다.

언어학 분야와는 달리 한국어 전산 처리 분야의 연구는 실제 자료
처리가 목적이므로 특정한 목적에 한정된 자연 언어 처리 도구들이
개발되어 왔다. 말뭉치를 이용하여 각종 언어학적 표지부착 도구들
과 정보 검색 도구들이 개발되었고 이를 응용한 자연 언어 처리 도
구들이 개발되었다. 이러한 도구 개발을 위한 연구들에서 공기관계
와 관련된 것으로는 분석 중심어 주변 어절들의 형태 품사 정보를
이용한 자동태거와 구문 분석 도구들이 있는데, 이들 도구의 개발은
기본적으로 언어학적 이론을 바탕으로 한다(김진동 1996, 이공주 외 1996,
임희석 1997-2001, 박영숙 외 1999, 황영숙 외 2001 등).

그러나 이러한 연구들에서 수용한 언어학적 배경은 특정 목적만
을 위한 부분적인 이용이 대부분이었다. 예를 들면 자동 태거를 개
발하기 위해서 모든 어절 연쇄에서 추출된 어형을 바탕으로 하여 규
칙을 만들고 확률 정보를 이용하였다. 물론 이와 같은 연구에서도
단어의 품사 정보와 구문 정보가 일부 이용되기도 하였으나 체계적

이고 전체적인 규칙의 설정보다는 개발 도구에만 한정된 규칙을 중심으로 연구가 진행되었으므로, 이렇게 설정한 규칙에는 많은 예외와 변형된 규칙들이 발생한다. 물론 언어현상을 모두 규칙화한다는 것이 매우 어려운 일이지만, 좀 더 일반적이고 체계적인 기준을 설정하여 연구가 진행된다면 더 많은 활용성을 갖게 될 것이다.

본고는 지금까지 한국어 전산학 분야에서 이용된 언어학 이론들을 모두 정리하지는 않는다. 그러나 자연 언어 연구 방법론에 있어서, 전산 처리의 현실에서 고려하지 못할 언어학적 문제점들은 인정하지만 일부 엄밀한 검증 없이 수용한 연구 방법이나 언어 이론에 대해서는 검증을 시도하고자 한다. 예를 들어 두 단어의 유의미 공기성 측정 방법에 있어서 대부분은 통계적 유의미성을 바탕으로 하고 있지만, 통계식 적용의 엄밀성이 충분히 검증되지 않았고, 영어를 중심으로 한 인구어 연구에 사용한 연구 방법을 한국어에 그대로 적용했거나, 연구 대상 자료의 크기에 따른 통계적용의 검증은 부족하였다. 그리고 특정 도구 개발을 목적으로 연구들이 진행되었으므로 다양한 공기관계를 전체적으로 연구한 사례는 드물었다. 이런 점을 고려한다면 한국어 공기관계를 다양한 관점에서, 엄밀한 검증을 통해 개발한 통계 기법을 이용하여 유의미한 현상을 추출할 수 있는 연구 방법의 설정과, 이를 이용하여 공기관계를 추출하고 이 추출된 자료를 언어학적 관점에서 정리하는 것이 매우 중요한 작업이 된다.

영어를 중심으로 한 인구어의 계량언어학적 연구는 이미 10여 년 전부터 활발히 진행되었다. 통계기법은 계량언어학의 다양한 분야에 걸쳐 필수적 방법으로 자리 잡았다. 주로 대규모의 자료 처리를 기본으로 하는 계량언어학의 특성상 수작업으로 자료를 처리한다는 것은 불가능하고, 또 그 처리한 결과를 효과적으로 이용하기 위해서 통계 기법의 이용이 필수적이다. 외국의 경우에는 기본적 통계 기법부터 고급 통계 기법까지 다양한 연구가 있었다(A. Kilgarriff 1996-2002,

C. Manning & H. Schützel 1999, M. Oakes 1998 등). 이런 통계 기법을 이용하기 위해선 통계학적 지식이 있어야 하고, 이를 언어학 연구에 적용하기 위해서는 반드시 언어학자가 해당 통계 기법 적용에 대한 검증을 해야 한다.

이미 외국의 연구 사례를 보면 동일한 연구 주제에 대해 다양한 통계 기법의 시도와 문제점 인식, 보완 문제 등이 다루어져 왔다. 통계학 지식이 아무리 많다고 할지라도 언어학적 지식이 없다면 어떤 통계식을 어떻게 적용하고 그 결과에 대해 어떻게 올바른 해석을 할 수 있는가에 대한 문제의 답은 기대하기 어렵다. 즉 언어학 연구를 위한 통계 처리에서, 자료에 대한 분명한 이해와 결과에 대한 해석에 모두 언어학 지식이 필수적인 것이다. 따라서 이 점은 분명히 언어학자의 몫이며 한국어 연구에 대해서는 한국어 연구자가 이 역할을 해야 함은 자명한 것이다.

이러한 측면에서 현재까지의 국어의 계량적 연구들에는 많은 아쉬움이 있다. 앞서 언급한 바와 같이 국어 연구에 있어 일부 계량적 연구에서 통계를 이용하여 연구한 사례가 있지만, 대부분의 연구에서 빈도 등의 기초 통계 이용이나 외국의 연구 방법을 엄밀한 검증 없이 적용한 것들이 대부분이었다. 본고에서는 한국어의 특성을 충분히 고려하기 위하여 공기관계를 위한 방법들을 중심으로 기존의 통계기법에 대한 검증과 문제점에 대한 보완을 시도하고자 한다.

계량언어학적 관점에서 공기관계를 연구할 때, 어떤 기준과 방법으로 공기관계를 추출하는 것인가도 중요한 과제이다. 본고에서는 앞서 언급한 바와 같이 국내외에서 기왕에 많이 시도했던 중심어와 인접 연결어의 인접 공기관계 연구와 더불어, 구문적 정보를 활용하여 구문적 공기관계와, 고급 통계 기법인 인자 분석을 이용한 군집 공기관계의 분석 방법을 통해 한국어 공기관계를 다양한 계량언어학적 방법으로 연구한다.

이를 위해 지금까지 국내에서 공기관계에 대한 계량언어학적 연구가 드문 상황에서 어떤 방법으로 공기관계를 다뤄야 하는지에 대한 정리가 필요하다. 그리고 대규모 자료를 다루기 위한 방법에 대한 논의와 이에 따른 새로운 방법론의 도출도 중요한 과제이다. 이런 점을 고려하여 본고는 다음과 같은 순서로 논의를 전개해 나가고자 한다.

2장에서는 공기관계의 계량언어학적 연구를 위한 방법론적 유형을 설정하고, 이를 바탕으로 대규모 자료에서 효과적으로 유의미한 공기관계를 추출하고 처리하기 위한 방법을 모색하고자 한다. 여기서는 이 연구에서 다룰 언어 자료들의 특징과 이들 자료를 다루기 위한 방법론도 유형별로 논의할 것이다. 그리고 기존 연구에서 언어 자료 처리를 위해 사용하는 여러 통계식들의 특성을 파악하여, 이번 연구에서 다룰 내용에 적절한 통계 기법을 설정한다.

3장에서는 2장에서 설정한 인접 공기관계 연구 방법을 이용하여 품사별로19) 몇 단어를 예로 들어 공기 구성을 추출하고, 이들 공기 구성들 중에서 유의미한 공기관계에 있는 단어들을 추출하여 언어학적 측면에서 그 특성을 설명하고자 한다.

4장에서는 2장에서 설정한 구문적 공기관계 연구 방법으로 문법 관계를 갖는 단어들의 공기관계의 특성을, 몇 단어를 예로 들어 정리하고 통계적 특징을 설명한다. 그리고 구문적 공기관계의 범주 출현 유형을 추출하여 그 특성을 정리할 것이다.

5장에서는 2장에서 설정한 군집 공기관계 연구 방법론을 바탕으로 몇 단어를 예로 들어 인자 분석을 한다. 인자 분석 결과에 따라 정렬된 단어들을 통하여 중심어의 어휘의미적 특성을 정리하고자 한다.

---

19) 본고에서 다루는 공기관계는 기본적으로 어절 단위의 공기관계 연구이다. 따라서 실질 형태소 중심으로 연구하였다. 이런 이유로 명사, 동사, 형용사, 관형사, 부사가 연구 대상이 된다.

6장에서는 이 논문에서 다루는 내용들이 국어학에서 비교적 새롭게 시도하는 연구 방법들이므로, 각 연구 방법별 차이점과 특성을 잘 파악하기 위해 동일한 단어를 예로 들어 3, 4, 5장에서 다룬 연구 방법들의 특성을 비교 정리한다.

본고는 이러한 논의를 통하여 한국어의 공기관계를 계량언어학적 방법으로 정리하여 그 실제적 특성을 명시적이고 객관적으로 밝히는 방법을 일부 단어를 예로 들어 정리하고자 한다.

제2장 계량적 연구 방법 설정 및 자료 처리

이 장에서는 본 연구에서 다룰 공기관계의 연구 방법의 유형을 설정한다. 그리고 정확하고 효율적으로 연구 대상 공기관계를 추출하기 위한 자료처리 방법과 통계적 기법의 엄밀한 검증을 통한 적용 방법에 대해 설명한다.

1. 연구 방법의 유형 설정

본고는 크게 세 가지 방향에서 공기관계 연구방법을 설정하여 다룬다. 여기서 설정하는 공기관계 연구 방법은 기존의 이론적 연구들에서 다루었던 개념과는 조금 다른, 계량언어학적 관점에 한정한 것이다. 본고에서 다룰 공기관계 연구방법의 유형은 인접한 단어들 사이의 공기관계 연구, 일정한 문법 관계를 갖는 단어들 사이의 공기관계 연구, 중심어를 기준으로 한 문장에서 유의미하게 공기하는 단어들 사이의 상관관계를 바탕으로 인자 분석을 이용한 공기관계 연구이다.

1.1 인접 공기관계

연어관계 정의에 대한 논의는 앞 장에서 서술한 바와 같이 다양하게 이루어져왔다. 그런데 계량언어학적 관점에서 본다면, 일반적으로 연어관계는 어휘들이 서로 공기하여 기대치 이상으로 자주 쓰이고, 출현 환경에 어떤 언어학적 특성을 비교적 뚜렷이 갖는 것으로 볼 수 있다. 어떤 관찰 중심어(node, base)에 대해 공기하여 자주 등장하는 단어가 중심어에 대해 연어성이 높다고 본다면, 바로 인접하는 경우에만 국한하지 않고 중심어와 함께 한 문장에 자주 공기하는 단어에도 높은 연어성을 인정해 줄 수 있다고 보는 것이 일반적이다.

그러나 연어관계에는 통사적 의미적 연관성이 고려된 공기관계를 분명히 고려한 것과, 이 점을 특별히 고려하지 않고 한 문장 내에서 유의미하게 공기하는 모든 어휘에 대해 연어성이 있다고 보는 것이 있다. 후자의 경우에도 실제로는 통사 의미적 연관성이 이미 포함되어 있다고 전제하는 것이다. 그리고 연어성이 높게 공기하는 단어들을 통해 중심어의 언어학적 특성을 규명할 수 있다는 관점이 이런 연구에 의의를 갖게 한다. 그리고 여기에는 어휘 특성별로 공기 현상을 관찰하는 검색 공간의 크기와 위치, 방향에 대한 고려가 필요하다(Sinclair, 1991). 외국 연구 사례를 보면 약간씩의 차이는 있으나 대체로 좌/우 각 2-5어절 이내의 공기단어를 중심으로 연구들이 많이 이루어져 왔다. 본고에서는 대규모 자료처리를 위한 방법으로 위치와 방향에 대한 유의미 공기관계의 특성을 밝히기 위해 통계적 기법을 이용한 분석을 했다. 이에 대한 상술은 2절 통계처리 방법 설명 부분과 3절 자료 처리 부분에서 한다.

계량언어학적 연구에서는 이 검색 공간 내에서 공기하는 어휘들에서 통계적 유의미 값을 갖는 단어들의 추출과 범주화를 통한 설명들을 시도했다. 그리고 일찍이 Firth(1957)에서 언급되었던, 중심어에 대해 인접 공기하는 '연접범주관계'에도 관심을 가져왔다. 이것은 중심어에 대해 인접 공기하는 어휘들의 품사 정보나 형태소 정보의 출현 패턴을 분석하는 문법적 결합관계에 대한 연구로, 연어관계와 비교한다면 연어관계가 공기하는 어휘항목 자체에 대해 관심을 갖는 것이라면 연접범주관계는 어휘항목 자체보다는 해당 어휘들의 형태, 품사정보에 중심을 둔 것이라고 할 수 있다. 국내에서는 이러한 연접범주관계에 대한 연구가 매우 드물었고[20] 특히 계량 언어학적 관점에서 연구한 사례는 찾기 힘들다. 연접범주관계 연구는 언어의 계열관계와 결합관계를 통사적 관점에서 잘 정리할 수 있는 중요한 정보가 될 수 있다. 본 연구는 특히 직관적인 이론 정리가 아니라 실제 자료에 바탕을 둔 분석이므로 좀 더 객관적이고 명시적인 정보 추출이 가능한 장점이 있다.

본고에서는 공기하는 어휘항목에 대한 연구와 더불어 연접범주관계에 대한 정리도 시도하여 특징을 서술해 보고자 한다. 기존의 연구들을 참조하고 한국어의 특성을 고려하여 명사, 동사, 형용사, 부사, 관형사를 각 품사별로 일부 단어를 예로 들어 논의를 진행해 나가고자 한다.

이 연구에 사용하는 자료는 '21세기 세종계획 - 국어 기초자료 구축'분과에서 1999년부터 2001년까지 3년간 구축한 550만 어절 규모의 '형태 분석 말뭉치'이다.[21] 본 논문에서는 형태 분석 말뭉치에서 품사별로 연구 특성을 잘 보여줄 수 있는 단어를 선정할 것이다.

1.2 구문적 공기관계

특정 중심어와 함께 한 문장 안에서 문법 통사적 관계를 가지며 공기하는 어휘에 대한 연구도 인접성 이외에 유의미한 공기관계를

---

20) 연접범주관계 자체를 대상으로 한 연구는 없었고, 다만 전산학의 자연언어처리 분야에서 연접범주관계의 일부 정보를 이용한 연구는 있었다.
21) 이 말뭉치는 문화관광부 21세기 세종계획 '국어 기초자료 구축'분과(책임자: 김홍규)에서 구축한 것으로 본고에서는 자료처리의 정확성을 위해 일부 자료를 변형하여 사용하였다.

연구하기 위한 중요한 분야가 될 수 있다. 이 방법이 바로 연접범주 관계(colligation) 연구이다. 특히 고급의 자연언어처리를 위해서는 어절 단위의 형태소나 품사정보의 분석 도구 뿐 아니라, 문장 단위의 구문 분석이 가능한 도구가 필수적이다. 이를 위한 연구가 윤준태(1998) 등에서 일부 이루어졌으나, 전산적 관점에서 자동적 구문분석 방법 개발을 중심으로 논의한 것으로, 자동처리에만 의존하여 자료처리의 엄밀성에 대한 문제가 있을 수 있다. 본고는 후에 상술할 자료의 성격상 비교적 정확한 문법관계 정보를 부착한 말뭉치를 이용하고, 문법 범주의 출현 유형에 대한 특성도 연구하고자 한다.

본고에서 구문적 공기관계 연구를 위해 사용하는 자료는 홍종선 외(2000, 2001)에서 사용한 것과 동일한 것인데, 홍종선 외(2000, 2001)에서는 인접 어형의 연어관계 분석에만 통계를 이용한 반면, 본고에서는 박병선·강범모(2001)에서 시도한 통사적 관계에 있는 어휘들 간의 공기 유의미성도 통계를 이용한다. 그러나 앞에서 언급한 바와 같이 통계적 방법의 검증을 통해 좀 더 엄밀한 기준으로 적용한다. 그리고 홍종선 외(2000, 2001)와 달리, 용언의 경우는 논항들의 출현 유형 양상에 대해서도 정리하여 해당 용언의 특성을 분석하고자 한다.

구문적 공기관계 연구를 위해 사용하는 홍종선·강범모·최호철(2000, 2001) 자료의22) 가장 큰 특징은 연구자가 직접 해당 문법관계 정보를 부착하였다는 점이다. 따라서 비교적 정확도가 높아 신뢰성이 높고, 자동적 처리에서 발생할 수 있는 정보유실을 최대한 극복한 장점이 있다. 그리고 '고려대학교 한국어 말모둠 1(Korea-1 corpus)'(김흥규·강범모 1996)을 이용하여 말뭉치의 구성상 여러 언어사용의 현상을 보여 줄 수 있는 균형성과, 비교적 대규모의 말뭉치로서 분석결과에 대해 신뢰를 할 수 있다고 본다.

---

22) 필자도 이 연구에서 자료의 선별, 구축, 가공, 처리, 분석 등의 전반적인 작업에 주도적으로 참여하였다.

1.3 군집 공기관계

한 문장 내에서 특정 단어와 공기하는 단어들 중에서 특별히 어휘 의미적으로 연관성이 높은 단어들은 서로 자주 공기한다는 전제를 바탕으로 이 연구가 이루어진다. 두 단어들 간의 '긴밀한 연관성' 즉 연어성 측정에는 통계적 기법이 주로 이용된다. 여기에서 특정 단어에 대해 어휘 의미적으로 연관성이 높은 단어들은 서로 무리지어 쓰이는 경우가 생기는데, 이렇게 무리 짓게 하는 요인이 중심어가 갖는 여러 언어학적 특성이 된다. 여러 언어학적 특성 중에서 특히 어휘 의미적 속성에 중점을 두어 이 연구가 이루어진다.

예를 들어 일반명사 '배'의 경우 동음어로, '腹, 倍, 梨, 船' 등의 뜻을 가지고 있고 모두 '배'라는 형태로 쓰인다. 우리는 이들 의미를 문맥을 이용하여 분별한다. 문맥을 이용한다는 개념이 바로 해당 단어와 공기하는 단어들을 고려한다는 것이다.

이러한 관점에서 대규모의 자료에서 추출한 유의미하게 공기하는 단어들을 범주화하여 본다면 특정 의미의 쓰임과 관련된 것들이 정리된다고 할 수 있다. 여기에서는 특정 단어와 공기하는 개별 단어들의 빈도나 유의미 공기성만을 이용하는 것이 아니라, 연구 대상어가 동음어인 경우 이 어휘와 공기하는 단어들을 특정 의미의 쓰임과 관련이 있는 단어들끼리 범주화하여 분석하는 것이다. 예를 들어 일반명사 '배'의 경우 '倍'의 의미로 쓰이는 경우에는 '평균, 넘다, 백, 천, 지난' 등의 어휘들이 함께 나타나는 경향을 보인다. 여기에 대한 자세한 통계기법과 자료처리 방법은 다음 절에서 설명한다.

본고에서는 인접하여 공기하는 단어들의 연어성 연구에서 좀 더 확대된 연어성 개념을 수용하여, 한 문장 내에서 특정 어휘와 공기하는 단어들의 관계들이 연구 대상 단어인 중심어의 어휘 의미적 특성을 보여줄 수 있다는 것을 밝히고자 한다. 그런데 앞에서 설정한 인접 공기관계 연구와 비슷한 개념으로 연구가 이루어지지만, 연구의 방법이 연구 대상 자료 전반적으로 중심어과 공기하는 단어들 사이의 상관성을 바탕으로 하는 점이 다르다. 즉 3장에서 다룰 내용은 특정 중심어에 대해 유의미하게 공기하는 단어들을 중심어와의 관계만을 중심으로 연구 대상이 되는 단어를 분석한 것인데 반하여, 5장에서 다룰 내용은 중심어와 공기하는 단어들 사이의 상관성을 바탕으로 중심어의 특성을 분석한다. 따라서 이 연구는 공기어들이 서로 얼마나 상관성이 있는가를 중심으로 이루어진다.

인접 공기 현상과 비교하면, 아주 유의미한 공기관계에 있는 연결어(collocate)라 할지라도 다른 공기 단어들과 중심어의 특정 의미 특성과 연관된 상관성이 별로 없다면, 이 연결어는 연구의 특성상 해당 중심어의 특성을 밝히는데 큰 기여를 하지 못하게 된다. 따라서 이 연구는 기존의 연어관계 연구와는 달리 새로운 방법으로 어휘의 특성을 분석하는 특징이 있다. 이런 이유로 본고에서는 인접 공기관계와 분리하여 연구를 진행한다.

연어관계에 있는 공기 유형을 이용하여 어휘지식 습득을 위한 도구와 관련된 연구는 Biber(1993)가 있다. Biber는 형용사 'certain'을 공기관계를 통해 어휘 의미적 특성을 연구하였다. 이 단어의 공기 어휘들을 통해 'particular'와 'sure'의 의미로 쓰이는 환경을 밝혔다. 여기에서 사용한 통계기법은 인자 분석으로, 기존의 연어관계 연구에서 이용하였던 통계방법과는 달리 고급통계학에 속하는 다변량 분석이다. 다변량 분석 기법을 한국어에 적용한 연구는 김용진(1990), 강범모·김흥규·허명회(1998, 2000), 강범모(1999), 강범모·김흥규(2001)이 있다.

그러나 아직까지 국내에서는 단어에 초점을 맞춘 의미 분석을 위해 인자 분석을 시도한 사례는 찾지 못하였다. 본 연구에서의 인자 분석 방법은 중심어와 한 문장 내에서 공기하는 단어들과 이들 단어들 사이의 상관관계를 통해 특정 인자를 도출하고 각 인자에 포함되는 단어들을 통해 대상어의 의미적 특성을 기술할 수 있게 하는 것이다. 인자 분석에 대한 것은 다음 절에서 상술한다.

인자 분석을 이용한 공기관계 연구는 직관이나 이론적 배경의 접근법과는 달리 기본적으로 실제 문장에서 공기하는 단어들에 의해 중심어의 의미적 특징이 나타나므로 사전에서 기술하는 다의어나 동음이의어의 분포와는 다른 양상을 보일 수 있다. 이 연구의 결과는 자동적 동음이의어 처리에 이용될 수 있다.

인자 분석을 통한 군집 공기관계 연구에서 사용한 자료는 인접 공기관계 연구에서 사용한 550만 어절 형태 분석 말뭉치이다. 이 말뭉치를 사용한 이유는 정확한 문장구분과 형태소 및 품사 정보가 분명히 되어있는 자료를 사용하기 위해서이다.[23] 여기서 사용한 자료에 속한 파일은 299개로 다양한 장르의 글들을 포함하고 있다. 이들 파일들 중에서 일부 파일들은 하나의 자료를 분리하여 별개로 나눈 것들이며 텍스트로는 총 172종이 된다. 파일을 299개로 나눈 이유는 인자 분석의 효율성을 높이기 위한 것으로 이에 대한 것은 2.2에서 상술한다. 인자 분석을 위해서는 각 파일별 해당 공기어 빈도 추출이 필요하다. 이것에 대해서는 2.3에서 설명한다.

2. 통계 기법

여기서는 이 논문에서 사용할 통계 기법에 대해 설명한다. 기존 논의를 바탕으로 각종 통계식의 특성을 살피고 각 식의 적용 유용성을 검증한다. 이를 바탕으로 각 식의 특성을 고려하여 식의 적용상

---

23) 이 자료의 상세한 설명은 문화관광부 '21세기 세종계획 - 국어기초자료 분과' 2001년 보고서 참조

보완하기 위한 방법 등을 서술하고, 적절하게 통계기법을 이용하기 위한 유의점들을 제안한다. 그리고 공기관계 구성에서 중심어를 기준으로 연결어의 위치와 방향의 특성을 살피기 위한 방법과, 인자 분석을 이용한 군집 공기관계 연구처럼 새롭게 한국어에 적용하는 기법에 대한 개념 정리와 적용 방법에 대해 설명한다.

2.1 공기관계 유의미성 검증을 위한 통계 기법

본고 전체에 걸쳐 두 단어간 공기 유의미성 검증이 필수적이다. 유의미성 검증은 두 단어가 공기할 때 이 공기관계가 우연한 현상이거나 일반적으로 기대할 만한 수준의 것보다 더 빈번하게 공기할 때, 그 유의미성을 통계적 기법으로 검증하는 것이다.[24] 우선 외국의 연구에서 다루었던 유의미성 검증을 위해 사용한 여러 통계기법을 소개하고 그 일반적 특성과 각 통계식의 문제점에 대해 설명한다. 그리고 새로운 검증방법을 시도하고 이들을 종합하여 공기관계 연구 적용에 있어서의 적정한 방법을 제시하고자 한다.

(1) 기존 연구에서 사용한 주요 통계식 검증

여기서는 기존의 연구에서 주로 사용한 유의미 공기 측정 통계식들의 특성과 문제점을 지적한다. 이미 기존의 연구에서도 언급되었듯이 하나의 식만 이용한 결과 추출에는 문제가 있을 수 있다(Barnbrook 1996, Oakes 1998). 이 점을 보완하기 위해서 모의실험(simulation)과 적합성 검사를[25] 통해 각 식의 특성을 정확히 이해하고, 이들 통계식들의 특성을 고려하여 선정된 몇 개의 식을 종합적으로 적용하여

---

24) 계량언어학적 관점에서 이런 공기 현상을 연어관계(collocation)으로 본다.
25) 모의 실험과 적합성 검사는 각 통계식을 다수의 가상 자료를 설정하고, 적용 결과를 비교하여 이를 바탕으로 자료의 특성에 맞는 통계식을 선별하는 것이다.

유의미한 공기관계를 추출하고자 한다. 여기서는 우선 기존 모의실험을 통해 파악된 통계식의 특성을 간략히 정리하고 예를 들어 설명한다. 그리고 기존 통계 기법들의 문제점을 보완하기 위한 새로운 방법의 필요성에 대해 설명한다.

우선 통계식 설명에 사용되는 모든 식의 기호는 다음을 따른다. (한 문장을 단위로 함)

    a : Li(중심어), Lj(공기어, 연결어) 두 단어가 함께 단어 쌍으로 나타나는 빈도
    b : Li이 포함되고 Lj가 나타나지 않는 빈도
    c : Lj가 포함되고 Li가 나타나지 않는 빈도
    d : Li, Lj가 모두 포함되지 않는 빈도
    N = a + b + c + d

● 쿨진스키 상관계수(Kulczinsky coefficient; KUC), 변역[26]은 0에서 1

$$KUC = \frac{a}{2}\left(\frac{1}{a+b} + \frac{1}{a+c}\right)$$

위의 식은 대체로 뒤에 보이는 MI(Mutual Information: 상호정보)값과 유사한 분포 결과를 보이나 표본의 크기에는 영향을 적게 받으며, 표본의 크기와 상관이 없이 공기 빈도가 같으면 같은 결과를 보인다. 즉 550만 어절 규모의 자료나 1,000만 어절 규모의 자료를 이용하였을 때, 중심어와 연결어 각각의 빈도가 같을 경우 식 적용의 결과도 같다. 따라서 이 식은 전체 자료의 크기와의 상대적인 유의미성을 적용하는 데 문제가 있다. 예를 들면 어떤 중심어에 대해 공기하는 단어가 550만 어절에서 100번 나온 것이나 1,000만 어절에서 100번 나온 것이나 식 적용 결과가 같게 된다. 그리고 공기하는 단어의 빈

---

26) 변역이란 이 통계식을 적용하여 나온 값의 범위이다.

도가 전체 말뭉치에서의 빈도와 일치할 경우에는, 단 한번 출현하는 단어라도 무조건 매우 유의미한 공기관계 결과로 나타난다.[27] 따라서 이 식의 사용에는 문제가 있다고 판단하여 본고의 논의에서는 배제하였다.

● 오키아이 상관계수(Ochiai coefficient; OCH), 변역은 0에서 1

$$OCH = \frac{a}{\sqrt{(a+b)(a+c)}}$$

위의 식은 KUC의 결과와 유사하여 전체 자료와의 상대적 유의미성을 측정하는 데 문제가 있다. 다만 b나 c가 적을 경우에는 KUC와 큰 차이를 보인다. 그리고 어떤 단어가 완전히 특정한 어휘와만 공기하는 경우에는 유의미하지 않은 결과가 나타난다. 즉, 중심어와 공기하는 단어가 중심어와만 공기하여, 공기 빈도와 이 단어의 전체 말뭉치에서의 출현 빈도가 같은 경우에 무조건 유의미성이 높은 공기관계로 보지는 않는다. 이 점은 KUC와 차이가 나는 것으로 타당한 면도 있지만, 전체 말뭉치의 크기가 반영되지 못하기 때문에, 이 식도 전면적인 적용에 문제가 있다고 판단하여 역시 논의에서 배제하였다.

● 페이거 맥고언 상관계수(Fager and McGowan coefficient; FAG), 변역은 음(陰) 무한대에서 1

$$FAG = \frac{a}{\sqrt{(a+b)(a+c)}} - \frac{1}{\sqrt{(a+b)}}$$

위의 식은 OCH와 유사한 특성을 갖고 있고, 그 결과에 있어서도

---

27) 구체적인 예를 들면 동사 '쓰다'와 공기하는 단어(어절)로 '싫거나'가 2회 나타난다. 그리고 이 '싫거나'는 550만 형태 분석 말뭉치에서의 빈도도 2회이다. 이런 경우 '싫거나'가 반드시 '쓰다'와 공기한다고 보는 것에는 무리가 있을 수 있다. 만약 KUC를 적용하면 이 공기관계도 통계적으로 매우 유의미한 것으로 나타나게 되는 문제가 있다.

대동소이하다. 따라서 이 식도 OCH와 같은 문제점이 있다고 판단하여, 본고의 논의에서 제외하였다.

● 율 상관계수(Yule coefficient; YUL), 변역은 −1에서 1

$$YUL = \frac{ad-bc}{ad+bc}$$

위의 식은 KUC나 FAG와 아주 상반된 결과를 보이고 연구 자료의 전체 크기도 반영한 식이다. 두 단어가 공기하는 빈도 a가 고빈도일 경우에는 어떤 식을 적용하더라도 대체로 유의미한 값을 보인다. 그러나 b, c, d가 저빈도일 경우에는 대부분의 식이 유의미 값을 보이지 않은 것에 비해, 이 식은 유의미 값을 갖는 것으로 나타나는 특징이 있다. 즉 어떤 단어가 완전히 특정한 어휘와만 공기하는 경우에 유의미한 공기관계로 나타난다. 예를 들어 동사 '쓰다'와 '혈서를'은 6회 공기하고, '혈서를'은 550만 전체 말뭉치에서도 6회 출현한다. 이 경우 YUL식에 적용하면 1이 나온다. 물론 이 경우에도 통계적 유의미성을 측정하는 방식에[28] 전체 빈도를 고려할 수 있도록 수리 통계적인 고려를 하면, 전체 말뭉치 규모를 고려하여 유의미성 정도를 조절할 수 있다.

그러나 이 식도 전면적인 적용에는 문제가 있다. 왜냐하면 어떤 공기 단어가 전체 텍스트에서도 아주 저빈도 단어일 경우에는 우연에 의한 공기 현상으로 해석할 수도 있는 경우가 생긴다. 이런 경우 수리 통계적인 고려를 하여 통계적 유의미성 정도를 조절하더라도

---

28) 통계식들은 각 식의 적용 결과의 수치를 직접 이용하기보다는, 그 수치가 통계적으로 얼마나 유의미한지를 측정하여 사용된다. 일반적으로 사회 과학 연구에 많이 이용되는 t-test, z-test 등은 일반적인 유의미성 측정 방식을 이용하므로, 각 식의 적용 결과 수치를 그대로 활용한다. 일례로 t-score가 1.64 이상이면 통상 통계적으로 유의미한 것으로 여기는데, 이 경우 일반적인 유의미성 정도는 0.05이다. 이 말뜻은 이 결과가 별 의미가 없을 가능성이 0.05%보다 작다는 것이다.

유의미성이 높은 것으로 결과를 보인다. 다만 중심어 자체가 저빈도
인 경우는 공기관계에 있는 단어들과의 유의미성을 검증하는 데는
참조할 필요가 있다. 일반적으로 저빈도 중심어의 유의미 공기관계
단어 추출은 다른 식으로는 추출하기 어렵기 때문이다. 이런 특성으
로 인해 YUL식의 적용 결과 다른 통계 검증식에 비해 많은 수의 단
어들이 유의미 공기 단어로 추출된다.

　기본적으로 저빈도 자료에 대해서는 어떠한 통계식을 적용하더라
도 신뢰성을 확보하기 힘들다. 그리고 YUL 유의미성 검증식에 대한
연구가 더 진행되어야 한다고 판단하기 때문에, 이 논문에서 전면적
으로 사용하는 것에는 아직 무리가 있다고 보았다. 이 공식의 활용
에 대한 연구는 추후에 발전시켜 나갈 것이다.

● 상호 정보(mutual information; MI), 변역은 음 무한대에서 양 무한대

$$MI = \log_2 \frac{aN}{(a+b)(a+c)}$$

$$MI3 = \log_2 \frac{a^3N}{(a+b)(a+c)}$$

　위의 두 식에서 보이는 상호정보(MI)식은 계량언어학에서 가장 일
반적으로 통계적 유의미성 검증에 쓰이는 것 중 하나로 이 식을 이
용한 많은 연구사례가 있다.(Cover & Thomas 1991, Barnbrook 1996, Kilgarriff
1997 등)[29] 이 식의 특성 중 하나는 중심어만을 기준으로 두 공기 단
어의 유의미성을 구하는 것이 아니고 두 공기 단어의 상호 의존성을
모두 고려한다는 것이다. 그렇지만 MI는 원래 빈도가 낮은 공기 단
어가 공기관계에서 유의미성이 높게 나오는 경향이 있다.

---

29) 다른 연구사례에서는 여기서 보인 식과 다른 형태의 식도 보이지만 수리 통계
　학적 관점에서 보면 결국 같은 식이다. 예를 들어 Barnbrook(1996)에서는 MI식을
　$\log_2 \frac{O}{E}$(단, O = a, E = 기대값)로 나타냈다.

이를 극복하기 위해 여러 실험을 통해 a의 세제곱을 한 식으로 변형한 MI3가 개발되었다. 즉 b나 c가 작을 경우에 값의 왜곡이 커지는 특성이 있으며 이를 보완하기 위해 MI3를 사용하고자 했다. 그러나 모의 실험을 한 결과 MI와 큰 차이는 없었다.

이것은 수리 통계적인 관점에서 보면 MI식의 특성상 두 단어가 공기하는 빈도의 중요성 뿐 아니라, 한 문장에서 두 단어가 동시에 나타나지 않는 빈도 즉 d값에도 동등한 중요성을 부여해서 저빈도 공기어의 경우 MI값이 크게 확대되어 나타나는 경향을 보인다. MI3가 이런 문제점을 보완하기 위해서 시도되었던 방법이었지만 실효성이 크지 않다.

따라서 MI식을 적용할 때에는 해당 연결어가 전체 자료에서 저빈도이고 대부분 중심어와 공기하는 단어라면(즉, a값이 작고 c값도 작은 경우) 적용 결과가 왜곡되어 나타난다는 점에 주의해야 한다. 예를 들어 동사 '쓰다'와 공기하는 단어 '글씨만'은 전체 말뭉치에서 3회 출현하고, 동사 '쓰다'와 2회 공기한다. 이런 경우에 동사 '쓰다'에 대해서 고빈도 단어로서 공기도 많이 하는 단어들 보다 더 높은 유의미성이 있는 것으로 나타난다. 예를 들어 '수필을'은 전체 말뭉치에서 582회의 빈도이고, 이중에서 188회 동사 '쓰다'와 공기한다. 이런 경우 우연이라고 볼 수 있는 '글씨만'의 공기 현상이 '수필을'의 공기 현상보다 통계적으로 훨씬 유의미하다는 결과를 나타낸다. 본고에서도 이런 점에 유의하며 이 식을 부분적으로 이용한다.

● 로그 유사도 계수(Log-likelihood coefficient; LL)

$$LL = 2 \times (a \log a + b \log b + c \log c + d \log d)$$
$$- (a+b) \log (a+b) - (a+c) \log (a+c)$$
$$- (b+d) \log (b+d) - (c+d) \log (c+d)$$
$$+ (a+b+c+d) \log (a+b+c+d)$$

유의미성 검증에 가장 널리 쓰이는 z-test, t-test, MI 등은 관찰값과 기댓값의 차이가 정규분포를 이룬다는 가정을 바탕으로 한다. 즉 관찰값과 기댓값의 차이가 기댓값을 중심으로 좌우 대칭의 분포를 가정한 것이다. 그러나 Dunning(1993)에서 지적한 바와 같이 이 가정은 실제로는 다른 양상을 보인다. 이점을 보완하기 위해서 LL을 이용하였다.

그렇지만 이 식은 한 항목이라도 0이 들어가면[30] 결과를 산출하지 못한다. 예를 들어 동사 '쓰다'와 공기하는 단어 '혈서를'은 전체 말뭉치에서 6회 출현하는데, 모두 동사 '쓰다'와 공기한다. 이런 경우 LL의 결과는 0이 되어서 유의미성을 정확히 검증하기 어렵다. 따라서 어떤 단어가 특정 단어와만 공기하는 경우에는 검증 결과를 신뢰할 수 없다. 이 경우 공기관계 표현이 완전히 굳어진 '숙어 구성'이나 항상 특정 단어와 공기하는 공기관계인 경우에 통계적 유의미성을 검증할 수가 없기 때문이다.

그런데 이때 전체 말뭉치에서 저빈도 단어가 우연히 어떤 중심어와 모두 공기하는 현상은 배제가 가능하다. 그렇지만 어떤 단어가 전체 말뭉치에서의 빈도도 높고, 이 단어가 특정 단어와 굳어진 숙어 표현일 경우에는 통계적 유의미성 검증 결과를 신뢰하기 어렵기 때문에 전면적으로 사용하는 것에 문제가 있다. 따라서 본 논문에서는 이용하지 않는다.

● Z 검증(z-test)

$$Z = \frac{O-E}{\sigma}$$

---

30) 실제로 전체자료에서 1번 나오는 단어가 해당 중심어와만 공기하는 경우 c값은 0이 되는데, 이 경우 식의 특성상 LL을 적용할 수가 없다. LL에서 유의미한 공기관계일수록 검증값이 높게 나온다.

여기서는 앞에서 사용한 기호와는 다른 것을 사용한다. 다음은 기호에 대한 설명이다.

> O = 검색공간내의 관찰값
> E = 기댓값
> σ = 모집단의 표준분산

이 식도 **MI**와 같이 유의미성 검증에 아주 널리 쓰이는 식이다. 이 식은 원칙적으로 모집단의 평균과 분산을 정확히 알고 있는 경우에만 쓸 수 있다. 즉 모든 언어 사용 자료에 대한 분석이 전제되므로 이론상 불가능한 방법이다. 그러나 가끔 대규모의 자료에서 일부의 자료를 표본으로 하여 조사할 경우에 쓰기도 한다. 그리고 앞서 언급한 바와 같이 공기 빈도의 관찰값과 기댓값의 차이가 정규분포를 따른다는 전제로 이 식을 적용할 수 있다. 그러나 실제 자료를 바탕으로 조사한 바에 따르면(Dunning, 1993), 정규 분포를 보이지 않기 때문에 이 문제점을 극복하기 위한 대안이 필요하다. 다만 실제 공기관계 연구 적용에 있어 식 적용의 결과가 대체로 언어 직관과 일치하고 내용이 크게 왜곡되지 않는다고 판단하여 계속해서 여러 연구에 사용되고 있다. 그리고 z-test에 의해 추출되는 결과가 대체로 t-test와 유사하다. 이 점을 고려하고 이론적으로도 더 타당한[31] t-test를 본 논문의 검증 방법으로 주로 사용한다.

◉ t 검증(t-test)

$$t = \frac{O-E}{\sqrt{O}}$$

---

[31] t-test는 모집단의 평균과 분산을 모를 때 사용하는 것이다. 따라서 이론적으로 전체 언어 사용 양상을 파악할 수 없고, 각 검증 결과에서 z-test와 t-test에서 큰 차이가 나타나지 않는다는 점을 고려하여 본 논문에서는 t-test를 사용한다.

이 식이 언어학뿐 아니라, 사회과학에서 유의미 값 검증에 가장 일반적으로 쓰이는 것이다. 그러나 앞서 서술한 바와 같이 저빈도의 공기관계일 경우에는 역시 적용하기 어렵다. 그리고 빈도수 5이하의 저빈도 공기관계가 전체 공기관계의 20%가 넘을 경우의 t-test도 수리 통계학적 관점에서 보면 신뢰성이 많이 떨어진다. 이러한 특성이 있어서 실제 언어현상의 연구에 문제가 있다고 볼 수 있다. 그렇지만 이 식도 z-test와 마찬가지로 실제 자료 분석에 상당히 유의미한 결과를 보이고, z-test와 달리 모집단인 전체 언어 사용 양상 파악을 전제하지 않는다. 앞서 언급한 문제점을 주의하여 유의미 공기관계를 해석한다면 큰 문제가 없다고 판단하여 본고에서 주요한 유의미 검증 방법으로 이용한다. 이 식을 이용한 검증 결과와 활용에 대해서는 본 논문 전체에 걸쳐 논의한다.

계량언어학에서 대규모의 자료를 다루기 위해 필수적으로 사용하는 통계적 방법은 주로 외국의 연구에서 이루어져 왔다. 앞서 언급한 바와 같이 국내의 연구는 외국의 방법론을 한국어에 일부 적용시킨 것이 대부분이다. 홍종선 외(2000, 2001)과[32] 박병선(2000), 박병선·강범모(2001)에서 지적했듯이 영어연구에서 사용한 통계기법을 국어연구에 적용할 경우, 그 결과에 차이가 있었다.

예를 들어 연어관계를 중심으로 한 공기관계 연구에서 주로 사용하는 z-score, t-score, MI-score는 각 식이 약간의 결과 차이가 있긴 하지만 영어 연구의 경우, 상위에 있는 어휘 목록들은 비슷한 양상을 보이는데(Barnbrook 1996) 한국어의 경우에는 아주 상이한 결과를 보였다(박병선 2000, 홍종선·강범모·최호철 2000-2001, 박병선·강범모 2001).[33] 이는 언어에 의한 차이라기보다는 통계식의 적용에 있어서 해당 통

---

32) 이 연구에서는 통계적 유의미성을 갖는 임계치를 3.96으로 아주 높게 잡았다. 일반적으로는 유의미 수준 0.1에서 1.64를 통계적 유의미 임계치로 사용한다.

33) 이는 연구 자료의 크기와 관련이 깊은 것으로 국어 연구에 있어 이 점을 충분히 고려하지 못한 결과로 생각된다.

계식에 대한 엄밀한 검증이 부족하고 통계식 적용에 이해가 부족했기 때문이다.

유의미한 통계값을 갖는 공기관계를 추출하기 위한 통계식 적용에 있어 특정한 하나의 식만 사용할 경우 오류의 가능성이 있으므로, 자료의 특성에 따라 각각 변형된 식의 적용이 필요하다. 외국 연구 사례에서도 거의 대부분은 통계식 적용에 있어서 기본적으로 특정 단어 출현에 대한 기댓값과 관찰값의 차이에 대해 정규분포를 가정하여 식을 적용하고 있다. 실제로는 앞서 언급한 바와 같이 정규분포가 아닌 경우가 많고 실제 연구에서도 관찰값이 기댓값보다 큰 경우의 값에 대한 경우만을 고려한다. 즉 식의 적용에 있어서는 양측 검증의 개념을 이용하면서도 결과의 이용은 단측 검증의 개념을 이용한다. 그리고 이 경우 표본의 크기가 작을 경우 공기하는 어휘의 빈도가 낮아서 식 적용에 많은 왜곡된 결과가 초래될 가능성이 있다. 이에 대한 고려가 부족한 상태에서 기존의 연구에서 사용한 식의 단순한 적용으로는 정확한 연구결과를 기대하기 어렵다고 볼 수 있다.[34] 그러나 모의실험을 한 결과를 보면 통계적 관점에서 엄밀성은 다소 문제가 있다 하더라도, 언어 연구에 근본적인 연구 내용에 오류를 초래하지는 않는다고 판단하였다. 그리고 실제로도 전산 분야를 중심으로 t 검증 등을 이용하여 자연 언어 처리 도구 개발에 많은 활용가치가 있음을 경험적으로 증명되었다고 본다.

본 논문에서는 기존의 식들의 문제점에 대한 보완을 시도해 보기 위해 (2)에서는 기존의 연구에서 가정한 정규분포의 개념 대신에 포아송분포[35] 개념을 이용하여 통계를 이용한 연구를 시도한 결과를 기술한다.

---

34) T. Duuning(1993)에서 이런 점을 지적하여 log-likelyhood 방법을 시도하였다. 그러나 앞서 언급한 바와 같이 이 식도 어떤 단어가 특정어휘와만 공기하는 경우 식 적용을 하지 못하는 문제가 있다.
35) 송문섭 외(1997)

(2) 포아송 분포

포아송 분포(poisson distribution)는 기본적으로 기댓값과 관찰값의 차이와 관련된 개념이 아니라, 실제 어떤 단어가 중심어와 공기하는 빈도에 대한 내용을 직접적으로 다루는 방법에 적합한 것이다. 이 개념을 적용했을 경우 가장 큰 장점 중 하나는 저빈도로 나타나는 공기관계에 있는 어휘들에 대해서도 비교적 정확하게 통계적 유의미성을 검증할 수 있다는 것이다. 그리고 앞서 언급하였듯이, 실제 분포를 그대로 반영하므로 기댓값과 관찰값 차이에 대한 정규분포 가정에 대한 문제점 등이 근본적으로 발생하지 않는 장점이 있다. 기존에 이용하던 통계식의 일반적 문제점을 보완하기 위해 포아송 분포를 바탕으로 통계적 유의미성 추출을 시도해 보았다.

포아송 분포는 특정 시간 또는 구간내에서 특정한 사건 A의 발생 횟수에 대한 통계적 분포이며, 일정한 시간 동안 한적한 어떤 장소에 오는 사람의 수, 자동차처럼 여러 부속으로 이루어진 기계의 고장률, 단위시간당 택시 승강장에 도착하는 택시의 수, 일정 길이의 텍스트 작성시 오자의 수 등 고려하는 특정 사건 A가 비교적 드물게 발생할 경우 사용할 수 있는 통계적 모형이다.

포아송 분포는 특정 사건의 평균 발생 빈도에 확률값을 부여하는 통계적 규칙으로, 특정 시간 또는 구간의 길이를 h라고 할 때 다음과 같은 가정 하에서 성립된다.

1) $\lim\limits_{t \to 0}$ P(길이가 t인 구간내에서 사건 A가 1회 일어남) / t $= \lambda$ [36]
2) $\lim\limits_{t \to 0}$ P(길이가 t인 구간내에서 사건 A가 2회이상 일어남) / t $= 0$
3) 서로 겹치지 않는 두 구간내에서 사건 A의 발생횟수는 서로 독립

---

36) t: 특정 시간이나 특정 구간. 여기서는 일정한 크기의 텍스트
  λ: 포아송 분포에서의 평균. 여기서는 해당 중심어와 공기하는 단어들의 빈도 수 평균

　　이제 포아송 분포의 확률분포(probability distribution)를 정의하고, 이 분
포의 특성을 설명하기 위해 기존의 연구에서 사용한 방법인 특정 텍
스트에서의 발생수를 예로 들기로 한다. 100종의 텍스트가 있다고
하고, 각 텍스트에서 오자의 수를 측정하였다고 하자. 이 때 확률변수
x는 각 텍스트에서 오자수이라고 하면, 오자수는 0개, 1개, …, h(=2,000)
개가 발생할 수 있고, 텍스트의 오자수에 대한 포아송 분포의 확률
분포는

$$f(x) = \frac{\exp(-\lambda t)\,(\lambda t)^{x}}{x!}, \ x = 0,\ 1,\ 2,\ \cdots$$

로 표현되고, 단위 구간(즉 t=1인 경우)인 경우 위의 확률분포는

$$f(x) = \frac{\exp(-\lambda)\,\lambda^{x}}{x!}, \ x = 0,\ 1,\ 2,\ \cdots$$

가 된다. 이제 확률변수 x, 즉 텍스트상의 오자수가 위와 같은 확률
분포를 가지면 모수가 $\lambda(0 \leq \lambda < \infty)$인 포아송 분포를 따른다고 하고,
$x \sim \text{Poi}(\lambda)$로 표기한다. 참고로 포아송 분포의 기댓값(즉 평균)은 λ가
되고 분산 역시 λ가 되고, λ의 최대우도추정치 $\hat{\lambda}$는 $\bar{x}$가 된다.
　　위와 같은 개념인 포아송 분포를 유의미 공기관계를 추출하기 위한
연구에 적용하기 위해 어떻게 사용할 것인가를 보이면 다음과 같다.
　　유의미한 공기관계를 탐색하기 위하여 검색대상이 되는 텍스트가
있고, 공기관계 중 중심어(node)와 연결어(collocate)가 있는 경우 공기관
계를 탐색하는 과정은 다음과 같다.

　　　1) 텍스트 내에서 처음으로 나타나는 중심어를 탐색하고,
　　　2) 찾아진 중심어의 전후 k 어절에서 연결어가 존재하는지 탐색
　　　　하여 중심어와 연결어의 공기 횟수를 측정하게 된다.

전체 텍스트에서 중심어가 t개 나타났다고 하고, 이 중심어와 공기하는 하는 단어들을 개수를 측정하게 되면, 1개부터 이론상으로는 최대 검색공간의 수만큼 나타나게 된다. 포아송 분포를 이용한 유의미한 공기관계를 탐색하는 방법은 중심어와 공기하는 단어들 중 연결어가 존재하고, 중심어와 연결어의 공기 횟수를 확인할 수 있다면, 포아송 분포를 이용하여 단측 유의미 확률을 측정할 수 있을 것이라는 기본 개념에서 시작된다.

여기서 전체 텍스트에서 중심어를 중심으로 연결어가 나타나지 않았다면, 이는 연구대상이 되는 텍스트를 통해 공기관계를 파악할 수 없는 상황으로 이해할 수 있으므로 고려할 필요가 없게 된다. 그러나 앞에서 유의미한 공기관계를 탐색하기 위해 포아송 분포를 적용하는 것은 앞서 요약 정의한 포아송 분포를 직접 고려할 수 없게 만든다. 즉 텍스트내 오자의 경우 하나도 발생하지 않는 경우가 나타날 수 있으나, 중심어와 공기하는 단어들의 최소 발생수는 1개이기 때문이다. 이러한 문제를 해결하기 위해서 앞서 언급한 포아송 분포를 직접 사용하지 않고 0이 절단된 포아송 분포(zero-truncated poission distribution)를 적용하기로 한다.

전체 텍스트에서 중심어와 공기하는 단어들중 1회 공기하는 단어들의 개수부터 k회(k의 최대값은 검색공간) 공기하는 단어의 개수를 확률변수 x라고 하면, x의 확률분포는

$$
f(x) = \begin{cases} 0 & , x = 0 \\ \dfrac{\exp(-\lambda)\,\lambda^{x}}{x!} & , x = 0,\ 1,\ 2,\ \cdots \end{cases}
$$

으로 표현된다. 만약 대상어와 공기하는 단어들 중 연어가 존재하고, 연어와 i회 공기했을 때의 단측 유의확률은 위의 $P(X \geq i)$를 계산하여 얻을 수 있다.

포아송 분포와 다르게 절단된 포아송 분포에서 λ의 최대우도추정치는 단일식으로 표현할 수 없고,

$$\bar{x} = \frac{\lambda}{1-\exp(-\lambda)}$$

를 만족하는 λ를 수치적인 방법으로 찾아야 하는 어려움이 있다. λ는 공기관계 연구에서는 전체 언어 자료에서 공기관계를 갖는 각 단어들의 공기 빈도수 평균이 된다. 즉 이 식을 올바로 적용하기 위해선 전체 언어 자료의 특성 연구가 포아송 분포를 위해 선행되어야 정확한 식 적용이 가능하다.

표본만을 이용하여 실제로 이 포아송 분포를 이용한 식을 적용한 결과, 고빈도 공기관계 구성에서는 기존의 통계식 결과와 변별성을 찾기 힘들었다. 다만 저빈도 공기관계 구성에서는 유의미 공기관계 구성을 많이 추출하였다. 결과적으로 포아송 분포를 가정한 유의미성 검증은 다른 검증식에서 유의미한 것들이 모두 포함되어, 너무 많은 단어가 유의미한 공기관계로 나타났다. 이것은 중심어가 고빈도일 경우에는 너무 많은 공기 단어들이 유의미 관계로 추출되는 문제가 있다. 또한 중심어가 저빈도일 경우에는 다른 유의미성 검증 통계식을 적용하기 힘든 경우에도 사용할 수 있다고 보인다. 그렇지만 저빈도 단어의 경우, 우연에 의한 공기와 정말 유의미한 공기가 구별하기 어렵다.

기존 유의미성 검증 식들이 갖는 문제점들을 보완하기 위해서 포아송 분포를 가정한 새로운 통계식을 개발해 보고자 시도했다. 그러나 일부 표본으로 제한된 언어 자료로는 정확한 포아송 분포를 가정하기가 힘들다. 따라서 이 식의 전면적 사용을 위해서는 좀 더 연구가 진행되어야 한다고 생각한다.

공기관계의 유의미성을 검증하기 위한 기존의 방법과는 다른 새

로운 통계적 접근을 시도해 보았다. 기존에 포아송 분포를 이용하여 정보 검색 관련 연구에 이용한 사례는 있지만(Mood et al 1974, Harter 1975), 공기관계의 유의미성을 검증하기 위한 시도는 찾지 못하였다. 포아송 분포를 공기관계 연구에 정확히 이용하기 위해서는 λ(언어 자료에서의 공기 빈도 평균)의 정확한 측정이 전제되어야 한다. 즉, 이 식의 적정한 사용을 위해서는 단순히 표본에서의 공기 빈도 평균값뿐 아니라, 자연언어 전체 자료의 특성을 고려한 λ값을 측정해야 하는 어려움이 있다. 이와 관련하여서는 말뭉치의 크기를 자연언어 현상을 거의 모두 반영할 수 있는 정도로 확대시켜, 여기서 측정된 공기 빈도 평균값이 필요하다. 즉, 말뭉치의 크기와 공기 빈도와의 연관성 연구가 깊이 연구되어야 한다. 이러한 문제점이 아직 해결되지 않았으므로, 새로운 관점에서 시도한 공기관계 유의미성 검증이라는 의의는 있으나, 포아송 분포를 정확히 이용하기 위해선 별도의 깊은 연구가 필요하다고 판단하여 본 논문에서는 직접적으로 사용하지는 않는다. 새로운 방법 개발에 대한 과제로 남기면서 본 논문에서는 앞에서 설명한 기존의 유의미성 검증 방법들의 특성을 적절히 고려하여 논의를 전개해 나간다.

(3) 유의미성 검증을 위한 적정 통계식 설정

앞에서 기존에 유의미성 검증을 위해 사용하는 각 통계식들의 특징과 문제점들을 설명하였다. 그리고 새로운 개념에 입각하여 유의미 공기관계 추출을 위한 통계식 적용도 시도해 보았다. 앞서 보였던 식들의 특성을 고려하여 본고에서 어떻게 이용할 것인가에 대한 설정을 한다.

일반적으로 고빈도 단어에 대한 유의미 공기관계 추출에는 기존의 연구들에서 많이 사용한 식들을 이용하여도 언어 연구에 있어 큰 문제가 없다고 판단한다. 다만 이 식들을 적용할 때 공기 연결어의 빈도가 5회 미만인 경우는 통계식 적용과 결과에 왜곡이 심하다는 문제점을 고려하여 검증 대상에서 제외하였다. 저빈도 단어를 대상으로 한 유의미성 검증은 어떤 통계식을 이용한다 하더라도 엄밀한 검증 자체가 상당히 힘들다. 여기서 중요한 점은 고빈도와 저빈도로 나누는 기준이다. 이 기준에 따라 적용할 식이 달라진다. 이 기준을 설정하기 위한 방법은 이론적으로 접근하기는 매우 어려우므로 경험적인 접근 방식의 관점이 필요하다. 본고에서는 기본적으로 공기 빈도가 5회 이상인 것을 대상으로 공기관계의 유의미성 검증을 한다. 그러나 중심어의 빈도 자체가 낮아서 공기하는 단어의 종류와 빈도가 낮은 경우는 공기 빈도 3회 이상인 것도 유의미성 검증을 한다.

본 연구는 대량의 자료에서 유의미 공기관계를 효과적으로 추출, 가공, 분석하여 유용한 연구의 방법 제시와 방향을 보이고자 하는 것이 목적이므로 주로 공기관계 구성의 특징을 잘 보여 줄 수 있는 단어들을 예로 들어 논의를 전개하였다. 따라서 필요한 경우 비교적 저빈도 단어를 예로 들기도 하였으나 주로 고빈도 단어를 중심으로 논의가 전개되므로 t-score를 기본적인 유의미성 검증 방법으로 채택하고, 그 밖의 식들은 필요한 경우에만 참조하여 공기관계의 유의미성을 검증하였다.

2.2 공기관계 고정성 검증

인접 관계에 있는 공기관계 구성을 연구할 때, 중심어에 대해서 유의미 공기 단어의 방향, 위치에 대한 고려도 중요한 사항이다. 어떤 단어가 특정한 방향과 위치에서 중심어와 유의미하게 공기한다면 이 공기관계는 고정성이 높다고 볼 수 있고, 이는 중요한 특징이 된다. 앞에서도 언급한 바와 같이 계량언어학적 관점에서 연어관계를 중심으로 공기관계를 연구할 때는 중심어 좌/우 방향의 몇 어절 거리에 출현하는 모든 단어들을 대상으로 하게 된다. 대규모의 자료에서 추출한 자료를 바탕으로 연어관계 연구에서 방향과 위치에 대한 특성을 밝히기 위해서는 일련의 자동처리를 바탕으로 한 통계처리가 필수적이다. 본고에서는 Manning 외(1999)에서 소개되었던 위치 평균과 표준편차를 이용한 방법을 바탕으로 공기관계의 고정성을 분석하였다.

(1) 방향 고정성 검증

중심어를 기준으로 좌측과 우측에 어떤 단어가 공기할 경우 좌측에 많이 공기하는지 우측에 많이 공기하는지를 판단할 수 있게 하는 방법이다.

다음과 같이 중심어 좌/우 각 3어절씩 검색공간을 정할 경우 각 자리별로 좌측은 음수를 우측은 양수의 점수를 준다.

좌측 세 번째	좌측 두 번째	좌측 첫 번째	중심어	우측 첫 번째	우측 두 번째	우측 세 번째
−3	−2	−1	0	+1	+2	+3

이제 예를 들어 보면, 부사 '바로'를 중심어로 공기하는 단어를 추출하였을 때 관형사 '이'가 각 자리별로 다음과 같이 출현한다.

점 수	−3	−2	−1	0	+1	+2	+3
빈 도	0	82	39		336	13	17

앞에서 보이듯이 좌측에는 총 121회 출현하고 우측에는 366회 출현한다. 단순하게는 이 방향별 총합만으로도 우측에 더 많이 분포하

는 것을 알 수 있다. 그러나 좌측과 우측 방향성이 어느 쪽이 어느 정도 더 큰지는 알기 어렵다. 이런 점을 좀 더 명시적으로 보여주기 위해서 방향과 빈도를 고려한 자리값 평균을 이용할 수 있다. 즉 각 자리별로 부여된 점수와 빈도를 곱하고 이들의 총합을 공기 총빈도로 나누면 평균을 구할 수 있다. 위에 든 예를 바탕으로 자리값 평균을 구해 보면 $((-3 \times 0) + (-2 \times 82) + (-1 \times 39) + (1 \times 336) + (2 \times 13) + (3 \times 17)) / 487 = 0.4312$가 된다.

이 평균값은 다른 공기 단어들의 평균값과 비교할 때 양수 쪽으로 클수록 우측 방향에 분포하는 경향이 크다고 볼 수 있고, 반대로 음수 쪽으로 클수록 좌측 방향으로 분포하는 경향이 크다고 볼 수 있다. 따라서 이 평균값은 이 자체가 절대적인 값이라기보다는 다른 공기 단어들과의 비교를 통해 방향성의 정도를 판단하는 기준이 된다. 즉 어떤 공기 단어의 평균이 0.9라면 관형사 '이'(자리값 평균: 0.431)보다 부사 '바로'와 우측에서 공기하는 경향이 강하다고 볼 수 있다.

그리고 이 자리값 평균으로도 위치 고정성도 일부 추측이 가능하다. 만약 자리값 평균이 -3이거나 $+3$인 경우는 모든 공기어가 각각 좌3 자리와 우3 자리에만 나타난다는 것을 뜻한다. 그러나 이 경우를 제외하고는 자리값 평균으로만은 정확한 위치 분포를 예상하기가 어렵다. 이를 위해 위치 고정성을 측정하기 위한 방법이 필요한데 이를 위해서 자리값의 표준편차를 이용하여 구한다. 인접 공기 관계 연구에서 여기서 설명한 자리값 평균을 통해 각 공기 단어의 방향 고정성을 살펴본다.

(2) 위치 고정성

공기하는 단어가 검색 공간 내에서 특정 위치에서 주로 출현한다면 매우 중요한 특성으로 볼 수 있다. 이 특성은 자동처리를 하는 자연언어처리 분야에서 매우 중요한 정보로 활용될 수 있다고 생각한다. 공기 단어의 위치 고정성을 분석하는 방법으로 분산을 이용할 수 있다. 분산은 특정 변수의 흩어진 정도를 나타내는 양이다. 여기서는 변수를 공기 단어로 보고 각 자리별로 흩어진 정도를 나타내기 위해 분산을 이용한다. 즉 분산을 이용하여 검색 공간 내에서 해당 공기어의 각 자리별 출현 분포를 측정할 수 있다. 그리고 분산의 정도를 나타내는 것이 표준편차이다. 이 표준편차를 통해 어떤 공기 단어가 위치 고정성이 얼마나 되는지를 알 수 있다. 표준편차가 0인 경우는 항상 특정 위치에만 해당 공기어가 출현함을 뜻한다.

다음은 여기서 사용한 분산 식이다.[37]

$$s^2 = \frac{\sum_{i=1}^{n}(di - \overline{d})^2}{n-1}$$

단, di = 자리값
$\overline{d}$ = 자리값 평균
n = 총 빈도합

표준편차를 구하기 위해선 우선 분산을 구해야 하는데, 이 분산의 제곱근 값이 표준편차가 된다. (1)에서 보인 부사 '바로'와 공기하는 관형사 '이'의 예를 이용하여 분산과 표준편차를 구해보면 다음과 같다. 우선 분산은 $((-3-0.431)2\times0)+((-2-0.431)2\times82)+((-1-0.431)2\times39)+((1-0.431)2\times336)+((2-0.431)2\times13)+((3-0.431)2\times17) = 532.182$를 구하여 전체 공기 빈도합 487에서 1을 뺀 486으로 나누면 1.095가 된다. 이 분산값 1.095의 제곱근인 1.046이 표준편차가 된다. 즉 자리값 평균을 중심으로 약 1을 더한 차이가 난다는 것인데, 우측 방향성에 표준편차를 고려하면 우측 첫 번째 자리에 공기어가 주로 나타난다고 볼 수 있다.

---

37) 이 분산값의 제곱근($\sqrt{}$)이 표준편차가 된다.

물론 여기서 제시하는 표준편차가 절대적인 자리를 표시하는 것은 아니지만 자리값 평균을 고려해서 공기 단어의 고정성을 어느 정도 예측할 수 있고, 다른 공기 단어들과의 고정성을 비교할 수 있기 때문에 인접 공기관계 연구 부분에서 필요한 경우에 이 정보를 이용할 것이다.

2.3 인자 분석

인자 분석은 다변량 분석 기법의 하나로 고급 통계 기법이다. 여기서는 통계학적으로 다변량 기법의 특징과, 인자 분석 기법의 특징을 공기관계 연구에 적용하는 방법만을 중심으로 설명한다.

우선 인자 분석은 다변량 자료에서 여러 변수들이 상관관계에 있음을 전제로 한다. 이들 변수들이 어떤 공통된 원인으로부터 영향을 받는다고 가정하고 그 원인의 성격에 대해 밝히는 방법이다. 이런 개념을 이용하여 중심어와 한 문장 내에서 비교적 고빈도로 공기하는 단어들을 변수로 보고 이 변수들에 영향을 주는 원인, 즉 공통인자를[38] 대상어의 의미로 가정하고 하는 연구방법이다.

인자 분석을 공기관계 연구에 적용시켜 보면, 변수는 중심어와 공기하는 단어들이 된다. 이때 공기하는 단어들이 군집하게 되는데, 군집하게 하는 원인, 즉 인자는 중심어의 어떤 언어학적 특성이라고 본다. 그런데 이 언어학적 특성들 중에서 중심어의 어휘 의미적 특성이 원인이 되어 공기하는 단어들이 군집한다는 것을 전제로 인자 분석을 한다. 중심어와 공기하는 단어들 사이의 상관성을 이용한 이 연구는 공기하는 단어와 중심어만을 고려한 기존의 연구들과 완전히 새로운 연구 방법이다. 그리고 실제 연구에서는 인자 분석에 의해 군집한 단어들이 직관적으로 중심어의 어휘 의미적인 특성과 관

---

38) 일반적으로 줄여서 인자(因子, factor)라고 부른다.

련된 것으로 판단하기 힘든 것들이 많이 나온다. 즉, 이 연구는 실제 사용한 자료만을 대상으로 하는 것으로 사전을 중심으로 한 어휘론적 관점과 차이가 있을 수 있다. 그러나 실제로 중심어의 용례를 통하여 확인하여 보면 직관적으로는 알아내기 힘든 중심어의 특성에 의한 공기 현상을 밝혀낼 수 있다.

인자 분석에서 변수들의 상관성, 즉 공기관계 연구에서는 중심어와 공기하는 단어들의 상관성을 알아내기 위해서 각 공기 단어들의 출현 양상을 분석해야 한다. 이를 위해서 550만 형태 분석 말뭉치를 원본 자료별로 나누어 각 자료에서 해당 공기 단어의 빈도를 추출한다. 이렇게 추출된 공기 단어 각각의 빈도를 바탕으로 이들 사이의 상관성을 구하게 된다. 인자 분석의 특성상 빈도 추출 자료의 개수가 분석하고자 하는 공기 단어의 개수보다 많아야 한다. 이를 위해서 중심어와 공기하는 단어들 중에서 일정한 빈도 이상의 단어들만을 대상으로 인자 분석을 한다. 본고에서는 총 299개의 자료 파일을 대상으로 하였으므로 중심어와 공기하는 단어의 개수를 299개보다 적은 수의 것을 대상으로 해야만 올바른 인자 분석이 가능하다. 이를 위해서 각 중심어별로 인자 분석 대상 단어 개수를 공기 단어의 공기 빈도를 고려하여 처리하였다.

이상의 연구를 통해 인자에 주성분이 되는 단어들에 대한 정보가 있다면, 자연언어처리에 있어서 가장 고난도 작업인 의미 분석 도구 개발에 큰 도움이 되리라고 생각한다. 지금까지 단어의 용례를 이용하여 확률정보를 바탕으로 단어의 의미를 분석하는 연구는 있었지만(Dagan et al. 1991, Black 1988 등), 중심어와 공기하는 단어들의 단순한 빈도에만 주로 의존하였기 때문에 필요 이상의 정보가 추출되어 효율성이 낮았다. 이런 자료의 이용에는 별도의 작업이 추가적으로 필요한 경우가 대부분이었기 때문이다.

이 점을 보완하기 위해 특정 어휘와 공기하는 단어들과의 연어관계를 이용한 어휘지식습득(lexical knowledge acquisition)을 위한 도구와 관련된 연구가 있었다(Sinclair 1991, Smadja 1991, Zernik 1991). 그리고 이와 관련된 연구에서 공기성에서의 정도를 통계적 방법으로 측정하여 이용한 사례도 있다(Church and Hanks 1990, Calzolari and Bindi 1990).

그러나 이러한 연구들 역시 단어의 의미구별을 위한 직접적인 정보는 제공하지 못했다. 이러한 문제점을 극복해 보고자 Biber(1993)는 앞에서 서술한 인자 분석 방법을 이용하여 의미분석 방법론을 제시하기도 하였다.

그러므로 본고는 언어의 일반적 특성상, 공기에 의한 단어간의 관련성 연구는 한국어에 적용에 바람직하다고 판단되므로 Biber의 방법론을 수용하여 연구를 진행하고자 한다.

3. 연구 대상 자료

이 절에서는 본고에서 다룰 자료들의 특징을 설명하고, 연구 유형별로 어떤 과정을 거쳐 처리했는지 설명한다. 각 연구 유형에 따라 별도의 자료 처리가 필요하고, 이 처리 과정은 올바른 계량적 연구에 매우 중요한 것이다.

3.1 인접 공기관계 연구

(1) 형태 분석 말뭉치

인접 공기관계 연구에서 사용한 형태 분석 말뭉치 구축의 원칙은 다음과 같다(김흥규 · 강범모, 2000).

- 품사 분류는 의미, 형태, 기능을 기준으로 하며, 형태 분석은 하나의 어절을 대상으로 한다.
- 형태 분석은 국어의 어문 규정과 표준국어대사전에 바탕을 두어 국어의 문법 현상을 정확하게 반영할 수 있도록 한다.
- 품사 분류나 형태 분석은 분석 대상의 본래 모습을 가급적 훼손하지 않는 범위 내에서 이루어지도록 한다.
- 형태 분석은 될 수 있는 한 분석하려는 입장을 취한다. 즉, 복합어 목록에 없거나 단일 형태가 아닌 것은 위 원칙들이 허용하는 범위에서 가능한 한 분석한다.
- 본 표준안은 "형태소 분석"의 차원이 아닌 "형태 분석"의 원칙을 택한다.

앞에서 제시한 원칙으로 다음과 같은 품사 표지를 설정하였다.

대분류	소분류	세분류
(1) 체언	명사 NN	일반명사 NNG
		고유명사 NNP
		의존명사 NNB
	대명사 NP	
	수사 NR	
(2) 용언	동사 VV	
	형용사 VA	
	보조용언 VX	
	지정사 VC	긍정지정사 VCP
		부정지정사 VCN
(3) 수식언	관형사 MM	
	부사 MA	일반부사 MAG
		접속부사 MAJ
(4) 독립언	감탄사 IC	
(5) 관계언	격조사 JK	주격조사 JKS
		보격조사 JKC
		관형격조사 JKG

(5) 관계언	격조사JK	목적격조사JKO
		부사격조사JKB
		호격조사JKV
		인용격조사JKQ
	보조사JX	
	접속조사JC	
(6) 의존형태	어미E	선어말어미EP
		종결어미EF
		연결어미EC
		명사형전성어미ETN
		관형형전성어미ETM
	접두사XP	체언접두사XPN
	접미사XS	명사파생접미사XSN
		동사파생접미사XSV
		형용사파생접미사XSA
	어근XR	
(7) 기호	마침표,물음표, 느낌표	SF
	쉼표, 가운뎃점, 콜론, 빗금	SP
	따옴표, 괄호표, 줄표	SS
	줄임표	SE
	붙임표(물결, 숨김, 빠짐)	SO
	외국어	SL
	한자	SH
	기타 기호(논리 수학기호, 화폐 기호 등)	SW
	명사추정범주	NF
	용언추정범주	NV
	숫자	SN
	분석불능범주	NA

위와 같은 원칙으로 550만 어절 규모의 말뭉치에 형태품사 정보를

부착하였다. 다음은 형태품사 정보 표지가 부착된 자료의 일부 예이다.

2BT_1100015470	어쨌든	어쨌든/MAG
2BT_1100015480	여러	여러/MM
2BT_1100015490	사람의	사람/NNG + 의/JKG
2BT_1100015500	보살핌	보살피/VV + ㅁ/ETN
2BT_1100015510	덕분에	덕분/NNG + 에/JKB
2BT_1100015520	또	또/MAG
2BT_1100015530	한	한/MM
2BT_1100015540	권의	권/NNB + 의/JKG
2BT_1100015550	책을	책/NNG + 을/JKO
2BT_1100015560	낸다.	내/VV + ㄴ다/EF + ./SF

위와 같은 방식으로 구축된 말뭉치는 품사를 중심으로 기본적인 형태 및 품사 정보를 이용할 수 있으므로 자료처리에 정확성과 효율성을 높일 수 있다. 그리고 정확한 문장구분이 가능하여 좀 더 엄밀한 검색을 가능케 한다. 본고에서는 용언 파생접사는 어근과 결합한 형태로 변형하여 하나의 용언어간으로 취급하였다.

3BT_0390050620	그렇게	그렇/VA + 게/EC
3BT_0390050630	말해버리고	말하/VV + 아/EC + 버리/VX + 고/EC
3BT_0390050640	말았다.	말/VX + 았/EP + 다/EF + ./SF

즉, '말해'는 '말/NNG＋하/XSV＋아/EC'로 분석된 형식이 아닌 '말하/VV＋아/EC'로 되어있는 자료를 이용하였다.

(2) 자료 처리

앞 절에서 서술한 바와 같이 인접공기 현상 연구를 위해서 550만 어절 규모의 형태분석 말뭉치를 이용한다. 원래 구축된 형태분석 말뭉치는 파생어의 경우 구성 단위별로 분석하는 원칙이 있고, 합성명사처리에 있어서도 일관성의 문제가 없지 않다. 정확한 정보 추출을 위해 이 점들을 보완하였다.

우선 용언 파생의 경우에는 어근과 파생접사 결합형을 만들어 용언의 어간으로 간주하였다.

말했다 : 말/NNG + 하/XSV + 았/EP + 다/EF
→ 말하/VV + 았/EP + 다/EF

그리고 합성명사의 경우 실제 자료에서 형태상 동일한 경우에도 띄어쓰기가 일관적이지 않은 경우가 있고, 합성명사의 기준 설정을 기존의 사전 표제어에 나타난 것만으로 한정하는 데에도 일관성 있는 적용에 어려움이 있으므로, 어절 단위로 무조건 하나의 단어로 취급하였다. 이렇게 변형한 550만 어절 형태분석 말뭉치를 이용하여 다음과 같은 처리 과정을 거쳤다.

● 색인 프로그램: index.exe: 윈도우용

   처리 내용 : 550만 형태 분석 말뭉치를 효과적으로 처리하기 위
             해 색인을 만드는 프로그램이다.

● 해당 검색어 추출 프로그램: search.exe: 윈도우용

   처리 내용 : 검색하고자 하는 단어가 포함되어 있는 문장을 추
             출한다.

● 공기 어절 추출 프로그램: cooc.exe: 윈도우용

   처리 내용 : 검색하고자 하는 단어와 한 문장 안에서 지정한 검
             색 공간 안에 공기하는 어절들과 해당 어절 분석형
             을 추출한다.

● 공기 어절의 모집단 내에서의 빈도 추출 프로그램: kgrp: 리눅스용

처리 내용 : 공기하는 어절들의 550만 어절 전체 말뭉치 내에서
의 빈도를 추출한다.

(3) 연구 대상어 추출

본고에서는 인접공기관계 연구를 위해 각 품사별로 대표적인 예들
을 선정하여 공기관계의 특징을 분석하였다. 이 연구의 기본적인 목
표에 비추어 본다면 전체 어휘들에 대해 결과를 추출하여 보는 것이
바람직하나 상위빈도의 어휘를 중심으로 새로운 방법론에 대해 충
분한 논의가 이루어진다면 기본적으로 충분한 가치가 있다고 본다.

▌명사

본고에서 사용하는 자료에서는 총 82,571종의 일반명사가[39] 빈도
2,509,061회로 나타난다. 그런데 총 82,571종의 어휘에서 빈도 100회
이상인 일반명사가 3,742종이고 이들의 빈도는 전체 빈도의 약 75%
에 해당한다. 다시 말하면 약 4.5%에 해당하는 어휘 항목들이 전체
적으로는 75%의 출현 빈도를 보인다는 것이다. 본고에서는 일반명
사 중에서도 특히 서술성 명사 중 빈도가 가장 높고 말뭉치에서 동
음어의 특성이 잘 나타나지 않는 '말'을 예로 들었다. 그리고 '말'과
공기관계 특성을 비교하기 하기 위해, 비서술성 명사이면서 말뭉치
에서 동음어 특성이 잘 나타나지 않는 '길'을 예로 들어 논의한다.

▌동사

550만 어절 규모의 형태 분석 말뭉치에서 동사는[40] 총 16,704종의
어휘로 빈도 1,205,887가 나타난다. 1,444종의 어휘가 빈도 100회 이

---

39) 본고에서 다루는 명사는 일반명사에 한정한 것이다.
40) 보조동사로 사용되는 경우를 제외한 것이다.

상이고 전체의 약 86.4%의 출현 빈도를 보인다. 본고에서는 최상위 빈도 동사인 '하다'와, 고빈도 동사이면서 대표적 이동 동사인 '가다'를 예로 들어 비교 논의한다. 이 동사들도 말뭉치에서 동음어의 특성이 잘 나타나지 않는 단어들이다.

▌형용사

형용사는 형태 분석 말뭉치 550만 어절 중에서 총 4,855종의 어휘에 빈도 318,013으로 나타난다. 396종의 어휘가 빈도 100회 이상이고 전체 출현 빈도의 약 82.6%를 차지한다. 본고에서는 고빈도 형용사 '높다'와 '길다'를 예로 들어 논의한다. 이 형용사들은 구문적 공기관계 연구와 군집 공기관계 연구에서도 이용하기에 적합한 특성을 갖는 점을 고려하여 선택하였다. 이 형용사들은 말뭉치에서 동음어의 특성이 잘 나타나지 않는 것들이지만, 다의어의 특성이 공기관계 분석을 통해 잘 드러난다고 보아서 예로 든 것이다.

▌부사

본고에서 사용하는 550만 형태 분석 말뭉치에서 부사는 총 4,605종의 어휘에 빈도 305,123으로 나타난다. 398종의 어휘가 빈도수 100 이상이고 전체 출현 빈도의 약 87.5%의 출현 빈도를 보인다. 본고에서는 인접 공기관계 연구에 적합한 성분 부사 중에서 고빈도 부사 '바로'와 '아직'을 연구 대상으로 선택하였다. 문장 부사는 대체로 문두에 위치하고 그 수식 대상이 인접한 단어들이 아니라 문장 전체가 수식 대상이 되므로, 인접 공기관계 연구에는 적합하지 않다. 따라서 인접 공기관계 연구 특성을 잘 보이기 위해 성분 부사들 중에서 고빈도 부사 '바로'와 '아직'을 예로 들어 논의한다.

▌관형사

관형사는 총 185종의 어휘에 빈도 195,077으로 나타난다. 55종의 어휘가 빈도수 100이상이고 전체 출현 빈도의 약 99.2%의 출현 빈도를 보인다. 본고에서는 관형사의 수식어 분포를 인접 공기관계 연구를 통해 분석하는데, 관형사 중에서 지시관형사 '그, 이, 저'를 예로 들어 다른 품사들과의 인접 공기관계 특성 비교와 각 지시관형사의 수식 양상의 특성을 비교 분석한다.

앞에서 제시한 품사별로 연구 대상어[41] 목록을 선정하여 인접 공기관계에 있는 단어들 중에서, 통계적 유의미성을 갖는 단어들을 추출하여 범주화하고 그 특성을 정리할 것이다. 실제로 550만 형태 분석 말뭉치에 사용한 형태 분석 표지에는 조사, 어미 등이 있으나 공기관계를 어휘적 연어관계[42] 중심으로 분석하고자 하므로 형식 형태소 범주는 중심어 선정에서는 제외한다.

그러나 중심어 선정에 있어서 기본형만을 고려하지 않고 굴절형도 포함하여 중심어와 공기하는 어휘 즉, 연결어에 대해서는 굴절형 자체를 기준으로 한다. 한영균(2002)에서도 지적하였다시피, 어휘의 기본형이 아닌 굴절형에 대해 실제 예에서 쓰인 형태에 대한 고찰은 고빈도 어휘만을 고려하는 경우 실제 긴밀한 연어관계를 추출하지 못하는 경우가 발생하고 굴절형에 따라 인접하는 공기 어휘도 다른 양상도 보일 수 있다. 이런 점을 고려한다면 단순한 빈도에 의한 유의미성 판단뿐 아니라, 실제 공기할 때의 단어 굴절형도 언어현상을 바르게 이해하는데 필수적인 고려사항이 된다. 연접범주관계 분석에서도 어절 단위로 논의해 나간다.

---

41) 연구 대상어가 연어관계에서 중심어(node)이다. 중심어를 기준으로 공기관계를 살핀다.

42) 연어관계에는 어휘적 연어관계(lexical collocation)와 문법적 연어관계(grammatical collocation)가 있다(BBI 사전).

3.2 구문적 공기관계 연구[43)]

이 자료는 전술한 바와 같이 홍종선(2000, 2001)에서 사용한 자료이다. 여기서는 이 자료와 자료의 구축과정을 간략히 소개하고 이 자료로부터 본고를 위한 자료처리 과정을 설명한다.

(1) 문법 표지 부착 말뭉치

구문적 공기관계 연구에서 사용한 자료는 상위빈도 체언과 용언 100개씩을 선정하여 체언에 대해서는 수식관계에 있는 단어에 표시를 하였고, 용언에 대해서는 일정한 기준에 따라 논항 관계에 있는 단어에 표시를 하였다. 중심어는 '고려대학교 한국어 말모둠 1(Korea-1 corpus)'에 나타난 빈도를 토대로 체언과 용언 각각 상위 100개를 선정하였다. 이 과정에서 용언으로는, 보조 용언으로 쓰임으로써 빈도가 지나치게 많아 본용언의 빈도를 현저히 떨어뜨리는 단어를 제외하였고 체언으로는, 의존명사와 대명사, 수사를 제외하였다. 홍종선 외(2000)에서 작업한 자료의 어휘(체언 100개, 용언 100개) 목록을 빈도순으로 보이면 아래와 같다.

● 체언 목록

사람, 말, 문제, 속, 경우, 앞, 집, 소리, 아이, 사회, 나라, 정부, 여자, 조화, 어머니, 세계, 관계, 돈, 대통령, 여성, 국가, 모습, 아버지, 대학, 문화, 내용, 역사, 몸, 기술, 가운데, 기업, 결과, 이야기, 현재, 삶, 물, 모양, 과정, 힘, 방법, 세상, 시장, 회의, 남자, 얘기, 사건, 작품, 학생, 제도, 사랑, 땅, 현상, 영화, 회사, 지방, 아내, 신문, 엄마, 가슴, 남편, 단체, 도시, 이해, 운동, 예술, 자유,

---

43) 앞에서 언급한 바와 같이, 구문적 공기관계가 가장 기본적인 연접범주관계 (colligation)이다. 본고에서는 Firth(1957)에서 정리한 연접범주관계 개념을 좀 넓게 수용하여, 모든 공기관계에서 형태 품사 정보을 고려하여 문법적 결합 관계를 분석하는 개념으로 사용한다.

산, 하늘, 변화, 선생, 정치, 국회, 문학, 아침, 음악, 나무, 연구, 자연, 마을, 교수, 존재, 중심, 역할, 작가, 영향, 경험, 관련, 느낌, 민족, 대표, 생각, 시대, 경제, 교육, 마음, 사실, 얼굴, 인간, 학교, 정보

● 용언 목록

없다, 보다, 아니다, 오다, 위하다, 말하다, 이러하다, 어떻다, 알다, 보이다, 못하다, 크다, 받다, 들다, 많다, 따르다, 살다, 쓰다, 나오다, 좋다, 모르다, 가지다, 통하다, 먹다, 내다, 놓다, 나가다, 밝히다, 듣다, 이렇다, 두다, 갖다, 생각하다, 찾다, 다르다, 새롭다, 버리다, 나타나다, 들어가다, 묻다, 부르다, 만나다, 어렵다, 앉다, 일어나다, 맞다, 잡다, 서다, 느끼다, 이르다, 높다, 읽다, 남다, 떨어지다, 보내다, 타다, 생기다, 쉽다, 시작하다, 내리다, 얻다, 치다, 사다, 들어오다, 열다, 떠나다, 짓다, 이루어지다, 작다, 다니다, 그리다, 지나다, 돌아오다, 믿다, 웃다, 빠지다, 열리다, 나다, 바라보다, 넣다, 나누다, 기다리다, 넘다, 입다, 끝나다, 알려지다, 오르다, 흐르다, 그러하다, 바꾸다, 세우다, 돌아가다, 울다, 어리다, 깊다, 끌다, 달다, 쓰이다, 맡다, 막다

이 연구에서는 각각의 대상어가 나타난 용례를 추출하고 난 뒤, 1/10로 축소하였다. 작업의 양을 현실화한 것이다. 따라서 양의 관점에서 보면, 이 논문에서 제시하는 빈도는 100만 어절 말뭉치에 기반한 것과 마찬가지이다. 그러나 통계식을 이용하여 1,000만 어절 규모에서 작업한 효과를 볼 수 있다. 즉 실제 추출 표본이 1,000만 어절 규모의 자료에서 추출하여 다시 1/10으로 축소한 것이지만 통계식을 적용할 때는 1,000만 어절 말뭉치의 빈도정보를 이용하여 통계식을 적용하였다. 이 자료를 대상으로 설정된 표지 체계에 맞추어 해당 단어에 표지를 부착하는 작업을 하였으며, 연구자들이 직접 부착된 표지에 오류가 없는지 다시 검토하고 이를 수정·보완하였다.

공기관계 연구의 특성상 중심어 중 체언에 대해서는 수식관계만 표시하였고, 용언에 대해서는 주어, 목적어, 기타 논항, 수식관계를

표시하였다.

중심어에 대해 위와 같은 기준으로 표시가 되어있는 자료에서 각 관계의 유형별, 즉 주어 관계, 목적어 관계, 기타 논항 관계, 수식관계에 있어서 통계적 유의미성을 갖는 문법 관계를 추출하여 그 특징을 논하고자 한다.

(2) 각 문법 표지 부착 방법

이 자료는 1,000만 어절로 된 <고려대학교 한국어 말모둠 1(Korea-1 Corpus)>을 바탕으로 하여, 여기에 연어 표현 연구를 위해 주어, 목적어, 수식어 표지 붙이기 작업을 하였다. 다음은 홍종선(2000)을 요약한 각 문법관계 표지 부착 기준에 대한 설명이다.

▌주어 표시

이 연구에서 주어를 표시하는 기본적인 방법은 대상 서술어의 주어 앞에 S 표지를 붙이고, 다시 주어를 하위 분류하여 표시하는 것으로 하였다. 그런데 체언이 주어가 되는 경우와 체언에 여러 가지 꾸밈말이 붙어서 이루어진 명사구가 주어가 되는 경우가 있을 수 있는데, 본 작업에서는 핵이 되는 명사만 주어로 표시한다.

㉠ S

S 표시를 하는 경우는 [ ]로 묶여진 대상 서술어의 주어가 하나일 때나 총칭어가 있을 때이다. 총칭어가 나오는 경우는 총칭어에만 주어 표시를 하는 것을 원칙으로 하였다. 의존명사가 주어 역할을 할 때는 모문의 주어와 내포절의 주어가 혼동되는 경우가 있는데 이 때는 모문의 주어만을 표시하였다.[44]

---

44) 각종 기호에 대한 것은 뒷부분에서 설명한다.

(1) 가. S나는 의도적으로 그런 O표정을 [지었다]
    나. S소장님께서 직접 Cx산으로 [올라] 가진 못하니까,
    다. S우리집에서도 O전화기를 무선 Cx전화기로 [바꾼] 후,
    라. 아래쪽의 S사람들 Ma조심스레 [오르기] 시작한다.

(2) 가. 영국에서는 렘플로이, CQC, 콤프턴 외브 등 3 개 S회사가
    국방부 산하 화학전연구소의 기술 지원을 [얻어]
    나. 모든 S곡식, 즉 쌀, 보리, 콩 등이 다 [팔렸다]

(3) 합법적 단체가 됐다는 S것이 민예총의 성격과 본질을 [바꾸
    는] 것은 아니다.

ⓛ S1, S2, S3 …

대상 서술어에 대한 주어가 복수일 경우, 그들 사이에 특별한 의
미적 상관 관계를 맺지 않고 단순히 나열된 경우이다. 이 경우 서술
어에 가까운 쪽에서부터 먼 쪽으로 1, 2, 3 등의 번호를 매기었다.

(4) S2워싱턴과 S1모스크바는 '방위공동체'를 만들 O계획을 [세
    워야] 한다.[45]

ⓒ Sa, Sb …

여러 개의 주어가 나타날 때 부분과 전체, 사물과 속성일 경우에
는 전형적인 이중 주어문으로 인정하여 표시하는 방법이다. 이 경우
서술어에 가까운 쪽이 더 직접적인 관계를 맺는다고 보아 Sa를 표시
하고 먼 쪽에 순서대로 Sb, Sc 등으로 표시하였다.

(5) 가. Sb그여자는 Sa유방이 [작았다]
    나. Sb도깨비가 Sa약이 [오르면]

---

45) 이 경우는 '철수는 순이와 싸웠다'라는 문장과는 다르다고 할 수 있다. 여기서
'순이와'는 문장의 주어가 아닌 논항으로 생각되기 때문에 다음과 같이 표시하
였다. 'S철수는 Cx순이와 싸웠다.'

㉣ Sx, Sy …

여러 개의 주어가 나타날 때 서술어가 감정 형용사이거나 소유 관련 서술어인[46] 경우이다. 이는 주어가 여러 개 나온다고 하더라도 기본적으로 부분 전체의 속성을 갖는 것과는 다르게 보고자 한 의도이다.

(6) 가. Sy품이는 봄도 좋고 Sx여름도 [좋고] 가을도 좋고 겨울도 좋습니다
　　나. Sy동부는 소백 산맥의 영향으로 구릉성 Sx산지가 [많고]

㉤ Sq

주어를 수량화하는 단위 명사의 표시 방법으로서 주어에는 S로 표시하고, 단위명사에는 Sq로 표시하였다.

(7) 아니 김병세씨가 얘기하신 표현대로 그런게 아니고 우리 젊은 S미남 두 Sq분이 [나오셔서] 좋으시죠?

㉥ St

두 주어가 동격인 경우의 표시 방법이다. 대상 서술어에 가까운 주어를 St로 표시하고, 상대적으로 대상 서술어에 먼 주어를 S로 표시하였다.

(8) 3루쪽으로 굴러간 타구를 S투수 St정삼흠이 [잡아] 1루에 던졌으나[47]

㉦ Sp

문장에서 표면상으로는 수식 관계이지만, 의미상으로는 주술 관계

---

46) 감정형용사에는 '좋다', '싫다', '무섭다', '즐겁다', '밉다', '예쁘다' 등의 예가 있으며, 소유관련서술어로는 '있다', '없다', '많다', '적다' 등의 예가 있다.
47) 위의 예문과 동일한 뜻을 나타내는 다음의 표현에서는 동격 처리를 하지 않는 것을 원칙으로 삼았다.
　　예) 3루쪽으로 굴러간 타구를 투수인 S정삼흠이 [잡아] 1루에 던졌으나

를 맺는 경우이다. 이 경우는 앞에서 든 ㉠에서 ㉂까지 표시 방법을 그대로 사용하고, 수식 관계라는 것을 표시하기 위해 p를 부가하였다.

> (9) 가. 나라에 공을 [세운] Sp사람에게 주는 기장.
> 나. 서른이 되도록 시집을 못 가고 시장에서 노점상을 하는 홀
>   어머니와 함께 [사는] Sp동생 Spt순심이가 어머니 최씨가

◎ **Sum / Ski**

문장에서 주어 역할을 할 수 있는 범주는 원칙적으로 체언이어야 한다. 따라서 용언류가 주어로 쓰이기 위해서는 체언화의 과정을 거쳐야 한다. 체언화는 다른 문법 범주로 하여금 체언이 되도록 하되, 보문 명사에 관형적으로 기여하는 구조가 아니라 머리 명사 없이 그 자체가 상위절에서 체언으로 기능하는 것이다(홍종선, 1986: 18). 여기에서는 이러한 체언화 중에서 통사적 체언에[48] 해당하는 단어를 표시하는 것이다. Ski는 용언에 접미된 체언화 어미가 '-기'인 경우에 해당하고, Sum은 용언에 접미된 체언화 어미가 '-ㅁ/-음'인 경우에 해당한다.

> (10) 가. 돌을 잘 다듬어서 넓고도 얇은 격지를 만들어 Ski긁기
>   [좋고][49]
> 나. 이에 북양대신 이홍장은 용모양을 그려 속국임을 표시하
>   고 그 이름을 용방기라 Sum함이 [좋겠다고] 말하고 있
>   다.[50]

---

48) 체언화는 다시 어휘적 체언화와 통사적 체언화로 구별해야 한다. 어휘적 체언화는 그 기능의 변화가 어휘 안에서 이미 이루어져, 변화된 의미와 기능으로 사용되는 용법이다. 반면에 통사적 체언화는 체언화 어미가 용언에 접미되어 나타나기는 하지만 이는 단순히 그 용언만의 체언화가 아니라 그에 이끌리는 구절 전체가 체언화되는 것이다(홍종선 1986:19).

49) 이 문장과 비교되는 어휘적 체언화의 경우는 다음과 같다. 예) 이곳의 방 S크기가 매우 [크다.]

50) 철수는 너무 뚱뚱해서 S움직임이 [둔하다.]

▌목적어 및 기타 논항

홍종선 외(2000)에서는 한국어 말모둠 1에서 고빈도 본용언 100개를 선정하여, 이 것과 필수 논항 관계에 있는 것 중 목적어와 주어를 제외한 기타 필수 논항에 해당되는 것을 연구 대상으로 삼았다. 논항 선정은 홍재성 외(1997)의 「현대 한국어 동사 구문 사전」을 기준으로 하였다. 목적어 표시에는 O 표지를, 기타 논항은 C 표지를 주었다. 다음은 각 표지별 분류 방식과 예를 보인 것이다.

목적어 표시는 대상 서술어에 대해 목적어에 해당하는 다양한 현상을 모두 포함하려 하였다. 여기에 단순히 격표지로 쓰이는 조사를 고려한 것이 아니라 목적어 논항에 해당되는 것을 모두 포함하였다.

㉠ O

대상 서술어의 목적어가 하나일 때나 총칭어가 있는 경우에는 O 표시를 하였다. 이 경우 논항 구조를 고려하여 목적어를 논항으로 갖는 서술어만을 대상으로 한다.

> (11) 반대로 두 눈을 부릅떠 이 O책을 Ce앞에 [둔] Sp당신 Spt자
>   신의 겉모습을 샅샅이 훑어

㉡ O1, O2 …

대상 서술어에 대한 목적어가 여러 개일 경우, 그 복수의 목적어가 특별한 상관 관계를 맺지 않고 단순히 나열된 경우에는 O1, O2 … 표시를 하였다. 이 경우 대상어에 가까운 것부터 번호를 매긴다.

> (12) 'O2감수성'과 'O1시민의식'을 가운데 [두고] 이를 평행선으
>   로 보는 관점이 : '두다'가 대상어인 경우

㉢ Oa, Ob …

여러 개의 목적어가 부분과 전체의 관계를 맺는 경우에는 Oa, Ob

… 표시를 하였다. 이 경우 대상어에 가까운 것부터 첨가부호(a, b …)가 시작된다.

   (13) S뭉크가 이 Ob부분을 Oa장면을 Mk어떻게 [그렸을까.]

ⓔ **Oq**

목적어를 수량화하는 단위 명사의 표시 방법으로 단위 명사에 표시를 Oq로 하였다.

   (14) 안면방해죄로 고발해보았자 한 번 고발에 O벌금 5천 Oq원
        만 [내면] 되니까

ⓜ **Op**

표면상으로는 수식 관계이지만, 의미상으로 대상어의 목적어일 경우에는 Op 표시를 하였다. 이 경우 목적어가 여러 개일 경우 앞의 표시 방법을 따른다. 즉 단순 나열일 겨우 숫자 1, 2 등을 쓰고, 부분 전체일 경우 a, b 등을 쓴다.

   (15) S농민이 믿고 [따를] 새 Op농정 펼쳐야

ⓗ **Ot**

두 목적어가 동격일 경우에는 대상 서술어와 가까운 목적어를 Ot 표시를 하였다.

   (16) O방아타령 Ot하나 Ma변변히 [못하는] Sp년이 소리는 고걸로

ⓢ **Oko**

인용절이 목적어가 되는 경우에는 Oko 표시를 하였다.

> (17) 적응이란 곧 Oko망각이라고 [생각하건만] 나는 그게 못내
>   서글펐다

◎ **Oki / Oum**

목적어 역할을 하는 체언화 구문에서 용언에 접미된 체언화 어미
가 '-기'나 '-음'인 경우에는 Oki / Oum 표시를 하였다.

> (18) 가. 그리고 중앙으로부터 사자(使者)가 Oki오기를 [기다렸다
>   가] 그가 가지고 온
>   나. Ma이제야 그 Oum바뀌었음을 [생각하게] 된 것이다.

기타 논항은 대상 서술어의 논항에 '-에'라는 조사가 붙은 경우는
Ce 표시를 하였고, 대상 서술어의 논항에 '-에게, -한테'라는 조사가
붙은 경우는 Ck 표시를 하였다. 그리고 서술어의 논항에 '-로, -으로'
라는 조사가 붙은 경우는 Cr 표시를 하였다. 앞에서 제시한 것과 같
은 논항 구조라도 해당하는 조사가 쓰이지 않은 경우에는 Cx로 표시
하였다. 그런데 이 하위 분류는 모든 용언에 적용하지 않고 필요한
경우에만 적용하였다. 즉, 일반적으로 기타 논항은 Cx로 표시하였고,
연구에 필요한 경우에만 상세 분류하였다.

> (19) 가. 남강 신호대 Ce앞에 [내려] 10분 거리다.
>   나. 문득 S그가 Ck용왕님에게 오줌으로 O빽을 [썼으니] 유
>   신정권보다는 용궁이 낫지 않나
>   다. 국가들과의 경제무역 Cr협상카드로 [써야] 한다

❙수식어 표시

체언 대상어를 꾸미느냐, 아니면 용언 대상어를 꾸미느냐에 따라
수식어에 D와 M을 각각 대범주 표지로 하였으며, 수식어의 특성에
따라 다시 하위 범주 표지를 달았다. 본고에서는 체언 대상어를 수
식하는 경우와 용언 대상어를 수식하는 경우를 다시 세분하여 표지

를 달기로 하였다.

㉠ Da

관형사가 체언 대상어를 꾸미는 경우의 표지이다. 관형사는 공시적으로 용언이 활용하거나 체언에 조사가 붙어서 이루어진 단어가 아니기 때문에 관형사 형태가 통째로 사전에 등재되어 있는 것이 특징이다.

> (20) 가. 그 날은 웬일인지 마음이 내키지 않는 것을 그는 억지로 꺼들려가서 Da새 [과정을] 가르치지 않고 복습을 시켰다.
> 나. 그가 쓴 「신과학 대화」의 머리말을 보면 Da기계적 [기술과] 역학 연구가 가진 뗄래야 뗄 수 없는 밀접한 연관을 상징적으로 나타내고

㉡ Dv

용언 어간에 관형사형 어미 '은, 는, 을'이 붙은 경우에 해당하는 표지이다. 그런데 우리는 여기에 보조 용언임을 나타내는 표지를 하나 더 두기로 했다.

> (21) 가. 변론의 분리나 병합이 문제되는 경우는 다수의 피고인이 공범관계에 Dv있는 [사건에서] 주로 문제가 되고 있다.
> 나. 가시 음향은 화면에서 일어나고 Dv있는 [사건을] 자연스럽게 만들어 준다.

위의 예에서 알 수 있듯이, 실질 용언에 해당하는 '있는'과 보조 용언에 해당하는 '있는'이 같은 표지를 갖게 됨으로써 발생하는 문제를 해결하기 위해서 우리는 따로 보조 용언에 Dvx라는 표지를 마련하였다. 그래서 (30나)를 다시 표시하면 다음과 같다.

(22) 나'. 가시 음향은 화면에서 일어나고 Dvx있는 [사건을] 자연
　　　스럽게 만들어 준다.

ⓒ **Dn**

선행하는 체언이 후행 대상어에 대한 수식어가 되는 경우도 있다.
이 경우를 Dn으로 표시하기로 한다.

(23) 가. 이 사회 관계를 우리는 'Dn계급 [관계'라고] 부르지요.
　　　나. 그 허황한 생각은 '아무런 목적도 없이 세월만 흘려보
　　　　　내는 게 서울의 Dn월급쟁이 [삶'이라는] 자기 위안만을
　　　　　촉발시키는 것이었다.

한편 후행하는 체언 대상어를 수식하는 결합어 중에서 고유명사
가 경우에 따라서는 많을 수 있다. 그런데 엄밀한 의미에서 말하자
면, 고유명사는 순수한 연어 현상을 밝히는 데 있어서 큰 도움을 주
지는 못한다. 다시 말해서 고유명사에 다른 보통명사와 더불어 똑같
은 Dn 표지를 할당하면 경우에 따라서 꼭 밝혀야 할 연어 현상을 도
출해 내지 못할 위험이 있는 것이다. 이를 해결하기 위해서 고유명
사에 아무런 표지를 하지 않는 방법도 고려해 볼 수 있으나 고유명
사에는 Dnq라는 표지를 할당하여 보통명사와 구분되도록 하였다. 그
나름대로의 용법도 통계적으로 의미를 가질 수 있다고 본 것이다.

(24) 가. 이 의문은 Dnq유성준 [교수가] 보내준 애청 선집 「들판
　　　　　에 불을 놓아」(한울, 1986)와 구백사람
　　　나. 그 중에서도 수경이 무척 따르던 국어과의 Dnq김인자
　　　　　[선생님께서] 제일 반가워해 주셨다

ⓔ **Ds**

체언에 관형격 조사 '-의'가 붙어서 후행하는 대상어를 수식하는
경우에 해당하는 것으로, Ds라는 표지를 주었다. 그리고 앞서 Dnq

표지의 설명에서도 밝혔던 방식 그대로 적용하여 고유명사에 조사 '-의'가 붙어 관형어를 이루는 경우의 표지를 Dsq로 하였다.

> (25) 가. 국내는 물론 Ds외국의 [기업과도] 컴퓨터를 통해 서류를
>   재빨리 주고받게 해 주는 핵심 소프트웨어인 전자문서
>   교환(EDI)시스템이 본
>   나. 한 Ds나라의 [경제가] 성장하고 사람들의 소득 수준이
>   높아질 때에는
>   다. 프랑스 파리의 소르본의 철학석사로 귀국해서 동국대학
>   교 전신인 Dsq중앙전문(中央專門)의 [교수로] 있다가 다
>   시 불경 공부를 작정하고 해인사에 박혀 있던 그를 만
>   나게

㉤ Dr

관형절 구성이 완전한 종결어미 '-다, -냐, -라, -자'로 끝난 문장 구성일 경우 붙는 표지이다.

> (26) 가. 오는 24일 프로 연맹이사회까지 팀을 Dr인수하겠다는
>   [기업이] 나오지 않으면 자동 해체된다.
>   나. 차마 눈 마중을 Dr간다는 [말이] 나오지 않았다.

㉥ Ma

부사는 그대로 문장에서 부사어의 역할을 한다. 이러한 부사는 모두 사전에 등재됨을 원칙으로 하며, 여기서는 Ma라는 표지를 두어 구별하였다. 그런데 사전에 등재되어 있지 않은 것이라 하더라도 용언 어간에 부사 파생 접사 '-이'나 '-히'가 붙은 것은 모두 Ma 표지를 주기로 하였다. 또한 한자어 부사나 의성·의태 부사에서 자주 나타나는 중첩형 역시 중첩 구성이 아닐 경우와 마찬가지의 표지를 주었다.

> (27) 과거 독재정권처럼 유언비어를 이용할 의도가 아니라면 검
>   찰은 Ma명명백백히 [밝혀야] 한다.

Ⓐ Mk

어미 '-게'에 의한 용언의 활용형이며 뒤에 오는 용언을 수식하는 경우의 표지이다. 그런데 '-게'에 의한 용언의 활용형이 모두 Mk의 표지를 달 수 있는 것은 아니다. 보조 용언에 부착된 '-게'를 포함한 어절에는 Mk 표지를 달지 않는다. Mk 표지를 달 수 있는 자격을 지닌 어절은 어미 '-게'에 의한 형용사의 활용형이며 뒤에 오는 대상어 용언을 수식하는 경우이다. 부사형 어미는 이 밖에도 많이 있을 것이다. 가령 용언 뒤에 오는 '-도록' 등이나 체언 뒤에 붙는 '-처럼, -으로' 등 얼마든지 많이 있으나, 이번 연구에서는 '-게'형 하나만으로 단순화하였다.

> (28) 가. 제목, 감독의 이름, 출연진, 개략적인 줄거리와 구성, 그리
> 고 주제 등은 간단한 영화평에서 Mk손쉽게 [얻을] 수 있다.
> 나. 인간이 근육 노동으로 곡물과 채소를 재배하여 Mk균등
> 하게 [나누면] 이 지구는 사오백 억 인류를 거뜬히 먹여
> 살릴 수 있다고 한다.

Ⓞ Mkv

어미 '-게'에 의한 용언의 활용형으로 뒤에 오는 용언을 수식하는 경우, 이 때의 용언은 대부분 형용사임이 빈도상으로 밝혀진다. 그러나 가끔 동사의 활용형으로 될 수도 있는데, 바로 이 경우에 붙이는 표지이다.

> (29) 가. 내 S친구는 기가 Mkv막히게 [좋은] Sp사람이다.
> 나. 새벽 2시, 제각기 두 다리를 쭉 뻗고 움직여 보더니, 아
> 주 원기 Mkv있게 [일어났다.]

(3) 구문적 공기 단어 추출

앞의 기준에 의해 문법관계 정보가 부착된 말뭉치에서 중심어의 각 문법 표지별 어휘와 문법 표지 출현 유형을 추출하는 과정이 필요하다. 여기서는 이 과정을 처리하는 내용에 대해 설명한다.

● 문법관계 표지별 어휘 추출 프로그램: *reader*: 리눅스용

> 작업 내용 : 문법관계 표지가 부착된 자료에서 다음과 같이 4가
> 지 유형의 자료를 추출함
> 1) 통합형 표지별 해당 어휘 빈도 : 예, 주어 세부 분류를 모두
>   합쳐서 추출
> 2) 각 세부 표지별 해당 어휘 빈도
> 3) 문법관계 표지 유형별 출현 빈도
> 4) 문법관계 표지 유형 및 어휘 유형별 출현 빈도

3.3 군집 공기관계 연구[51]

군집 공기관계 연구에 이용하는 인자 분석을 위해서 사용하는 말
뭉치와 각종 언어 자료 처리 프로그램은, 대체로 인접 공기관계 연
구에 사용하는 것과 같다. 다만 공기 단어들을 299개 각각의 파일에
서 빈도를 추출하는 프로그램이 별도로 필요하다는 점만이 다르다.
형태 분석 말뭉치에 대한 것은 앞에서 언급한 인접 공기관계 연구에
서 설명하였으므로 여기서는 생략한다.

(1) 공기 단어 추출

인자 분석을 위해서 사용하는 공기 단어 추출 프로그램과 기본적
전처리 과정은 인접공기관계 연구에서 사용한 것과 유사하다. 다만,
공기 단어 추출시 검색공간을 인접공기관계 연구에서는 중심어의
좌우 세 어절로 본 것에 비하여 인자 분석을 위해서는 중심어가 나
타나는 문장 내 모든 어휘를 추출하는 것과 각 공기단어의 빈도를

---

51) 본고에서 설정한 연구 유형인 인접 공기관계와 구문적 공기관계는 공기관계의
유형을 나타낸 것인데 비하여, 군집 공기관계는 공기관계에 있는 중심어와 연
결어가 군집하는 유형을 나타낸 것이 아니다. 군집 공기관계는, 중심어가 동음
어나 다의어의 특성이 강한 경우에 특정 의미로 쓰이는 환경에서 주로 공기하
는 단어들의 군집성을 이용한 연구이다. 따라서 군집 공기관계 개념은 중심어
의 특정 의미 사용 환경에서 공기하는 단어들 사이의 군집성을 표현한 것이다.

전체 자료에서가 아니라 299개 각각의 자료 파일에서의 빈도를 추출
하는 것이 다르다.

> ● 각 파일별 공기 단어 추출 프로그램: extract_f: 리눅스용
> 　작업 내용 : 중심어와 공기하는 단어들을 형태 분석 말뭉치를
> 　　　　　　 이루는 299개 파일 각각에서의 빈도를 추출함

이렇게 추출된 공기 단어를 각 단어별로 일정 빈도 이상의 공기
단어만을 대상으로 인자 분석용 변수로 사용한다. 그런데 299개 각
파일의 크기가 다르다. 엄밀한 인자 분석을 위해서는 동일한 크기의
자료에서 각 공기 단어의 빈도를 추출해야 한다. 이 점을 보완하기
위해서 299개 전체 파일의 어절수 평균값을 구하였다. 그리고 이 어
절수 평균값에 대한 각 파일의 어절수 가중치를 두어 앞에서 추출한
각 파일별 공기 빈도에 가중치를 적용하였다. 예를 들어 어떤 파일
에서 '학교에'라는 단어의 빈도가 10이고 가중치가 1.5이면, 이 파일
에서 계산한 '학교에'의 빈도를 15로 하여 인자 분석을 한다.

> ● 각 파일별 공기 단어 가중치 적용 프로그램: applyWeightValue: 리눅스용
> 　작업 내용 : 각 파일별로 계산된 단어의 빈도에 파일별 가중치
> 　　　　　　 를 적용함

(2) 인자 분석 적용 및 결과 처리

(1)에서 설명한 방법대로 추출된 공기 단어들의 각 파일별 가중치
빈도 자료를 통계 처리 프로그램인 SPSS를 이용하여 인자 분석을 하
였다. 인자 분석을 할 때 각종 옵션을 선택해야 한다. 본고에서는 가
장 중요하게 고려한 점은, 언어 자료의 특성을 반영하기 위한 프로
막스(Promax) 회전[52]을 선택하였고, 나머지는 기본 옵션을 이용한다. 통

---

52) 인자 분석 과정에서 정확한 군집 경향을 추출하기 위해 '회전'이라는 단계를 거

계 프로그램 SPSS를 행한 결과를 각 인자별로 특성을 쉽게 분석하기 위해, 엑셀 프로그램을 이용한다. 각 인자별로 인자부하값 순서로 정렬하고, 통계적 유의미성이 있는 임계치 이상의 단어들을 대상으로 인자를 해석한다. 인자의 특성을 분명히 파악하기 위해, 필요한 경우 실제 용례를 통해 인자 해석을 한다.

친다. 여기에서 각 변수들 사이에 독립성이 보장될 경우에는 배리막스(Varimax) 회전을 하고 독립성이 보장되지 않을 경우에는 프로막스(Promax)회전을 한다. 공기관계 연구에서 적형의 문장만을 대상으로 하였으므로, 공기 단어들 사이에 독립성이 있다고 보기 힘들기 때문에 프로막스 회전을 한 것이다. SPSS 통계 프로그램을 이용해서 인자 분석을 할 경우, 회전 방법은 앞에서 설명한 이유로 프로막스 회전을 선택하여 인자 분석을 하였다.

제3장 인접 공기관계 연구

이 장에서는 중심어와 인접하여 공기하는 단어들을 이용하여, 연구의 대상인 중심어의 언어학적 특징을 분석하는 것에 대해 논한다. 인접 공기어를 통한 연구 방법은 앞 장에서 서술한 바와 같이 기존에 연어관계 연구에서 주로 다루었던 방법이다. 본고에서는 계량언어학적 관점에서 유의미한 공기어 추출 기준 설정과 효과적인 해석을 위한 자료 처리 방법에 대해서, 실질형태소 범주를 중심으로 각 품사별로 몇 가지 단어를 예로 들어 논의한다. 여기서 다루는 실질형태소 범주는 일반명사, 본동사, 본형용사, 관형사, 부사이고 형식형태소 범주이긴 하지만 인접 공기어에 의해 특징이 잘 드러나는 의존명사에 대해서도 논의를 전개한다. 각 범주별로 인접 공기관계 연구 방법은 다소 차이가 있으나, 기본적으로 해당 단어에 좌측과 우측의 일정한 거리에서 공기하는 단어(어절)들의 빈도와 분포, 해당 공기어들의 자리별 분포, 해당 공기어들의 문법범주의 분포를 중심으로 유의미한 공기관계 단어들의 추출과 그 언어학적 특성에 대해 논의한다.

1. 명사

인접 공기관계 연구에서 이용하는 자료인 '550만 형태 분석 말뭉치'에서 일반명사는 총 82,571의 종류가 총 2,509,061회 출현한다. 이 중에서 고빈도 1,000등까지에 해당되는 일반명사가 전체 명사 사용의 약 54% 정도를 차지한다. 여기서는 2장에서 설명한 바와 같이 고빈도 서술명사 '말'과 비서술 명사 '길'을 이용하여 논의한다. 일반명사 '말'은 총 16,915회가 쓰였는데 용언파생접사가 붙은 경우('말하다')는 빈도에서 제외하였다. 그리고 일반명사 '길'은 총 4,512회가 쓰였다.

1.1 공기관계 추출

2장에서 설명한 바와 같이 형태정보가 부착된 단어를 중심으로, 한 문장 내에서 좌측 우측에 원하는 자리만큼 공기어를 추출할 수 있다. 일반적으로 일반명사는 좌측과 우측에 수식관계나 서술관계와 관련되는 단어들이 모두 출현할 수 있다. 그러나 해당 중심어와 직접적으로 관련되는 단어들을 엄밀하게 추출하기 위해서는 해당 단어의 개별적인 특성을 모두 고려해야 하는데 대규모 자료처리에서는 모든 단어의 특성을 고려한다는 것이 용이하지 않다. 여기서는 이 점을 고려하여 일반적으로 사용되어 온, 좌측 우측 각 3어절을 공기관계 검색공간으로 설정하여 분석하였다.

(1) 명사 '말'

일반명사 '말[53]'은 550만 형태분석 말뭉치에서 16,915회 출현한다. 이 중심어 좌우 각 3어절 내에 공기하는 단어를 연구 대상으로 하여 검색공간의 크기는 101,490어절이(16,915×6) 된다. 이 검색공간의 크기

---

[53] 말뭉치에서 대부분 '말(言)'의 의미로 사용되는 명사 '말'이다. 앞서 설명한 바와 같이 본고에서는 아직 동음어 구별이 되지 않은 형태 분석 말뭉치를 이용하므로, 실제 자료에서 동음어의 특징이 잘 나타나지 않는 단어를 선택하여 논의를 진행한다.

는 각종 통계식 적용에서 표본의 크기로 이용한다. 다음과 같은 형식의 자료가 추출된다. 여기서의 해당 공기어 빈도는 어절 형태와 어절 분석이 모두 고려된 것을 보인다[54]

[표 3-1] 일반명사 '말'의 공기 단어 – 빈도순

순 위	공기 단어	분 석	전체 빈도	공기 빈도
1	그	그 / MM	39,980	1,083
2	이	이 / MM	25,739	574
3	수	수 / NNB	32,716	484
4	하는	하 / VV + 는 / ETM	7,739	482
5	할	하 / VV + ㄹ / ETM	6,852	437

위의 [표 3-1]에서는 좌우 3어절씩 검색공간 내에 출현하는 모든 단어들의 빈도를 모두 보인 것으로 다양한 성격의 것들이 분포되어 있다. 그리고 절대 빈도만을 보이므로 일반명사 '말'과의 공기관계 정도가 얼마나 유의미한가에[55] 대한 판단은 하기가 어렵다. 그러므로 해당 공기어들이 중심어의 좌측과 우측 어디에 얼마나 많이 출현하는지와 특정 위치의 고정성은 공기어의 출현 자리를 고려하여 분석해야 한다.

다음은 이를 위해 통계적 유의미성 검증 결과에 따른 상위 단어의 각 자리별 출현 빈도를 보인 것이다.[56]

---

54) 일반적으로 해당 어절의 빈도를 보일 때는 어절 형태만을 고려하지만, 여기서 사용하는 자료는 형태분석정보가 있는 것으로서 품사별 중의성이 없는 정확한 빈도를 추출할 수 있다.

55) 여기서 유의미함의 판단은 1차적으로 통계적 계산에 의한 유의미성 판단이고, 2차적으로는 해당 공기어들의 언어학적 관점의 유의미성을 말한다.

56) 일반명사 '말'은 고빈도 단어로서 가장 일반적인 통계 검증인 't-test'를 한 결과를 이용하였다.

[표 3-2] 일반명사 '말'의 공기 단어 - 통계적 유의미순 자리별 빈도

순위	어절	좌3	좌2	좌1	위1	위2	위3	좌합	우합
1	무슨	45	26	265	22	18	11	336	51
2	하는	31	43	298	59	29	22	372	110
3	아무	3	4	248	5	4	3	255	12
4	할	38	7	209	139	29	15	254	183
5	하지	3	17	0	205	23	18	20	246

위의 [표 3-2]에서는 통계적 유의미성이 있는 순서로 해당 공기 단어들의 자리별 분포를 보인 것이다. [표 3-2]만으로는 공기 단어들의 좌우 방향의 고정성과 특정 자리의 고정성을 객관적이고 명시적으로 판단하기가 어렵다. 이 고정성을 알아보기 위해서, 2장에서 설명한 바와 같이 각 자리값 평균을 통해 방향 고정성과 표준편차를 통해 위치 고정성을 계량화하여 다른 단어들과 비교할 수 있다.

다음은 이를 위해 [표 3-2]에서 보인 단어들의 자리값 평균과 검색 공간내 출현 위치의 흩어진 정도를 알 수 있는 자리값의 표준편차를 보인 것이다.

[표 3-3] 일반명사 '말'의 공기 단어 - 통계적 유의미순서 자리값 평균 및 분산자리별 빈도

순 위	어 절	자리값 평균	표준편차
1	무슨	−0.932	1.277
2	하는	−0.609	1.399
3	아무	−0.910	0.665
4	할	−0.217	1.474
5	하지	0.984	1.056
6	듣고	0.989	0.931
7	한	−0.658	1.295

8	안	0.315	1.679
9	있단	−0.965	0.369
10	그	−0.685	1.648

위의 [표 3−3]에서 자리값 평균은 음의 값은 좌측으로 양의 값은 우측으로 해당 공기어가 많이 출현함을 나타낸다. 이 연구에서는 좌측 3어절, 우측 3어절을 검색공간으로 했으므로, 극단적인 예로 모두 좌측 3번째 어절에만 공기어가 출현한다면 자리값 평균은 −3이 된다. 그리고 이 경우 다른 위치에서는 출현하지 않으므로 표준편차는 0이 된다.[57) [표 3−2]와 [표 3−3]을 통해 공기관계에서 통계적 유의미성이 있는 상위 단어들은 대체로 좌측에 많이 나타남을 알 수 있고, 자리값의 표준편차를 통해서 해당 단어의 위치 고정성을 분석할 수 있게 된다.

예를 들면 위의 [표 3−3]에서 관형사 '무슨'의 경우 주로 좌측 방향에서 나타나고, 표준편차가 비교적 작아서 공기 단어의 위치도 어느 정도 고정되어 있다고 볼 수 있다. 이와 같은 점은 [표 3−2]를 통해 보면 분명히 확인할 수 있다. 따라서 자리값 평균과 표준편차는 모든 검색공간의 위치별 빈도를 확인하지 않더라도 해당 공기어의 중심어에 대한 공기관계 고정성을 분석할 수 있게 한다.

[표 3−1]부터 [표 3−3]까지는 기존의 연어관계 연구의 관점에서 다루는 공기하는 단어들의 어휘적 관계를 연구하는 데에 중요한 자료를 제시한다. 그리고 앞에서 제시한 자료에서 사용한 통계적 유의미성 검증은 t-test를 이용하여 일반명사 '말'에 대한 공기 단어들의 공기 유의미성만 고려한 것이다. 즉 일반명사 '말'을 중심으로 공기 단어들의 공기 정도를 중심어로 기준을 삼아 단방향으로만 보는 것이다.

---

57) 표준편차가 0인 경우는 좌측 우측 각 3 자리 중에서 한 자리에서만 공기어가 출현할 경우를 뜻하므로 표준편차가 0에 가까울수록 고정성이 크다.

이에 반해서 상호정보(MI, Mutual Information)는 중심어와 공기 단어 각각의 전체 자료에서의 빈도와 공기관계에 있는 두 단어의 빈도를 모두 고려하여 계산하는 것이다. 앞 장에서 설명한 바와 같이 MI의 특성상 공기 단어가 전체 자료에서도 저빈도 단어이고 중심어와 공기하는 비율이 높으면 MI-score도 아주 높게 나온다. 대체로 공기관계에 있는 두 단어의 양방향 공기성을 살피는 것에는 의의가 있지만 저빈도일 경우 통계적용 자체에 왜곡을 초래한다는 문제가 있을 수 있다.[58]

본고에서는 기본적으로 이런 점을 방지하기 위해서 빈도가 3이하인 공기 단어는 연구 대상에서 제외하였으므로 앞에서 지적한 저빈도 단어에 의한 분석 오류는 어느 정도 극복하였다고 판단하였다. 다만 이런 연구의 목적이 중심어의 특징을 분석하는 것이 주목표이므로 중심어와 공기하는 단어에 대한 공기 의존성은 논의를 전개하는 데 필요한 경우만 이용한다.

본고에서는 연어관계적 관점에서의 접근 뿐 아니라, 연접범주관계의 관점에서 해당 중심어의 특징을 살피기 위해서 검색공간내 출현한 단어들의 문법범주만을 추출하여 언어학적 특성을 밝히고자 한다.

다음은 이를 위해 각 자리별로 출현한 문법 범주의 빈도를 보인 것으로 여기서는 상위 유형의 예를 표로 보인다.

[표 3-4] 일반명사 '말'의 공기 연접범주 – 총합 빈도순 자리별 빈도

순위	문법범주	좌3	좌2	좌1	우1	우2	우3	좌합	우합	총합
1	VV+EC	1,064	1,665	709	2,457	1,037	860	3,438	4,354	7,792
2	VV+ETM	957	711	2,777	1,070	690	643	4445	2,403	6,848
3	MAG	856	1213	518	1,618	673	674	2,587	2,965	5,552
4	MM	464	436	1,937	335	311	229	2,837	875	3,712
5	NNG	796	741	583	414	552	447	2,120	1,413	3,533

---

58) MI식 자체의 특성은 2장에서 설명하였다.

　위의 [표 3−4]를 통해서 일반명사 '말'과 공기하는 단어들의 문법 범주만을 고려한 유형을 어절 단위로 보인다. 이런 공기 문법 범주의 출현 유형은 중심어와 공기하는 단어들의 통사적 결합 관계를 파악하는 데 유용한 자료가 된다. 그렇지만 통사적 관점에서 좀 더 유의미한 해석을 하기 위해서는 앞에서 보인 자리값 평균과 표준편차를 구할 필요가 있다. 다음은 각 문법 범주별 자리값 평균과 표준편차를 보이는 것이다.

[표 3−5] 일반명사 '말'의 공기 연접범주 − 빈도순 자리값 평균 및 표준편차

순위	문법범주	평균	표준편차
1	VV+EC	−0.015	2.003
2	VV+ETM	−0.392	1.824
3	MAG	−0.094	2.053
4	MM	−0.688	1.619
5	NNG	−0.451	2.170

　앞에서 제시한 [표 3−4]와 [표 3−5]를 보면, 중심어의 통사적 결합 양상을 해당 문법 범주별로 방향과 위치의 특성면에서 잘 파악할 수 있다. 명사 '말'과 공기하는 어절의 문법 범주 유형 중에서 '본동사(VV)+연결어미(EC)'가 가장 많이 나온다. 이 범주는 [표 3−4]를 보면 검색공간에서 좌측보다 우측에서 나오는 빈도가 높다. 그러나 [표 3−5]를 보면 자리값 평균은 음수이다. 이것은 단순히 방향별 빈도수는 우측이 높지만 전체를 고려했을 경우 좌측 3번째 자리에 나오는 빈도가 높아서 자리값 평균은 음수가 되는 것이다. 그리고 표준편차도 2가 넘는다. 이런 특성은 중심어와 바로 인접할수록 자리값 평균이 낮고, 한 자리에 나타나는 경향이 클수록 표준편차 값이 큰 점을 고려해서 분석해야 한다.

여기서 일반명사 '말'과 공기하는 단어의 문법 범주에서 '본동사+연결어미'인 단어들은 중심어와 좌측으로 멀리 떨어져 공기하는 경향이 있다. 그리고 표준편차를 보면, 이 단어들이 검색 공간 내에서 비교적 흩어져 나타난다고 볼 수 있는 것이다. 단순히 자리별로 빈도만 고려할 경우 [표 3-4]를 보면 우측 첫 번째 자리의 해당 범주 빈도가 가장 높지만 전체적인 공기 위치 고정성 고찰이나 다른 공기 단어 문법범주의 출현 양상과 비교하기 위해선 자리값 평균과 표준편차로 객관적인 수치로 기준을 제시할 수 있다.

예를 들어 '본동사+연결어미' 범주 다음으로 '본동사(VV)+관형형어미(ETM)'이 많이 나오는데, 이 범주의 자리값 평균은 '본동사+연결어미'보다 더 큰 음수이고, 반면에 표준편차는 작다. 이것은 '본동사+표준편차' 범주가 좌측에 나오면서 상대적으로 많이 흩어지지 않은 채로 공기하는 경향이 있다고 볼 수 있다. 즉, 일반명사 '말'을 수식하는 용언의 관형형 활용 형태가 '말'의 좌측에 많이 나오는 경향으로 해석할 수 있다.

이렇게 앞에서 제시한 일반명사 '말'의 여러 공기 단어들의 성질을 이용하여 (1)에서 공기관계의 특성을 분석한다.

(2) 명사 '길'

일반명사 '길'은 550만 형태 분석 말뭉치에서 4,512회 출현한다. 이 논문에서는 일반명사 '길'과 좌우 각 3어절 내에 공기하는 단어들을 대상으로 논하므로 검색공간의 규모는 27,072어절(4,512×6) 규모의 크기를 갖는다. 우선 다음은 검색공간내 공기하는 단어들의 절대 빈도의 순서로 상위 단어 예를 보인 것이다.

[표 3-6] 일반명사 '길'의 공기 단어 - 빈도순

순 위	공기단어	분 석	전체 빈도	공기 빈도
1	그	그 / MM	39,980	345
2	가는	가 / VV+는 / ETM	1,274	228
3	수	수 / NNB	32716	190
4	있는	있 / VV+는 / ETM	13,018	160
5	이	이 / MM	25,739	156

　위의 [표 3-6]에서 전체 빈도는 해당 단어가 550만 어절 크기의 형태 분석 말뭉치 전체에서 출현하는 빈도이다. 앞서 밝힌 바와 같이 여기서 보이는 빈도는 해당 단어의 형태와 분석이 일치하는 것만 빈도를 계산한 것이다. 따라서 동음어와[59] 축약형 등의 이유로 각각의 이형 단어가 존재할 경우 이를 구분하여 계산하게 된다.

　여기서도 단순히 공기 빈도만을 고려할 경우 유의미한 공기관계를 파악할 수 없으므로, 통계적 방법을 이용하여 유의미한 공기관계 추출을 한다. 통계를 이용한 유의미 공기관계 검증은 t-test를 기본으로 하고 필요한 경우 MI를 참고하기로 한다. 일반명사 '길'의 빈도와 검색공간의 크기가 t-test를 이용하는 데에 무리가 없으므로, MI는 필요한 경우에 한정하여 특정 공기 단어와 중심어의 상호 의존성을 논할 때 이용한다. 검색공간 내에서 명사 '길'과 공기하는 총 12,077개의 단어 중에서 통계적 유의미성을 갖는 공기 단어는 183개이다. 이 논문에서 통계적 유의미성은 비교적 엄밀한 기준으로 적용하여 보는데 일반적으로 통계검증에서 사용하는 기준을 적용하여 보면 총 337개의 단어가 유의미한 공기관계를 갖게 된다.[60]

---

59) 본고에서 사용한 언어자료에서는 동음어의 경우 품사가 다른 경우만 구별이 가능하다.
60) 유의미 수준을 0.1로 보는 것이다.

다음은 통계적 유의미성 순서로 상위 단어의 예에 대해 검색 공간 내의 자리별 출현 빈도와 자리값 평균, 표준편차를 보인 것이다.

[표 3-7] 일반명사 '길'의 공기 단어 – 통계적 유의미순 자리별 빈도, 평균, 표준편차

순위	어절	좌3	좌2	좌	위	우2	우3	좌합	우합	평균	표준편차
1	가는	4	11	174	23	6	10	189	39	−0.627	1.152
2	돌아오는	0	1	81	0	2	1	82	3	−0.894	0.636
3	갈	4	0	38	13	6	2	42	21	−0.301	1.410
4	면	5	1	41	1	0	1	47	2	−1.102	0.918
5	가던	1	3	25	7	0	0	29	7	−0.750	0.967

[표 3-7]을 보면 각 자리별로 해당 공기 단어가 출현하는 양상을 잘 알 수 있다. 좌합은 중심어 좌측에서 공기하는 단어들 빈도의 합이고 우합은 중심어 우측에 공기하는 단어들 빈도의 합이다. 단순히 좌합과 우합만을 비교해도 어느 쪽에 많이 쓰이는지 알 수 있지만 그 정도성과 위치의 분포가 단어별로 다르기 때문에 비교하기가 어렵다. 따라서 자리값 평균을 이용하여 각 방향의 치우침 정도를 명시적이고 객관적으로 비교할 수 있다. 그리고 표준편차는 전체 자리별로 해당 공기 단어가 얼마나 퍼져 쓰이는지를 보이는 것으로 표준편차가 작을수록 일정한 자리에 고정되어 쓰이는 경향이 크다는 것을 보여 준다. 이 정보는 해당 공기관계의 고정성을 분석하는데 쓰이는 데 이 특성을 이용하여 중심어의 통사 의미적 특징을 분석할 수 있다.

다음은 연접범주관계를 보기 위해 추출한 자료이다. 중심어와 좌우 각 3어절 내에 출현하는 단어들의 문법범주만을 대상으로 삼아 각 문법범주별로 각 자리마다 나타나는 빈도를 보인 것이다.

[표 3-8] 일반명사 '길'의 공기 연접범주 - 총합 빈도순 자리별 빈도

순위	문법범주	총합	좌합	우합	좌3	좌2	좌1	우1	우2	우3
1	VV+ETM	2,892	1,902	990	273	180	1,449	489	240	261
2	VV+EC	2,535	989	1,546	361	468	160	832	367	347
3	MAG	1,427	689	738	219	337	133	374	192	172
4	NNG	1,346	750	596	274	268	208	169	233	194
5	NNG+JKB	1,209	632	577	207	342	83	232	180	165

[표 3-8]에서 보이는 바와 같이 공기하는 단어의 문법범주만을 고려하여 공기관계의 특징을 통사적 관점에서 분석할 수 있다. 단순하게는 어떤 공기 문법범주가 얼마나 많이 쓰이는가를 이용하여 중심어의 통사적 특성을 분석하고, 해당 문법범주의 자리별 출현 특징은 좀 더 상세하게 문법범주의 결합 양상을 분석할 수 있게 한다. (2)에서 중심어와 공기하는 문법범주들의 자리값 평균과 표준편차도 이용하여 분석한다.

1.2 인접 공기관계 분석

여기서는 앞에서 추출한 자료들을 바탕으로 연구 대상인 중심어에 대해서 공기 단어들을 이용하여 언어학적 특성을 분석한다.

(1) 명사 '말'

일반명사 '말'과 통계적으로 유의미하게 공기하는 단어는 총 636개이다. 여기서 사용한 기본적인 통계검증은 t-test를 이용하였다.[61] 그리

---

61) 유의미성은 엄밀한 기준일 경우 유의미 수준을 0.05로 본 경우로 t-score가 1.96 이상이고, 일반적 기준으로 유의미 수준을 0.1로 본 경우는 t-score가 1.64이상을 유의미하다고 본다.

고 636개의 단어는 기본형을 고려하지 않은 굴절된 형태 그대로 반영된 것으로, 검토 대상에 속하는 단어들의 기본형을 고려한다면 어휘의미적 특성을 좀 더 분명히 분석할 수 있다. 그렇지만 기본적으로 기본형을 고려하지 않고 굴절된 형태 그대로 반영된 단어와 중심어의 공기관계가 자동처리의 관점에서 본다면 좀 더 직접적인 활용가치를 가지며, 특정 굴절형과의 공기관계 자체도 언어학적 특성을 갖는다고 판단하여 굴절형을 기본 연구 대상으로 삼고 논의를 전개한다.

1) 수식관계

❶ 관형사 수식

관형사는 통사적 특성상 항상 피수식어의 좌측에 위치한다. 이 점을 고려하여 '말'을 수식하는 관형사를 고찰하기 위해서 좌측 3자리 범위 내에 출현하는 관형사를 조사하였다. 좌측 2, 3자리에는 일부 다른 말을 수식할 가능성이 있고 좌측 1자리에는 '말'을 수식하는 관형사만이 온다고 보고 이를 고려하여 조사하였다.

우선 일반명사 '말'의 좌측에서 공기하는 관형사는 '그(832회), 그런(224회), 딴(5회), 무슨(336회), 아무(255회), 아무런(14회), 이(482회), 이런(213회), 별(8회)'가 있다. 여기에서 보이는 모든 단어는 '말'과 통계적으로 유의미한 것들만 대상으로 하고 있으므로 '말'을 수식하는 모든 가능한 관형사를 보이는 것은 아니다. 그러나 여러 관형사 중 특별히 일반명사 '말'과 통계적 유의미성이 있는 공기관계에 있는 관형사를 통해 '말'의 특성을 분석해 볼 수 있다.

앞에서 보인 목록과 같이 지시의 의미를 갖는 '이, 그, 이런, 저런'이 비교적 높은 빈도로 유의미하게 공기한다. 여기에 '저, 저런'은 나타나지 않는다. 지시관형사 '저, 저런'은 공기 단어 전체 목록에는 일부 나타나지만 통계적 유의미성이 없다. 지시 관형사가 아닌 것으로는 '딴, 무슨, 아무, 아무런, 별'이 있다. 이 단어들은 지시관형사에 비해 빈도가 낮은 것들로 지시관형사에 비해 수식 대상이 한정되어 있다고 생각된다.

이런 특성은 t-test와 MI-test를 통해 통계적 유의미성을 고려한다면 좀 더 명시적으로 설명할 수 있다. 실제 자료에서도 공기하는 단어 중에서 통계적 유의미성이 가장 높은 단어로 '무슨'이 추출되었다. 통계 검증에서 99.5%의 신뢰도로 0.05의 유의미성이[62] 있는 경우 통계 검증 결과 값이 1.96 이상이면 유의미하다고 본다. 그런데 관형사 '무슨'은 t-score가 16.9로 나오고 MI-score도 2.8이 나온다. 따라서 통계적 관점에서 본다면 아주 유의미한 공기관계이다. 그런데 t-score와 MI-score가 차이가 크게 난다. 이것은 '말'에 대해 '무슨'이 공기하려고 하는 성질은 매우 강하지만 '무슨'에 대해 '말'이 공기하려는 성질은 상대적으로 약하다고 해석할 수 있다. 즉 관형사 '무슨'은 일반명사 '말'에 공기성이 높은 것으로 이런 현상은 직관으로만은 추론하기 힘든 것이므로 계량언어학적 접근에 의해 명시적이고 객관적인 이론을 전개할 수 있게 한다. 관형사 '아무'도 '무슨'과 계량언어학적 관점에서 비슷한 성격을 갖는다. 반면에 '딴, 아무런'은 지시관형사에 비해 통계적 유의미성이 낮다. 지시관형사 중에서는 '그'가 t-score가 10.5로 가장 높게 나온다. 반면에 MI-score는 0.6에 불과한데 이는 지시관형사 '그'가 수식하는 대상은 비교적 다양하여 일반명사 '말'이 지시관형사 '그'와 공기하려는 성질은 상대적으로 강하다는 것을 의미한다.

본고에서 사용한 550만 형태 분석 말뭉치에서 총 142종의 관형사 중에서 8종의 관형사만이 명사 '말'과 유의미한 공기관계를 보이고, 그 가운데에 지시관형사가 4종이라는 사실은 주목해야 할 부분이다. 지시 관형사가 쓰이는 것은 대부분 문맥상 지시 대상이 분명히 드러날 경우에 사용하는데 특정 발화와 그 내용을 지칭하는 것으로 지시

---

62) 이 말의 뜻은 이 공기관계가 통계적으로 무의미할 가능성이 0.05%이하라는 것으로 검증값이 높아질수록 무의미할 가능성은 점점 작아진다.

관형사와 일반명사 '말'이 많이 쓰인다는 것으로 분석할 수 있다. 지시관형사들은 '그, 그런, 이런, 이'의 순서로 통계적 유의미성이 높게 나타난다. '그'가 '그런'에 비해 유의미성이 큰데 비해, '이'가 '이런'보다 유의미성이 적다. 그리고 '그, 그런'이 '이런, 이'보다 유의미성이 높다는 것은 지시 대상이 개념적으로 근거리보다는 원거리에 있는 것들이 공기관계가 강함을 알 수 있다.

다음으로는 이렇게 유의미하게 공기하는 관형사들의 고정성에 대해 분석해 보았다. 여기서도 관형사의 특성을 고려하여 중심어 좌측만을 대상으로 하여 자리값 평균과 표준편차를 구하였다. 다음은 앞에서 제시한 관형사들의 통계적 유의미성 순서에 따라 각 단어별 자리값 평균과 표준편차를 보인 것이다.

[표 3–9] 일반명사 '말'과 좌측에 유의미 공기하는 관형사 – 유의미 순서

어 절	자리값 평균	표준편차	좌측 합	좌1	좌2	좌3
무슨	−1.345	0.703	336	265	26	45
아무	−1.039	0.247	255	248	4	3
그	−1.487	0.755	832	559	140	133
그런	−1.361	0.661	224	166	35	23
이런	−1.220	0.552	213	180	19	14
이	−1.365	0.691	482	365	58	59
딴	−1.600	0.894	5	3	1	1
별	−2.215	0.991	8	3	1	4

위의 [표 3–9]에서 보이듯이 통계적 유의미성이 있는 관형사는 대부분 좌측 첫 번째 자리에 가장 많이 출현하는 경향을 보인다. 그 중에서 '아무'가 자리값 평균과 표준편차가 가장 낮다. 따라서 고정성이 가장 높게 나타남을 알 수 있다. 다른 관형사들은 이들 관형사와 '말' 사이에 다른 단어가 삽입이 가능하지만 '아무'는 '말'을 수식

할 경우 이 두 단어 사이에 다른 단어가 삽입될 가능성이 낮다. 좌측 두 번째, 세 번째 자리에 오는 관형사는 반드시 중심어 '말'을 수식하지 않을 수도 있으나 이런 점을 일일이 용례를 보며 확인하지 않더라도 '아무'에 비해서 고정성이 낮다는 것은 위의 [표 3-6]과 같이 자동적 방법으로 계산된 자리값 평균과 표준편차를 통해 비교적 쉽게 확인할 수 있다.

❷ 용언 관형형 수식

용언의 활용에서 관형형인 것들의 피수식어인 표제 명사는 주로 관계절에서 논항 관계에 있는 것들이다. 이 점을 고려한다면 문장 구조상으로는 수식관계이지만 논항 관계를 고려한 관점에서는, 용언 활용형의 수식을 받는 명사에 대해서 연구할 때는 어떤 논항의 역할을 하는지에 초점을 맞추어야 한다. 여기서는 일반명사 '말'을 수식하는 관형형 어미를 가진 용언의 분포와 논항 관계를 중심으로 본다.

본고에서는 명사에 긍정지정사 '-이'가 붙어 용언의 기능을 하는 것과 보조용언도 포함하여 분석하였다. '말'과 유의미하게 공기하는 총 636개의 단어들 중에서 182종이 용언의 관형형으로 쓰이는 것들이다. 우선 기본형을 고려했을 경우, 좌측에 공기 단어들이 총 3,103회 출현하는데 그 중에서 동사 '하다'의[63] 굴절형들이 1,066회로 전체 빈도의 1/3이 넘는다. 다음으로는 동사 '있다'의 굴절형들이 335회 나타나고 '싶다', '쓰다' 등이 많이 쓰였다.

명사 '말'은 동사 '하다'의 목적어로 쓰인 것으로 볼 수 있는데 반하여 동사 '있다'는 '말'이 직접적인 논항이라기 보다는 절의 수식 형태로 보인다. 이밖에 '말'이 목적어로 쓰이는 용언으로는 '듣다(63회), 내뱉다(18회)' 등이 있다. 이들의 빈도는 기본형을 고려하였을 때도 상대적으로 빈도가 낮다.

---

63) 여기서 '하다'가 본용언으로 쓰인 것만 대상으로 삼았고, 용언 파생 접사로 쓰인 경우는 제외하였다.

공기하는 단어들의 기본형이 아닌 굴절형을 그대로 놓고 공기관계를 분석하면 특정한 굴절형이 높은 통계적 유의미성을 갖는다. 이를 통해 공기관계의 단어의 고정형태를 볼 수 있다. 굴절형을 고려했을 경우 통계적 유의미성이 있는 단어는 총 181종이 있다.

다음은 관형형 활용을 하는 용언들이 '말'의 좌측에서 공기하는 경우에 통계적 유의미성 순서에 따라 각 단어별 자리값 평균과 표준편차를 상위 20개까지 보인 것이다.

[표 3-10] 일반명사 '말'의 좌측에 공기하는 관형형 활용 용언

순 위	어 절	좌합	좌1	좌2	좌3	자리값 평균	표준편차
1	하는	372	298	43	31	−1.282	2.350
2	할	254	209	7	38	−1.326	1.192
3	한	195	164	16	15	−1.235	1.514
4	있단	116	116	0	0	−1.000	0
5	들은	25	21	3	1	−1.200	0.542
6	듣는	13	7	4	2	−1.615	0.640
7	일컫는	57	56	1	0	−1.017	0.017
8	있다는	101	94	3	4	−1.108	0.593
9	하던	50	46	3	1	−1.100	0.434
10	가리키는	41	41	0	0	−1.000	0
11	있단(보조용언)	37	37	0	0	−1.000	0
12	쓰는	43	25	8	10	−1.651	0.821
13	없다는	67	52	8	7	−1.328	1.074
14	없단	32	32	0	0	−1.000	0
15	싶은	62	52	2	8	−1.290	0.676
16	틀린	21	21	0	0	−1.000	0
17	이르는	40	40	0	0	−1.000	0
18	들을	2	0	0	2	−3.000	0
19	아니란	24	23	0	1	−1.083	0.083
20	표현할	3	0	0	3	−3.000	0

위의 표에서 보듯이 대체로 좌측 첫 번째 자리에 공기 단어들의 출현 빈도가 높게 나타난다. 이 중에서 자리값 평균과 표준편차를 통해 공기 단어의 고정성을 알 수 있는데 '있단(본용언, 보조용언), 가리키는, 없단, 틀린, 이르는'은 자리값 평균이 −1이고 표준편차가 0이므로 모두 좌측 첫 번째 자리에만 쓰임을 알 수 있다.

③ 기타 수식

관형사와 용언의 관형형 활용 형태를 제외하고 '말'을 수식하는 형태로는 체언이 있다. 체언은 곡용을 한 것과 체언 자체가 그대로 수식하는 두 형태로 나누어 볼 수 있는데 여기서는 두 형태 모두를 분석해 본다.

명사가 '말'을 수식하는 경우에 해당하는 단어는 총 189종이 있다. 이들의 기본형을 고려하여 보면 1인칭 대명사인 '나'와 3인칭 대명사인 '그, 그녀' 그리고 2인칭 대명사 '너'가 많이 나타나는데 모두 소유격 조사가 결합하여 쓰인다. 그러나 소유격 조사 '의'가 결합된 형태는 '나'의 경우 '나의'로 나타나는 것이 아니라 '내'로 주로 나타나며 '너'의 경우에는 '네'로 주로 나타난다. 이런 점도 굴절형을 고려한 공기관계 연구의 필요성을 보여주는 예라 할 수 있다.

이 밖에 나타나는 체언들도 모두 서술성 명사 '말'의 주어 역할을 하는 것이 대부분이다. 이와는 대조적으로 '마지막, 위로의, 뜻밖의' 등은 순수하게 수식의 기능을 담당하는 것들이다.

다음은 체언류의 단어들이 '말'의 좌측에서 공기하는 경우에 통계적 유의미성 순서에 따라 각 단어별 자리값 평균과 표준편차를 상위 20개까지 보인 것이다.

[표 3-11] 일반명사 '말'의 체언류 수식

순 위	어 절	좌합	좌1	좌2	좌3	자리값 평균	표준편차
1	그의	227	177	24	26	−1.334	0.673
2	내	215	179	16	20	−1.260	0.616
3	그녀의	85	75	6	4	−1.164	0.484
4	말이	60	9	23	28	−2.316	0.724
5	한마디	8	6	1	1	−1.375	0.744
6	마디	25	13	7	5	−1.680	0.802
7	말은	47	4	20	23	−2.404	0.648
8	나는	258	35	150	73	−2.147	0.631
9	한동안	25	17	7	1	−1.360	0.568
10	그게	39	6	23	10	−2.102	0.640
11	듯	30	9	11	10	−2.033	0.808
12	남의	43	35	3	5	−1.302	0.673
13	위로의	20	20	0	0	−1	0
14	첫째는	20	2	13	5	−2.150	0.587
15	그녀는	61	8	26	27	−2.311	0.696
16	너	27	10	11	6	−1.851	0.769
17	말,	10	3	4	3	−2	0.816
18	사람	33	17	4	12	−1.848	0.939
19	그가	72	10	43	19	−2.125	0.626
20	말	24	4	8	12	−2.333	0.761

[표 3-11]을 보면 직접적으로 '말'을 수식하는 체언류 이외에도 '나는, 말이, 말은, 말, 그가, 너' 등이 수식의 형태는 아니지만 '말'의 주어로 인접하여 공기한다. 논항관계가 아닌 순수 수식의 기능을 하는 단어로는 '한마디, 마디, 위로의'가 있는데 이 중에서 '위로의'는 항상 좌측 첫 번째 자리에서 수식의 기능을 담당하는 특징을 보인다.

2) 서술관계

여기서는 일반명사 '말'의 우측에 공기하는 단어들을 분석해 본다.

① 우측 출현 용언

일반명사 '말'의 우측에서 공기하는 용언들은 주로 '말'을 논항으로 하는 서술형태들로 볼 수 있다. 서술어의 분포를 통해 어떤 용언들에 '말'이 통계적으로 유의미한 논항의 역할을 하는지 명시적으로 정리할 수 있다.

우선 기본형을 고려한 용언의 분포이다.

[표 3-12] '말' 우측 공기 용언 기본형

어절-기본형	빈 도
하다	1,131
듣다	700
없다	218
모르다	125
쓰다	78
믿다	77
나오다	74
묻다	61
꺼내다	51
의하다	43
걸다	42
알아듣다	40
있다	40
끝나다	32
표현하다	30

[표 3-10]을 보면 '말'의 좌측에서 수식하는 용언도 '하다'의 활용

형들이 가장 많이 쓰였는데, [표 3-12]를 보면 우측에서도 '하다'의 활용형이 가장 많이 쓰였다. 서술성 명사의 특징과 관련지어 연구해 볼 내용이다.

다음으로 많이 쓰인 용언은 '듣다'의 활용형들이다. '말'의 좌측에서는 '하다' 다음으로 '있다'의 활용형들이 빈도가 높은데 비하여 우측에는 '듣다'의 활용형들이 많이 나온다. 그 빈도에 있어서도 우측이 높게 나타난다. 이는 '듣다'의 목적어로 쓰이는 '말'의 경우 수식의 형태보다는 서술의 형태로 우측에 더 많이 나타난다는 것을 알 수 있다. 반면에 '하다'는 좌측에서 수식의 형태로 '말'을 목적어로 취하는 경우가 우측에서 서술의 형태로 취하는 경우보다 더 많음을 알 수 있다. 이와 관련된 것은 [표 3-10]과 다음에 보이는 [표 3-13]을 비교해 보면 명시적으로 알 수 있다.

굴절형을 고려하여 통계적 유의미성 순서로 상위 20개를 보이면 다음과 같다.

[표 3-13] 명사 '말' 우측 공기 용언

순위	어절	우합	우1	우2	우3	지리값 평균	표준편차
1	하는	110	59	29	22	1.663	0.793
2	할	183	139	29	15	1.322	0.620
3	하지	246	205	23	18	1.239	0.574
4	듣고	179	149	26	4	1.189	0.446
5	한	51	33	8	10	1.549	0.807
6	하고	157	97	45	15	1.477	0.665
7	들은	52	37	11	4	1.365	0.627
8	듣는	59	33	21	5	1.525	0.652
9	이었다.	56	56	0	0	1	0
10	듣지	55	43	11	1	1.236	0.469
11	있다는	5	1	0	4	2.600	0.894

12	하던	7	3	1	3	2	1
13	가리키는	5	3	0	2	1.800	1.095
14	두고	10	2	3	5	2.300	0.823
15	들으면	35	21	14	0	1.400	0.497
16	쓰는	17	6	4	7	2.058	0.899
17	없다는	5	1	2	2	2.200	0.836
18	묻는다.	35	35	0	0	1	0
19	잇지	31	27	3	1	1.161	0.454
20	못하고	32	29	2	1	1.125	0.421

위의 [표 3-13]과 '말'의 좌측에서 공기하는 용언을 보인 [표 3-10]을 비교하면, 문장 구조상 용언의 활용형의 차이만 나타날 뿐 대체로 같은 단어들이 최상위 유의미성을 갖는다. 다만 일부 용언의 경우에는 좌측이나 우측에만 나타나는 경우가 있다. 예를 들어 '일컫다'의 경우 항상 좌측에서만 나타나고 '있다'의 경우는 통계적 유의미성을 갖는 활용형 단어는 항상 우측에서만 나타난다. 이런 점은 실제 자료를 처리하는데 있어 비록 좌우측 모두 쓰이는 형태로 구문을 만들 수 있지만 실제 언어자료에서는 한쪽에서만 쓰이는 현상을 자연언어처리에 이용한다면 분포 확률의 정확성을 높여 좀 더 효율적인 도구개발의 정보로 활용될 수 있다. 좌측에서 공기하는 용언 활용형과는 달리 우측에서는 용언과 종결어미가 결합하여 쓰이는 활용형은 당연히 우측에서만 나타난다. [표 3-13]에서도 일부 예가 보인다.

용언 이외에 일반명사 '말'의 우측에 유의미하게 공기하는 것으로는 '한마디'가 있다. 용언 이외의 것들은 중심어의 좌측에 공기하는 것들에 비하여 빈도가 낮고 언어학적으로 특별히 분석할 만한 내용이 적다.

3) 숙어관계

일반명사 '말'과 관련한 숙어는 표준국어대사전을 참조하여 검색
하였다. 표준국어대사전에서 보이는 숙어 목록은 다음과 같다.

Ⓐ 말 그대로, Ⓑ 말(도)[말(을)] 마라, Ⓒ 말만 앞세우다, Ⓓ 말
(을) 내다, Ⓔ 말(을) 돌리다, Ⓕ 말(을) 듣다, Ⓖ 말(을) 떼다, Ⓗ 말
(을) 맞추다, Ⓘ 말을[말(도)] 못하다, Ⓙ 말(을) 받다, Ⓚ 말(을) 삼
키다, Ⓛ 말(이) 굳다, Ⓜ 말(이) 나다, Ⓝ 말(이) 되다, Ⓞ 말(이) 떨
어지다, Ⓟ 말(이) 뜨다, Ⓠ 말(이) 많다, Ⓡ 말(이) 못 되다, Ⓢ 말이
무겁다, Ⓣ 말이 물 흐르듯 하다, Ⓤ 말(이)[말(도)] 아니다, Ⓥ 말이
야 바른말이지, Ⓦ 말이 있다, Ⓧ 말할 것도 없다, Ⓨ 말할 수 없이

여기서 제시한 목록 중에서 3어절 이상인 것은 두 단어의 공기관
계만을 연구대상으로 삼는 본고의 특성상 해당 자료를 추출하기 힘
들므로 제외하였다. 다음은 위에 제시한 숙어 구성 목록을 이용하여
통계적 유의미성이 있는 공기 단어들을 제시한 것이다.

[표 3-14] 일반명사 '말'의 숙어구성 공기 단어

어 절	좌1	좌2	좌3	우1	우2	우3	t-score	M-score
듣고	1	6	4	149	26	4	12.644	3.596
듣는	7	4	2	33	21	5	7.782	3.594
듣지	0	2	1	43	11	1	7.157	4.055
그대로	0	8	5	69	9	2	6.254	1.508
못하고	1	0	0	29	2	1	5.156	3.288
듣던	2	0	0	18	1	0	4.268	3.866
지나가는	21	2	1	0	0	1	4.180	2.609
듣는다.	0	0	0	9	10	1	4.142	3.760
못하고	5	3	2	1	35	13	4.080	1.092
못할	3	1	1	13	0	1	3.740	2.818

못했다.	0	0	0	0	33	6	3.473	1.171
듣게	0	0	0	10	3	1	3.386	3.397
듣자	0	0	0	11	0	0	3.177	4.575
되는	2	7	3	16	38	5	3.006	0.636
많지만	0	2	1	5	2	1	2.993	3.361
듣고는	0	0	0	8	2	0	2.911	3.655
많고	2	1	0	12	0	1	2.865	1.817
못하는	0	0	0	11	2	0	2.853	2.260
못했다.	0	0	0	6	0	1	2.345	3.141
안되는	1	0	0	8	0	0	2.280	2.059
듣기도	0	0	0	5	0	1	2.261	3.701
떨어지자	0	0	0	5	0	0	2.020	3.438
마라.	0	0	0	4	0	0	1.890	4.300

위의 [표 3-14]에서 제시한 목록은 반드시 숙어를 이룬다고 볼 수는 없지만 우측 첫 번째 자리의 빈도가 다른 자리에 비해 현저히 높은 단어들은 위에서 제시한 숙어 목록과 깊은 관련이 있다고 보인다. 예를 들어 '듣고, 그대로, 못하고, 듣던, 못할, 듣자, 많고, 안되는, 떨어지자, 마라' 등이 숙어일 가능성이 높은 단어들이다. MI-score를 제시한 것은 '말'과 공기하는 단어와 상호 의존성을 분명히 보이기 위해서다. 숙어구성은 다른 공기구성에 비해 공기관계에 있는 두 단어의 상호 의존성이 크다고 판단하여 이를 명시적으로 나타낸 것이다. 따라서 MI-score가 높을수록 두 단어 상호 의존성이 크기 때문에, 예를 들어 앞에 제시한 단어들 중에 '마라'가 MI-score가 4.3으로 가장 높게 나타나므로 숙어일 가능성이 제일 크다고 볼 수 있다. 여기서 제시되지 않은 숙어 목록은 실제 언어자료에서는 유의미한 공기관계 구성을 보이지 못한다. 여기서 위의 숙어 목록에는 없지만 '지나가는'의 경우는 좌측 첫 번째 자리에서 아주 유의미한 공기구성을 갖는다는 것을 알 수 있다.

4) 연접범주관계

여기서는 명사 '말' 좌우 3어절 내에 공기하는 단어들의 문법 범주만을 고려하여 그 특징을 분석한다. 앞의 [표 3-4]와 [표 3-5]에서 고빈도를 보이는 어절의 문법범주는 대체로 좌측에 나오는 것들이 많다. 이는 우측에 나오는 문법범주들이 좌측에 비하여 다양하다는 점을 말한다. 이는 연구 중심어가 일반명사이기 때문에 좌측에 오는 것이 한정되어 있다는 점과 우측 3어절 이내에 공기하는 단어의 수 자체가 작기 때문이다. 본고는 모든 검색 대상 공간을 한 문장으로 한정하고 있기 때문에 좌측이나 우측에 3어절 이내에 문장이 시작되거나 끝나면 공기어가 추출되지 않는다. 이런 특성으로 본다면 일반명사 '말'은 문장의 끝 부분에 위치하는 경향을 어느 정도 보인다고 해석할 수 있다.

다음은 중심어 좌측과 우측을 구분하여 각 위치별로 출현하는 문법범주를 고빈도순으로 상위 20개를 보인 것이다.

[표 3-15] 일반명사 '말' 좌측 공기 문법범주 고빈도순

문법범주	좌합	좌1	좌2	좌3
VV+ETM	4,445	2,777	711	957
VV+EC	3,438	709	1,665	1,064
MM	2,837	1,937	436	464
MAG	2,587	518	1,213	856
NNG	2,120	583	741	796
VA+ETM	1,720	1,057	310	353
NNG+JKB	1,713	272	791	650
NNG+JKO	1,420	63	628	729
NNG+JX	1,257	252	503	502
NNG+JKS	1,238	147	592	499
NNG+JKG	1,195	778	190	227

NNG+VCP+ETM	836	686	70	80
VX+ETM	804	516	142	146
VA+ EC	757	243	314	200
NP+JX	725	136	376	213
NP+JKG	695	550	66	79
NNB	637	129	315	193
MAJ	614	87	257	270
VV+EP+ETM	540	404	71	65

문법범주만을 대상으로 하여 일반명사 '말'의 좌측 공기 현상을 본다. 중심어가 명사이므로 좌측에는 용언의 관형형(VV+ETM)이 많이 쓰이고 관형사(MM)가 많이 쓰이는 것은 일반적 현상이라고 볼 수 있다. 특히 좌측 첫 번째 자리만을 고려했을 경우에는 이런 현상이 두드러진다.

그런데 체언이 선행하는 경우에 결합하는 조사에 따라 문법범주의 출현 자리가 차이가 나는 점은 주목할 만하다. 명사(NNG)에 부사격조사(JKB)가 결합한 형태가 가장 많이 나타나며 중심어에서 멀어질수록 빈도가 커진다. 다음으로 목적격조사(JKO)가 결합한 형태로 자리별 출현 양상은 부사격조사 결합형과 유사하다. 다음으로는 보조사(JX) 결합형, 주격조사(JKS) 결합형, 관형격조사(JKG) 결합형의 순으로 나타난다. 목적격조사 결합형의 경우 좌측 첫 번째 자리의 빈도가 좌측 두세 번째와 큰 차이로 적게 나타나며 관형격조사 결합형만이 좌측 첫 번째의 출현빈도가 가장 높다. 그러나 조사 결합형 체언보다는 일반명사(NNG) 단독형으로 쓰인 것이 빈도가 높게 나타난다.

이러한 특징은 언어의 결합관계에서 통사적 관점에서 문법 범주만을 고려하여 고찰하는 것으로, 실제 단어가 어떤 기능을 담당하는지에 대한 것은 분명히 알 수 없다. 그러나 모든 자료가 문법적으로 적형임을 가정했을 때, 중심어와 공기하는 어절들의 문법범주의 출현 양상을 명시적으로 제시함으로써, 문법 범주 공기관계인 연접범주관계를 통해 중심어의 통사적 특성을 분석할 수 있다.

 일반명사 '말'이 체언으로서 갖는 일반적 특성은 좌측에 주로 수식의 기능을 갖는 것으로 보이는 문법 범주들이 나오는 것이고, '말'과 좌측에서 공기하는 단어의 문법 범주들 중에서 어떤 것이 더 많이 나오고 어떤 자리에서 주로 공기하는지에 대한 내용들은 일반명사 '말'이 갖는 문법적 공기 특징을 연접범주관계로 정리할 수 있다.

 다음은 '말'의 우측에 나타나는 문법범주의 유형별, 자리별 빈도이다.

[표 3-16] 일반명사 '말' 우측 공기 문법범주 고빈도순

문법범주	우합	우1	우2	우3
VV+EC	4,354	2,457	1,037	860
MAG	2,965	1,618	673	674
VV+ETM	2,403	1,070	690	643
NNG+JKO	1,431	384	494	553
NNG	1,413	414	552	447
NNG+JKB	1,370	438	498	434
VV+EP+EF+SF	1,187	634	312	241
NNG+JKS	911	215	347	349
MM	875	335	311	229
NNG+JX	851	213	335	303
VV+EF+SF	840	451	201	188
VA+ETM	815	280	244	291
VA+EC	746	329	222	195
VX+EC	552	10	369	173
NNB	540	16	305	219
NNG+JKG	535	145	200	190
VX+EP+EF+SF	457	4	310	143
VX+ETM	380	6	226	148
NP+JX	290	111	100	79
VX+EF+SF	276	22	172	82

[표 3-15]와는 달리 일반명사 '말'의 우측 문법범주 출현 유형들은 용언의 활용형이 많이 나온다. 용언에서 어간과 연결어미(EC) 결합형이 가장 많이 나오는 것은 일반명사 '말'이 있는 문장이 복문으로 쓰이는 것이 많다고 볼 수 있는 점이다. 우측에 출현하는 명사 포함 문법범주에서는 목적격조사(JKO) 결합형이 가장 많이 나오고 일반명사(NNG) 단독형, 부사격조사(JKB) 결합형 순서로 많이 쓰인다. 그리고 명사(NNG) 포함 문법 범주들의 경우에는 대부분 우측 첫 번째 자리보다 두, 세 번째 자리의 출현 빈도가 높은데, 이 점은 앞에서 연결어미(EC) 활용 용언이 우측 첫 번째 자리의 빈도가 가장 높은 것과 비교하면 복문에서 '말'이 포함되지 않은 다른 절의 논항 출현 현상으로 볼 수 있다.

여기서도 일반명사 '말'의 연접범주관계는 일반명사로서 갖는 일반적 특징과 함께 다른 일반명사와 구별되는 특징들을 공기 문법범주의 빈도 순서와 자리별 빈도 정보 등을 통해 분석할 수 있다. '말'이 다른 일반명사와 구별되는 특징은 기본적으로 다른 일반명사와의 비교가 있어야 하므로, '길'의 공기관계 특징을 분석할 때 다시 설명한다.

(2) 명사 '길'

550만 어절 규모의 형태분석 말뭉치에서 명사 '길'은 총 337개의 단어와 통계적으로 유의미하게 공기한다. 통계적 유의미성은 t-test를 이용하여 추출하였다. 앞에서 설명한 일반명사 '말'에 비해서 '길'은 빈도가 낮다. 따라서 공기 단어의 종류도 비교적 적고 이들 단어의 공기 빈도도 비교적 낮게 나타난다. 그러나 명사 '길'은 빈도가 550만 형태분석 말뭉치에서 4,512회 출현하여 t-test를 적용하는 것에는 큰 문제가 없다고 판단하여 t-score를 이용하여 통계적 유의미성을 논한다.

앞에서 서술한 바와 같이 95% 신뢰구간에서 유의수준이 0.05일 경우의 t-score는 1.96 이상이 통계적 유의미성을 갖고 90% 신뢰구간에서 유의수준이 0.1일 경우의 t-score는 1.64 이상이 통계적 유의미성을 갖는다. 신뢰성이 좀 차이가 나기는 하지만 통계적 유의미성을 논하는 것에는 이 점을 유의하여 본다면, 국어학적 측면에서 논하는 자료로는 큰 무리가 없다.[64] 다만 자동적으로 자연언어처리를 하는 부분에 있어서는 경우에 따라 도구의 효율성에 영향을 줄 수도 있다.

그러나 본고는 계량언어학적 측면에서 자료를 어떻게 효율적으로 활용하여 연구하는가에 초점을 맞춘 것이므로, 풍부한 논의를 위해 필요한 경우에는 t-score 1.64를 통계적 유의미성 임계점으로 볼 것이다. 이와 함께 중심어에 대한 단방향 의존성을 중심으로 보는 통계 유의미성 검증과, 필요한 경우 공기관계에 있는 두 단어 쌍방간의 의존성을 보는 MI를 이용하여 논의를 전개해 나간다.

1) 수식관계

① 관형사 수식

명사 '말'과 같은 방식으로 중심어인 '길'의 좌측에 공기하는 관형사만을 대상으로 하여 수식의 공기관계를 분석하였다.

총 38종의 관형사 단어가 일반명사 '길'의 좌측에서 공기한다. 이 중에서 문장부호 등이 함께 쓰여 다른 단어로 계산된 것을 고려한다면 33종의 관형사가 쓰인다. 그런데 이 중에서 통계적 유의미성이 있는 공기관계에 해당되는 관형사는 '딴'(t-score: 2.55) 하나밖에 없기 때문에 분석 결과를 표로 보이지 않았다. 절대빈도순으로 본다면 지시관형사 '그, 이'가 최상위에 있지만 통계적 유의미성을 고려한다면 오히려 음의 유의미 값을 갖는다. 즉 이들 지시관형사와 일반명사

---

64) 실제로 통계를 이용한 각종 연구에서는 연구자의 연구 목적과 의도에 따라 유의미성 임계점을 임의로 정하는데 대체로 1.96과 1.64를 이용한다.

'길'은 서로 공기하지 않으려는 성질이 기대보다 훨씬 큰 배타적 성질을 갖는다. 이런 성질은 앞에서 본 일반명사 '말'과 특징이 많이 다른 것으로, 전반적으로 관형사에 의한 수식이 일반명사 '길'에서는 통계적 측면에서는 별로 유의미하게 일어나지 않는다고 볼 수 있다. 이런 점으로 미루어 보아 관형사의 분포가 체언에 따라 차이가 있음을 알 수 있고, 관형사를 중심어로 공기관계를 본다면 이런 현상을 명시적으로 분석할 수 있다. 이와 관련된 논의는 관형사 부분에서 자세히 다룬다.

❷ 용언 관형형 수식

용언의 수식형은 피수식어인 일반명사가 주로 해당 용언의 논항이 된다. 여기서는 어떤 용언이 활용하여 수식관계를 갖고 주로 어떤 논항관계를 갖는지에 대하여 분석해 본다.

일반명사 '길'의 좌측에서 공기하는 관형형 활용 용언은 총 1125종이다. 이 중에서 통계적 유의미성 임계치를 1.96으로 보았을 경우 76개의 단어가, 1.64로 보았을 경우는 117개의 단어가 유의미한 공기관계를 갖는다. 우선 이들 단어를 중심으로 공기관계를 분석한다.

다음은 일반명사 '길'의 좌측에서 용언의 관형형을 통계적 유의미성 순서로 상위 30개를 보인 것이다.

[표 3-17] 일반명사 '길'과 좌측에 공기하는 관형형 활용 용언

순 위	어 절	좌합	좌3	좌2	좌	자리값 평균	표준편차
1	가는	189	4	11	174	−1.100	0.365
2	돌아오는	82	0	1	81	−1.012	0.110
3	갈	42	4	0	38	−1.190	0.594
4	먼	47	5	1	41	−1.234	0.632
5	가던	29	1	3	25	−1.172	0.468
6	살	41	4	1	36	−1.219	0.612

7	오는	47	2	1	44	−1.106	0.429
8	유일한	27	0	0	27	−1	0
9	걷는	8	1	1	6	−1.375	0.744
10	나아갈	19	2	0	17	−1.210	0.630
11	돌아가는	22	0	1	21	−1.045	0.213
12	찾을	13	1	0	12	−1.153	0.554
13	살리는	17	0	0	17	−1	0
14	오던	17	0	0	17	−1	0
15	떠나는	1	0	0	1	−1	#DIV/0!
16	통하는	12	0	3	9	−1.250	0.452
17	다녀오는	14	0	0	14	−1	0
18	알	40	0	0	40	−1	0
19	걸을	1	1	0	0	−3	#DIV/0!
20	험한	9	0	2	7	−1.222	0.440
21	다니는	17	2	2	13	−1.352	0.701
22	험난한	7	0	0	7	−1	0
23	걸어온	6	0	3	3	−1.5	0.547
24	나선	4	0	0	4	−1	0
25	열릴	1	0	0	1	−1	#DIV/0!
26	이르는	17	2	2	13	−1.352	0.701
27	내려오는	10	0	0	10	−1	0
28	난	15	0	3	12	−1.200	0.414
29	좁은	12	0	2	10	−1.166	0.389
30	슬기로운	8	1	7	0	−2.125	0.353

[표 3−17]에서 보면 주로 이동 동사가 통계적 유의미성 순서에서 상위에 있음을 알 수 있다. 그리고 여기서 통계적 유의미성은 좌우 3어절 전체의 빈도를 이용하여 구한 것으로, 좌측에 한번만 출현하는 단어의 경우 표준편차식의 특성상[65] 정상적으로 계산을 할 수 없

다. 그리고 비교적 좌측 첫 번째 자리에 고정되어 쓰이는 단어가 많이 나타나는 특징이 있다. 즉 완전히 출현 자리가 고정된 것과 평균이 −1에 가깝고 표준편차가 0에 가까운 것이 많이 분포하는 특징이 있다. 이동 동사 이외에는 일반명사 '길(路)'의 의미와 관련된 형용사 '멀다, 통하다, 험하다, 좁다'의 관형형이 나타난다. 그리고 '길(路)' 이외의 의미와 관련된 것으로 볼 수 있는 '가야하다, 험난하다, 알다, 열리다' 등이 있다. 물론 은유적 표현으로 쓸 경우에는 모든 용언이 '길'의 '방법, 지향점, 과정' 등의 의미로 쓰이는 경우도 있을 수 있으나 이는 문맥을 고려해야 하므로 단순히 공기 단어만으로는 판단하기 어렵다. 그렇지만 일부 용언의 경우는 특정한 의미로 쓰이는 경우와만 공기하는 것으로 보인다. 예를 들어 '살, 살리는'은 '방법'의 의미와 '험난한, 슬기로운, 걸어온'은 '과정'의 의미로 쓰이는 경우와 주로 공기하는 것으로 보인다.

❸ 기타 수식

관형사와 용언의 관형형 활용 수식 이외의 수식은 체언의 수식이 있다. 수식의 공기관계를 갖는 체언들을 통계 유의미순으로 상위 30개를 보이면 다음과 같다.

[표 3-18] 일반명사 '길' 체언류 수식 공기관계 단어 통계적 유의미순

순 위	어 절	좌합	좌3	좌2	좌
1	리	21	0	2	19
2	님의	11	3	0	8
3	아스팔트	12	1	0	11
4	10리	11	0	1	10
5	쪽으로	14	1	11	2

---

65) 자유도를 고려하여 전체합에서 1을 빼서 분모로 쓰는데 빈도가 1일 경우 분모가 0이 되어 불능식이 된다.

6	죽음의	9	1	0	8
7	길과	8	1	5	2
8	통일의	10	0	0	10
9	소비의	7	0	0	7
10	형극의	6	1	0	5
11	도약의	5	0	0	5
12	개미가	7	1	5	1
13	건너편	1	0	0	1
14	자에겐	4	2	0	2
15	뒤안	6	0	0	6
16	구도의	4	0	0	4
17	갈래	6	0	0	6
18	작가의	11	1	0	10
19	최선의	7	0	0	7
20	장수가	2	0	0	2
21	길이었고	3	1	1	1
22	학문의	7	0	0	7
23	천길	5	0	0	5
24	가로수	4	0	1	3
25	코스모스	5	1	0	4
26	실현의	5	1	0	4
27	극복의	5	0	0	5
28	왼쪽	6	0	0	6
29	공멸의	3	0	0	3
30	쇠퇴의	4	0	0	4

　가장 유의미한 공기관계를 갖는 것은 의존명사 '리'이다. 거리의 단위를 나타내는 의존명사 중에서 '리'만 나타나는 것이 특징이다. 여기서 '리'를 수사와 결합하여 쓰인 형태를 고려한다면 이런 특징

은 더욱 잘 나타난다. 본고에서는 어절 단위로 검색단위가 달라지므로 의존명사가 단독으로 쓰인 경우와 결합하여 쓰인 어절을 분리하여 보았다. 그리고 관형격 조사와 결합한 명사들이 많이 쓰인다. 관형격 조사결합형의 수식을 받는 '길'의 경우 '도로'의 의미로 쓰이는 경우는 없고 '과정, 방향, 도리'의 뜻으로 쓰이는 경우만 나타난다. 일반명사 단독형으로 수식하는 경우는 '아스팔트, 코스모스' 등으로 '도로'의 의미로 쓰이는 경우에 주로 나타나는 경향이 있다. 그리고 일반명사 단독형 수식의 경우는 '길'의 성분 묘사로 볼 수 있는 '아스팔트, 돌무더기'와 '길'의 상세 묘사인 '갈래, 해안통, 오르막, 내리막' 등이 있고, '길'의 기능을 묘사하는 '등교, 출퇴근' 등이 있다.

2) 서술 관계

명사 '길'의 우측에 공기하는 용언들을 통계적 유의미 순서로 상위 20개를 보이면 다음과 같다.

[표 3-19] 일반명사 '길'의 우측 공기 용언 - 통계 유의미 순서

순 위	어 절	우1	우2	우3	우합	t-score	M-score
1	걷고	26	4	1	31	5.522	5.768
2	가다가	23	0	0	23	4.788	5.637
3	가다	13	3	3	19	4.528	5.936
4	걷는	12	1	1	14	4.398	5.081
5	가고	16	3	4	23	4.253	3.538
6	걸어	13	2	0	15	3.982	4.267
7	걸었다.	15	0	3	18	3.944	4.905
8	걸어야	8	0	3	11	3.922	6.759
9	떠나는	17	1	0	18	3.904	4.336
10	통하는	0	2	4	6	3.873	4.598
11	잃은	16	0	1	17	3.544	3.908

12	걸을	9	2	1	12	3.432	5.460
13	열어	17	1	0	18	3.378	3.227
14	들러	0	7	5	12	3.161	4.593
15	나선	8	2	1	11	3.141	3.480
16	열릴	8	1	2	11	3.131	4.457
17	찾아	14	1	2	17	3.125	2.176
18	떠날	9	1	1	11	2.876	3.636
19	걷기	5	3	0	8	2.806	5.029
20	걷게	8	0	0	8	2.747	6.207

우측에 공기하는 용언을 보면 좌측에 공기하는 용언과 달리 대부분 이동 동사들이다. 좌측 공기의 경우 '길'이 '도로'의 의미와 직접적으로 관련되지 않은 것도 많이 나타난다. 그러나 우측 공기의 경우는 이동과 관련된 동사들이 주로 나온다. 물론 실제적 의미는 '도로'와 직접적 관련이 없이 쓰일 수 있지만 문맥상으로만 그런 의미를 판단할 수 있고 용언 자체는 이동과 관련된 것들이 주로 통계적 유의미성을 갖는다. 이는 '길'이 '도로' 이외의 의미로 쓰이는 경우에도 서술의 형태는 '도로'의 기본적 의미와 관련된 이동의 의미가 나타난다는 것을 보여준다. 즉 일반명사 '길'과 서술관계에 있는 용언이 하나의 개념 단위로 쓰인다고 할 수 있다. 기본형을 고려했을 경우 '걷다'가 가장 유의미하게 쓰이고 '가다', '잃다'의 순으로 유의미하게 쓰임을 알 수 있다.

3) 숙어관계

표준국어대사전에서 일반명사 '길'과 관련된 숙어로는 '길을(뚫다, 쓸다, 재촉하다, 죄다, 바쁘다, 닿다, 더디다, 붇다)'가 있다. 이 중에서 '뚫다, 쓸다'의 활용형들만 나타나지만 모두 통계적으로 유의미한 공기관계는 아니다. 그리고 나머지 숙어는 용례에 보이지 않는다. 그리고 '뚫다, 쓸다'의 경우에도 숙어적 의미로 쓰인 것인지 아닌지는 문맥을 고려하지 않고서는 분명히 판단하기 힘들다. 이렇게 숙어 관계를 보이는 표현이 나타나지 않는 것은 '길'과 숙어관계를 이루는 용언들이 대부분 저빈도 용언이고, 일반명사 '길' 이외의 단어와 공기하는 경우가 많기 때문으로 보인다. 이런 점을 보면 숙어 표현이라 하더라도 계량적 접근을 통해 공기관계의 긴밀성을 볼 때, 실제 자료에서 반드시 통계적으로 유의미한 공기관계가 되지 않는 경우가 많다고 생각한다.

4) 연접범주관계

[표 3-20] 일반명사 '길' 좌측 공기 문법범주 고빈도순

문법범주	좌합	좌1	좌2	좌3
VV+ETM	1,902	1,449	180	273
VV+EC	989	160	468	361
NNG	750	208	268	274
MAG	689	133	337	219
MM	644	408	116	120
NNG+JKG	643	474	63	106
NNG+JKB	632	83	342	207
VA+ETM	560	339	118	103
NNG+JKO	485	16	256	213
NNG+JX	327	59	131	137
NNG+JKS	297	47	116	134
NNB	225	53	116	56
VA+EC	175	20	98	57
VX+ETM	166	106	23	37
MAJ	160	26	74	60

NP+JX	149	31	64	54
NNP	114	28	38	48
NP+JKS	113	10	56	47
VX+EC	95	22	43	30
NNP+JKB	91	7	60	24

일반명사 '길'의 좌측에 공기하는 단어들의 문법범주를 보았을 경우 일반명사가 갖는 일반적인 특징을 보인다. 앞에서 보인 일반명사 '말'과 유사한 양상으로, 용언의 관형형(ETM)과 일반명사(NNG) 단독형이 선행하는 특징을 갖는다.

그러나 격조사 결합형 명사의 경우 격조사의 빈도 순위가 '말'과 '길'이 다르게 나타난다. 격조사의 특성상 관형격조사(JKG)가 쓰인 것이 좌측 첫 번째에 가장 많이 쓰이는 점은 같지만, 일반명사 '말'의 경우 관형격 이외의 조사와 결합한 것이 빈도가 더 높았다. 이에 반해서 '길'의 경우는 좌측 전체 빈도도 관형격조사 결합형이 격조사 결합형 중에서 가장 높은 빈도를 나타내는 특징이 있다. 그리고 일반명사 '길'의 수식 문법범주에서 명사 단독형이 관형사나 부사보다 많이 나온다. 일반명사 단독형의 경우는 '길'의 성분, 기능, 특징 묘사에 해당하는 단어들이 많이 나온다. 통계적 유의미성을 갖는 단어는 많이 나타나지 않았지만 문법범주만을 고려했을 경우에는, '길'의 특징을 묘사하는 것으로 보이는 일반명사 수식형이 많이 나온다고 볼 수 있다. 예를 들어 '퇴근, 나그네, 오른쪽, 민들레' 등은 공기관계의 유의미성은 없지만, 이런 범주 유형의 단어 종류가 많기 때문에 일반명사 단독형 수식의 범주가 많이 나온다. 이런 특징은 일반명사 '말'과 다른 일반명사 '길'의 특징적인 연접범주관계를 잘 보여준다.

다음은 일반명사 '길'의 우측에 공기하는 어절들의 문법범주를 일부 예로 보인 것이다.

[표 3-21] 일반명사 '길' 우측 공기 문법범주 고빈도순

문법범주	우합	우1	우2	우3
VV+EC	1,546	832	367	347
VV+ETM	990	489	240	261
MAG	738	374	192	172
NNG	596	169	233	194
NNG+JKB	577	232	180	165
NNG+JKO	500	128	193	179
VA+ETM	309	109	106	94
VV+EP+EF+SF	308	151	81	76
MM	274	95	81	98
NNG+JKS	264	64	99	101
NNG+JKG	242	61	81	100
NNG+JX	240	53	89	98
VA+EC	240	118	68	54
VV+EF+SF	189	95	38	56
VX+ETM	169	1	120	48
NNB+VCP+EF+SF	154	19	70	65
VX+EC	141	1	101	39
NNB	140	6	77	57
VX+EF+SF	122	3	83	36
VA+EF+SF	120	81	13	26

일반명사 '말'과 '길'은 우측 공기 문법범주의 출현 양상은 크게 다르지 않다. 그렇지만 일반명사 '길'의 우측에 나타나는 부사격조사 (JKB)와 결합한 일반명사의 경우 우측 첫 번째 자리의 빈도가 가장 높은데 비하여 일반명사 '말'의 우측 범주와는 다른 양상이다. 이 특징은 일반명사 '길' 다음에 어떤 길을 중심으로 방향을 가리키는 '앞, 옆, 뒤, 위' 등의 단어가 많이 쓰이기 때문이다. 예를 들어 '길 옆에,

길 위에, 길 모퉁이에' 등의 쓰임이 많이 나오기 때문이다. 그런데 이 단어들은 대부분 통계 유의미성을 갖지 않는 공기관계이므로, 특정 단어만을 고려한 연구에서는 일반명사 '길'의 특징으로 분석하기 힘든 부분이다. 그러나 연접범주관계에서는 문법범주만을 고려한 통사적 결합관계를 대상으로 보기 때문에 앞에서 보인 것과 같이 일반명사 '길'의 연접범주관계 특성을 잘 보여줄 수 있다. 이런 연접범주관계 연구는 같은 품사내의 많은 단어를 대상으로 했을 경우 좀 더 분명한 각 단어의 특징이 잘 나타날 수 있다. 본고에서는 대규모 자료를 이용한 공기관계 연구 방법을 중심으로 서술하고 품사별로 몇 개의 단어만을 예를 들어 각 단어의 특성을 분석하지만, 본고에서 다루는 내용을 기준으로 대규모 자료를 처리한다면 좀 더 명시적인 특징을 정리할 수 있다고 생각한다.

2. 동사

본고에서 이용하는 자료인 '550만 형태 분석 말뭉치'에서 동사는 총 16,704개의 종류가 총 1,205,887회 출현한다. 여기에는 명사에 동사파생접사가 결합하여 쓰인 형태까지 포함한다(예: '말하다'). 이 중에서 고빈도 1,000등까지 해당되는 동사가 전체 동사 빈도의 약 82% 정도를 차지한다. 본고에서는 최상위 고빈도 동사 중에서 '하다'와 8번째로 고빈도 단어인 '가다'를 예로 들어 논의한다. 동사 '하다'는 총 74,693회가 쓰였는데 본용언으로 쓰인 것만 대상으로 한다. 즉 보조용언으로 쓰인 것은 논의에서 제외하였다. 그리고 동사 '가다'는 총 13,677회가 쓰였다. '가다'도 본용언으로 쓰인 것만을 대상으로 한다. 이 두 동사를 바탕으로 인접 공기 단어들을 통하여 해당 동사의 특징을 분석해 보고자 한다.

언어학적 분석을 위해서 이 동사들이 갖는 기본 문형상의 특징과 동사들이 갖는 여러 의미별 논항관계를 바탕으로 분석한다. 이를 위해서 '한국어 세계화 기반 구축을 위한 2001년도 한국어 보급어 사업'의 '기초 교육 자료 분과'에서 개발한 '한국어 문형 사전'을 이용한다.[66] 이 문형 사전은 해당 용언의 각 의미별로 논항관계와 해당 논항의 의미제약 관계를 용례와 함께 일목요연하게 잘 정리하였다. 인접하는 단어들만을 대상으로 하는 이 연구에서 어떤 용언의 문형 전체를 연구하기는 힘들다. 그렇지만 좌우 3어절 이내에도 많은 논항 관계를 갖는 단어가 포함되고, 각 문형별 구성이나 논항들 사이의 결합 관계를 논하는 것이 아니므로 문형 사전의 각종 정보를 인접 공기관계 연구의 특성에 맞게 부분별로 이용할 수 있다.

2.1 공기관계 추출

동사는 절을 구성하는 핵심으로 논항을 갖게 된다. 논항에 따라 동사와 인접하여 나타나는 경우도 있지만, 예를 들어 주어의 경우는 다른 논항에 비하여 비교적 거리를 두고 나타난다. 그러나 앞에서 보인 일반명사들의 결과를 보면 동사의 논항들이 인접하여 나타나는 경우가 많았다. 즉 동사를 연구 대상 중심어로 하여 좌우 인접어절에 공기하는 단어를 추출하여 분석하면 주어, 목적어 및 기타 논항의 공기 양상을 살필 수 있다. 여기서는 각 동사의 특징을 고려하여 논항관계와 수식 및 기타 공기관계에 대해 추출 분석한다.

---

66) 한국어 세계화 재단 2001 최종 보고서, 책임 연구원: 최호철

(1) 동사 '하다'

우선 동사 '하다'와 좌우로 3어절 이내에 공기하는 모든 단어들 중에서 상위 빈도 일부 단어 목록을 보인다.

[표 3-22] 동사 '하다'와 공기하는 단어 절대 빈도순

순 위	어 절	분 석	전체 빈도	공기 빈도
1	수	수 / NNB	32,716	4,316
2	그	그 / MM	39,980	2,095
3	것이다.	것 / NNB+이 / VCP+다 / EF+. / SF	21,901	1,420
4	말을	말 / NNG+을 / JKO	3,904	1,418
5	있다.	있 / VV+다 / EF+. / SF	12,746	1,355

550만 어절 형태분석 말뭉치에서 동사 '하다'는 총 74,693회 출현하고, 좌우 3어절을 검색 대상으로 하였으므로 전체 검색 공간의 크기는 448,158어절이 된다. [표 3−22]에서 전체 빈도는 550만 어절 형태분석 말뭉치 전체에서 해당 공기 단어가 출현하는 빈도이고, '공기 빈도' 제목이 있는 곳은 이 검색 공간 내에서의 출현 빈도이다. [표 3−22]는 이 공기 빈도의 크기에 따라 정렬한 자료이다. 통계적 유의미성을 고려하지 않은 검색 공간에서의 최다 출현 단어는 의존명사 '수'이다. 뒤에서 상세히 다루겠지만, 의존명사 '수'는 통계적 유의미성을 고려했을 때에도 공기관계성이 높은 단어이다.

다음은 통계 유의미성이 있는 공기 단어들을 추출한 결과의 일부 예를 보인다.

[표 3-23] 동사 '하다'의 공기 단어 − 통계적 유의미순 자리별 빈도, 평균, 표준편차

순위	어절	좌3	좌2	좌1	우1	우2	우3	좌합	우합	자리값 평균	표준편차
1	일을	65	154	781	101	85	53	1,000	239	−0.689	1.366
2	말을	69	158	887	191	65	48	1,114	304	−0.666	1.299

3	생각을	24	71	711	76	21	20	806	117	−0.809	1.013
4	수	227	450	14	3,192	194	239	691	3,625	0.626	1.385
5	어떻게	107	153	674	39	35	29	934	103	−1.065	1.207

[표 3−23]은 통계적 검증을 통해 유의미성 순서로 공기 단어들을 정렬한 것이다. 즉 여기에 제시되는 단어들은 동사 '하다'와 아주 유의미하게 공기관계성이 높은 것들이다. 동사 '하다'는 비교적 고빈도 단어이고 검색공간이 크고 공기단어들의 빈도도 큰 것이 많아서, 통계적 유의미성은 t-test를 이용하여 해당 어절들을 추출하였다. 통계적 유의미성 임계치를 t-score 1.96으로 했을 경우에는 1,976개의 단어가 유의미한 공기관계를 이루는 단어이고, t-score를 1.64로 했을 경우는 3,072개의 단어가 유의미한 공기관계를 갖는다. [표 3−23]을 보면 통계적 유의미성이 있는 단어들 중에서 상위 목록에는 목적격조사와 결합한 일반명사가 가장 많이 분포하고, 그밖에는 표에 나타내지 않았지만 일부 부사, 관형사가 출현한다. 통계적 유의미성이 있는 단어들을 중심으로 (1)에서 여러 언어학적 관점에서 '하다'와 공기하는 단어들의 양상을 분석한다.

[표 3−24] 동사 '하다'의 공기 연접범주

문법범주	좌3	좌2	좌	우	우2	우3	좌합	우합	총합	자리평균	표준편차
NNG+JKO	4,598	7,279	19,513	3,147	3,140	3,056	31,390	9,343	40,733	−0.718	1.659
VV+EC	6,236	7,524	7,140	1,818	4,178	4,052	20,900	10,048	30,948	−0.599	2.105
NNG	5,769	6,305	1,705	3,644	3,255	2,915	13,779	9,814	23,593	−0.539	2.206
MAG	4,505	5,057	4,890	2,588	3,460	2,484	14,452	8,532	22,984	−0.502	2.071
NNG+JKB	4,365	4,103	4,110	2,183	2,394	2,326	12,578	6,903	19,481	−0.588	2.098

[표 3−24]는 동사 '하다' 좌우 3어절 이내의 검색 공간에 출현하는 단어들의 문법범주만을 고려하여 그 빈도를 기준으로 정렬한 것이다. 총 4,535종류의 문법범주가 검색 공간에 나타난다. 이 중에서

20번 이상 나타나는 범주는 460개로 전체 출현 문법범주의 약 1/10
에 해당하는 범주가 전체 출현 범주 빈도의 97%에 해당된다. 해당
문법범주의 자리별 분포와 해당 범주의 고정성을 자리값 평균과 표
준편차를 통해 분석할 수 있다.

　최상위 출현 빈도를 갖는 문법범주는 일반명사와 목적격조사가
결합한 형태이고 좌측 첫 번째 자리에서 가장 많이 나타난다. 자리
값 평균을 통해 해당 공기 문법범주의 좌우측 출현 방향성과 표준편
차를 통해 자리별 흩어짐을 알 수 있다. [표 3-24]를 보면 최상위
문법범주들은 대체로 좌측에 많이 나타나는 것들이고 표준편차가
작은, 즉 특정 자리에 주로 나타나는 경향이 있는 범주와 범주별 고
정성 정도를 비교할 수 있다.

　(2) 동사 '가다'

[표 3-25] 동사 '가다'의 공기 단어 – 공기 빈도순

순 위	어 절	분 석	공기 빈도	총빈도
1	그	그 / MM	420	39,980
2	안	안 / MAG	315	5,250
3	수	수 / NNB	298	32,716
4	집에	집 / NNG＋에 / JKB	260	1,364
5	못	못 / MAG	234	2,913

　동사 '가다'는 550만 전체 자료에서 13,677회 출현하고, 공기관계
연구를 좌우 인접 각 3어절의 공기단어를 대상으로 하였으므로 검색
공간은 820,602어절 크기가 된다. 동사 '가다'는 '하다'와 빈도 상위
단어 분포에서 다른 양상을 보인다. 일부 관형사와 부사가 상위에
있고 부사격조사 결합 명사도 상위에 있다. 이런 다른 특징은 통계
적 유의미성을 고려한 공기관계를 보면 좀 더 분명하다.

다음은 '가다'와 검색공간 내에 공기하는 단어들을 통계적 유의미 순서로 상위 단어 일부를 보인 것이다.

[표 3-26] 동사 '가다'와 공기하는 단어 자리별 빈도, 평균, 표준편차

어 절	좌3	좌2	좌1	우1	우2	우3	좌합	우합	총합	자리평균	표준편차
집에	11	33	193	6	6	11	237	23	260	−0.926	1.128
길을	8	20	120	52	18	7	148	77	225	−0.333	1.391
어디로	4	8	178	4	0	1	190	5	195	−1.020	0.536
안	26	12	208	19	35	15	246	69	315	−0.558	1.477
못	11	8	171	9	23	12	190	44	234	−0.551	1.374

여기서도 통계적 유의미성 검증은 t-test를 이용하였다. 통계적 유의미성 임계치가 t-score 1.96일 경우 751개의 단어가 유의미한 공기관계를 갖고, t-score 1.64일 경우 1,254개의 단어가 유의미한 공기관계를 갖는다. [표 3-26]을 보면 통계적 유의미성이 있는 단어들의 분포는 동사 '하다'와 달리 부사격조사 결합 명사나 부사가 많이 나타난다. 이런 명사들은 대부분 의미가 '가다'의 방향과 관련된 것들이고, 부사는 '부정, 불능'의 의미를 갖는 것들이 통계적 유의미성이 아주 높은 것으로 나오는 특징이 있다. 이런 점들을 고려하여 통계적 유의미성이 있는 단어들을 대상으로 (2)에서 상세히 분석한다.

[표 3-27] 동사 '가다'와 공기하는 연접범주 자리별 빈도, 평균, 표준편차

연접 범주	좌3	좌2	좌1	우1	우2	우3	좌합	우합	총합	자리평균	표준편차
VV+EC	1,161	1,411	2,238	624	1,066	1,055	4,810	2,745	7,555	−0.347	2.051
NNG+JKB	579	907	3,048	430	473	443	4,534	1,346	5,880	−0.662	1.629
MAG	740	1,111	1,653	525	661	521	3,504	1,707	5,211	−0.515	1.921
NNG	955	1,150	593	764	569	478	2,698	1,811	4,509	−0.537	2.097
NNG+JKO	665	729	678	746	639	527	2,072	1,912	3,984	−0.132	2.099

[표 3-27]은 동사 '가다' 좌우 3어절 이내의 검색 공간에 출현하는 단어들의 문법범주만을 고려하여 그 빈도를 기준으로 정렬한 것이다. 총 1,572종류의 문법범주가 검색 공간에 나타난다. 동사 '하다'와 비교하면 그 종류가 적다. 즉 연접하는 문법범주가 동사 '가다'가 '하다'에 비해 한정되어 나타난다는 것으로 보인다. 동사 '가다'의 연접범주 중에서 20번 이상 나타나는 범주는 185개로 전체 출현 문법범주의 12% 해당하는 범주가 전체 출현 범주 빈도의 94%에 해당한다. 문법범주의 자리별 분포와 해당 범주의 고정성을 자리값 평균과 표준편차를 통해 분석할 수 있다. 최상위 출현 빈도를 갖는 문법범주는 연결어미를 갖는 동사로 앞에서 본 동사 '하다'의 최상위 연접범주가 관형격조사와 결합한 명사였던 것과는 차이를 보인다. 다음으로는 일반명사와 부사격조사가 결합한 형태로, 좌측 첫 번째 자리에서 가장 많이 나타난다. 이 특징은 '가다' 동사의 특징을 잘 보여주는 것이다. 자리값 평균을 통해 해당 공기 문법범주의 좌우측 출현 방향성과 표준편차를 통해 자리별 흩어짐을 알 수 있다. [표 3-27]을 보면 최상위 문법범주들은 대체로 좌측에 많이 나타나는 것들로 표준편차가 작은, 즉 특정 자리에 주로 나타나는 경향이 있는 범주와 범주별 고정성 정도를 비교할 수 있다. 여기에 대한 상세한 논의는 (2)에서 다룬다.

2.2 인접 공기관계 분석

여기서는 앞에서 추출한 자료들을 바탕으로 인접 공기 단어들을 이용하여 해당 동사들의 언어학적 특성을 분석한다.

(1) 동사 '하다'

앞에서 설명한 '한국어 문형사전'에서[67] 본동사로 쓰인 '하다'의 의미별 문형 정보를 보면 의미를 30가지로 나누고 각각의 의미별로 문형을 제시하였고 숙어 구성으로 6개를 제시했다. 이 사항들을 참고하여 '하다'의 인접 공기 단어들을 분석한다.

1) 목적격조사 결합 명사

우선 인접 공기 단어들 중에서 목적격조사와 결합한 명사들을 통하여 동사 '하다'의 목적어 출현 양상을 분석한다. 다음은 '하다'와 공기하는 목적격조사 결합 명사들을 통계적 유의미 순서로 상위 20개를 보인 것이다.

[표 3-28] 동사 '하다'와 공기하는 목적격조사 포함 단어 – 통계 유의미순

어 절	전체 빈도	공기 빈도	좌 합	우 합	자리값 평균	표준편차	t–score
일을	2,548	1,239	1,000	239	−0.689	1.366	29.301
말을	3,904	1,418	1,114	304	−0.666	1.299	29.208
생각을	1,424	923	806	117	−0.809	1.013	26.561
역할을	855	513	503	10	−1.025	0.594	19.573
공부를	435	372	338	34	−0.997	1.244	17.449
생활을	697	351	334	17	−0.988	0.907	15.703
이야기를	1,186	400	356	44	−0.920	1.162	15.168
구실을	221	192	190	2	−1.072	0.516	12.556
결혼을	288	201	193	8	−1.044	0.743	12.522
준비를	265	191	181	10	−0.968	0.710	12.257
애기를	597	224	192	32	−0.857	1.258	11.716
대답을	296	179	168	11	−0.921	0.774	11.576
인사를	353	184	167	17	−0.858	0.981	11.444
무엇을	747	233	208	25	−1.008	1.217	11.276
짓을	167	142	127	15	−0.936	0.916	10.774
운동을	578	195	187	8	−1.097	0.783	10.591

---

67) 이후로는 줄여서 '문형사전'이라 한다.

고생을	148	123	116	7	−1	0.932	10.003
활동을	542	176	161	15	−0.846	1.102	9.937
식사를	231	133	125	8	−0.924	0.934	9.900
시늉을	103	106	100	6	−0.867	0.718	9.480

목적격조사와 결합한 명사 중에서 통계적 유의미성이 있는 단어 중 t-score 1.96 이상은 699개이고, t-score 1.64 이상은 967개이다. 우선 이들을 대상으로 자료에서 나타나는 계량적 특징을 먼저 분석한다.

공기의 좌우 방향과 자리 고정성을 보면 967개의 단어 중에서 358개의 단어는 '하다' 동사의 우측에는 출현하지 않고 좌측에만 나타난다. 그리고 우측 첫 번째 자리에 나타나지 않는 단어는 623개이다. 즉 967개의 단어 중에서 65% 정도의 단어는 '하다'의 관형형 활용과 함께는 쓰이지 않는다. 예를 들어 '정색을 하다'는 자료에 나타나지만 '한 정색을'이라는 형태는 나타나지 않는다. 이런 단어들은 주로 좌측 첫 번째 자리에 가장 많이 나타나는 특징도 보인다.

이와 반대로 좌측에 공기하지 않고 우측에만 나타나는 단어는 '의구심, 파랑새' 2개뿐이고 동사 파생접사가 결합하지 못하는 명사이다. 그리고 이 명사들은 동사 '하다'와 직접적인 관련이 없다고 보인다.

평균과 표준편차를 이용하여 공기 단어의 고정성을 보면 특정한 자리에만 출현하는 단어는 172개이고 대부분 좌측 첫 번째 자리에만 나타난다. 즉 이들 단어는 항상 '하다'와 바로 인접하여 목적어로 쓰이는 것들이다. 예로는 '고자질을, 고학을, 몸조심을' 등이 있다. 그리고 표준편차가 1 이하인 단어는 505개이고 이 단어들의 자리 평균은 −1과 가까운 값들이다. 즉 이 단어들도 대체로 좌측 첫 번째 자리에 나타나는 경향이 크다고 할 수 있다. 예로는 '하역을, 연상을, 참석을' 등이 있다. 이렇게 고정성이 높은 것들을 빈도를 고려해 보면 목적격조사 결합형 전체 공기 단어 빈도 24,143회 중 9,455회로 약

40%가량이다. 목적격조사 결합형 단어 전체를 대상으로 각 자리별 분포를 보면 다음과 같다.

[표 3-29] 동사 '하다'와 유의미 공기하는 목적격조사 결합형 단어 자리별 분포

자 리	좌1	좌2	좌3	우1	우2	우3
빈 도	16,477	2,887	1,369	1,492	992	926
백분율	68%	12%	6%	6%	4%	4%

[표 3-29]에서 보듯이 좌측 첫 번째 자리에 목적격조사 결합 명사들이 전체 자리의 70%정도 쓰인다. 이 점을 보면 '하다'의 공기관계에서 목적어로 쓰이는 것은 좌측 첫 번째에 나타나는 경향이 매우 강함을 알 수 있다. 목적격조사 결합형 일반명사 공기어들은 국어학자들의 많은 관심을 받는 서술성 명사 관련 논의(홍재성 1993, 1997a, 1997b, 김창섭 2001, 강범모 2002 등)에 좋은 실증적 자료를 제시할 수 있다.

문형사전에서 보인 본동사 '하다'의 의미는 총 30개이다. [표 3-28]에서 보인 것을 중심으로 의미를 구분해 보면 제일 많이 쓰이는 의미인 '(어떤 동작이나 행위를) 행하다'의 뜻으로 쓰이는 것이 25개 단어이다. 이 밖에 '(주어진 역할만큼의 가치가) 있다'의 뜻으로 쓰인 것이 2개(역할을, 구실을)이다. 그리고 '어떤 표정을 짓거나 자세를 취하다'로 쓰인 '시늉을', '(전화나 편지 등을 써서) 상대와 의사소통을 하다'의 의미로 쓰인 '전화를', '음식을 먹고 마시거나 담배 등을 피우다'의 의미로 쓰인 '식사를'이 있다. 의미별로 '하다'와 공기하는 목적격조사 결합 명사를 분류해 보면 약 90%가량이 '(어떤 동작이나 행위를) 행하다'의 의미로 쓰이는 것이다. 이 의미로 쓰이는 것에 해당하는 문형은 9개가 있는데, 공기 단어만으로는 정확한 문형을 알 수 없으나 문형사전에 나오는 의미제약 부분을 활용한다면 어느 정도 분류가 가능하다. 문형사전을 보면 '(어떤 동작이나 행위를) 행하다'의 의미에

해당하는 문형이 전체의 51.5% 정도 쓰인다고 나오지만 본고에서 목적격조사 결합 명사만으로 분석하였을 경우에는 이 보다 훨씬 높은 비율로 쓰임을 알 수 있다.

2) 주격조사 결합 명사

문형사전에서 보면 동사 '하다'의 주어자리에는 모두 '사람' 또는 '유정명사'가 온다. 따라서 언어학적으로 주어자리에 어떤 범주가 나타나는지는 특별한 분석이 필요치 않다. 그러나 주격조사와 결합한 명사의 부류가 어떤 것들이 통계적으로 유의미한가에 대한 것은 살펴볼 필요가 있다. 주격조사가 결합한 명사가 동사 '하다'와 인접하여 공기한다고 하여서 반드시 '하다'의 주어로 쓰이는 것은 아니고, 의미상 목적어나 기타 논항의 역할을 할 수도 있다. 다음은 통계적 유의미 순서로 상위 20개를 보인 것이다.

[표 3-30] 동사 '하다'와 공기하는 주격조사 결합형 명사 – 통계 유의미 순서

어 절	전체 빈도	공기 빈도	좌 합	우 합	t-score	자리평균	표준편차
말이	1,659	323	42	281	10.450	0.826	1.349
일이	2,642	377	77	300	8.329	0.761	1.718
내가	5,851	672	471	201	7.531	−0.907	1.873
생각이	1,613	249	17	232	7.450	1.076	1.173
누가	1,237	180	145	35	5.903	−1.411	1.771
자기가	829	132	95	37	5.609	−0.568	1.782
아쉬움이	52	21	1	20	3.657	1	0.547
짓이	22	16	1	15	3.551	0.937	1.181
소리가	1,407	159	30	129	3.517	0.943	1.692
아나운서가	108	25	15	10	3.239	−0.360	2.196
의문이	84	22	0	22	3.231	1.454	0.800
디디가	46	17	5	12	3.214	0.235	1.480

사람이	3,097	306	181	125	3.066	−0.578	2.135
탈이	20	12	6	6	2.993	−0.166	2.552
아내가	291	43	26	17	2.941	−0.488	1.907
적이	1,285	139	26	113	2.908	0.712	1.542
교장이	62	17	14	3	2.897	−1.352	1.800
친구가	287	42	24	18	2.872	−0.380	2.305
언니가	116	23	18	5	2.824	−1.086	2.087
어머니께서	134	25	17	8	2.816	−1.280	1.860

[표 3−30]을 보면 자리값 평균이 양수이고, 우합이 좌합보다 큰 단어들은 대부분 상위빈도일수록 '하다'의 의미상 목적어로서 우측에 위치한다. 따라서 여기서 보이는 주격조사의 쓰임은 '하다'의 주어로서 쓰이는 것이 아니라 전체 문장에서 다른 서술어의 주어로 쓰이는 것으로 '하다' 활용형의 수식을 받는 구성이다. 실제로 자료를 보면 이런 단어들은 우측 첫 번째 자리에 가장 많이 출현하는 것을 볼 수 있다.

동사 '하다'의 좌측에 많이 쓰이고 실제 주어의 역할을 하는 것과, 우측에 쓰이면서 주어 역할을 하는 단어들은 대부분 사람 명사이고 이런 단어들은 표준편차가 크다. 즉 동사 '하다'의 주어 역할을 하는 주격조사 결합형 명사들은 검색공간 내의 여러 자리에 흩어져서 쓰여서 고정성이 적다.

[표 3−30]에서 주격조사 결합형 명사 '말이'가 통계적 유의미성이 가장 크다. 예를 들어 '하는 말이, 할 말이, 한 말이'의 형태가 가장 많이 나타난다. 이 특징은 1절에서 다룬 일반명사 '말' 부분에서도 나타난 특징이다. 일반명사 '말'을 기준으로 했을 경우에 동사 '하다'의 모든 관형형 활용형은 t-score가 12이상으로, 동사 '하다'를 기준으로 했을 때보다 모두 약간씩 크다. 그리고 이들 공기관계의 상호 의

존성을 보여주는 MI-score도 모두 유의미한 값을 보인다. 따라서 동사 '하다'와 명사 '말'의 공기관계는 매우 유의미한 것이 된다.

3) 부사격조사 결합 명사

부사격조사가 결합한 명사의 경우도 문형사전을 토대로 논항관계를 중심으로 분석해 본다. 동사 '하다'와 검색 공간에서 공기하는 부사격조사가 결합한 명사는 총 1,074개이고 이중에서 t-score가 1.96이상인 것은 106개 단어이고 1.64이상인 것은 177개이다. 통계적으로 유의미한 공기관계를 갖는 단어들을 대상으로 특징을 설명한다. 다음은 통계적 유의미 순서로 상위 20개를 보인 것이다.

[표 3-31] 동사 '하다'와 공기하는 부사격조사 결합형 명사 – 통계적 유의미 순서

어 절	전체 빈도	공기 빈도	좌합	우합	지리평균	표준편차	t-score
필요로	287	286	281	5	−0.954	0.444	15.543
중심으로	977	318	306	12	−0.921	0.812	13.368
전제로	202	162	159	3	−0.962	0.556	11.434
대상으로	632	180	175	5	−1.088	0.860	9.578
바탕으로	356	123	121	2	−1.040	0.549	8.474
목표로	186	98	95	3	−0.989	0.752	8.368
목적으로	263	101	97	4	−0.960	0.811	7.917
마음대로	266	97	81	16	−0.670	1.426	7.648
골자로	53	52	49	3	−0.807	0.793	6.646
내용으로	152	66	64	2	−0.909	0.518	6.599
기초로	93	56	55	1	−0.928	0.534	6.470
말로	458	102	71	31	−0.519	1.761	6.404
기준으로	244	69	67	2	−1.028	0.766	5.913
소재로	89	48	48	0	−1.083	0.347	5.881
배경으로	144	54	52	2	−0.925	0.865	5.751

주제로	167	57	55	2	−0.964	0.653	5.747
식으로	505	97	40	57	−0.072	1.827	5.670
상대로	358	79	79	0	−1.468	0.694	5.606
기반으로	71	41	41	0	−1.024	0.156	5.499
원칙으로	65	38	35	3	−0.789	0.843	5.305

부사격조사 결합형 명사도 동사 '하다'의 논항의 역할을 하는 경우가 대부분이다. [표 3−31]을 보면 대부분 명사가 부사격조사 '로/으로'와 결합된 것이다. 이렇게 특정 조사와만 결합하는 것도 동사 '하다'의 특성으로 볼 수 있다. 통계적 유의미성이 있는 부사격조사 결합형 명사 177개 단어 전체에서도 부사격조사 '로/으로' 결합형이 대부분이다.

문형사전을 보면 부사격조사 '로/으로'가 결합하여 논항을 이루는 문형은 3가지 의미에서 4개이다. '(어떤 동작이나 행위를) 행하다'의 의미에 해당하는 문형 중에서 (ㄱ) '①이 ②로 ③을 하다: [제약] ② 명사 ③ 진출, 귀가, 이사, … '와 '무엇으로 삼거나 정하다'라는 의미의 문형 중에서 (ㄴ) '①이 ②를 ③으로 하다: [제약] ① 사람명사 ② 명사 ③ 명사' 문형 그리고 '얼마로 잡아 계산하다'라는 의미의 문형 (ㄷ) '①이 ②를 ③으로 하다: [제약] ① 사람명사 ② 값, 상금, … ③ 가격 수량 명사'와 (ㄹ) '①이 ②를 ③으로 하면: [제약] ① 사람명사 ② 구체명사 ③ 현금, 돈, …'의 4개의 문형이 있다.

그런데 문형사전에서 제시한 제약 부분을 고려해 보면 [표 3−31]에 나오는 단어는 대부분 (ㄴ)문형에 해당하는 것으로 보인다. 문형사전에서 제시한 (ㄴ)문형의 빈도는 3.18%인데 '하다'의 출현빈도와 부사격조사 '-로/으로' 결합형 명사의 총빈도의 비율은 4.61%가 나온다.

부사격조사 '-로/으로'이외의 부사격조사는 '-한테, -에, -과, -에서,

-처럼'이 나온다. 이 중에서 '-한테, -에'는 '(어떤 동작이나 행위를) 행하다'의 의미와 '(전화나 편지 등을 써서) 상대와 의사 소통을 하다'에 해당하는 문형에서 쓰일 수 있다. 그렇지만 의미제약이 모두 '사람'으로 단순히 단어만으로는 해당 문형을 예측하기 힘들다. 그리고 부사격조사 '-과'는 '(어떤 동작이나 행위를) 행하다'의 의미에 해당하는 문형 중 하나에만 나타나는 것으로 '①이 ②와 ③을 하다: [제약] ① 사람명사 ② 사람명사 ③ 결혼, 약혼, 관계, 싸움, 전쟁, 내기, 경쟁, 수교, 교대, 거래, …' 해당되는 구문에 나타나는 것으로 볼 수 있다. 그러나 부사격조사 '-에서, -처럼'은 특정 논항의 역할을 한다고 보기 힘들고 일반적인 부사의 역할만을 하는 것으로 보인다.

4) 의존명사

검색공간에서 '하다'와 공기하는 의존명사들을 분석한다. 앞의 [표 3−22]에서 보면 의존명사 '수'가 공기 빈도 순위가 매우 높음을 알 수 있다. 실제 통계적 유의미성 순서로도 상위에 있는데 이는 매우 유의미한 공기관계 구성임을 나타낸다. 의존명사 '수' 이외에도 통계적 유의미성이 큰 단어들에 대해서 동사 '하다'와의 관련 특징을 분석해 본다. 다음은 공기하는 의존명사를 통계적 유의미 순서로 상위 20개를 보인 것이다.

[표 3-32] 동사 '하다'와 공기하는 의존명사 − 통계적 유의미순

어 절	전체 빈도	공기 빈도	좌 합	우 합	자리평균	표준편차	t-score
수	32,716	4,316	691	3,625	0.626	1.385	25.118
것이라	433	285	274	11	−0.905	0.634	14.792
것이라고	1,289	337	278	59	−0.629	1.118	12.636
대로	1,244	256	134	122	−0.113	1.762	9.664
것인가	207	122	97	25	−0.606	1.024	9.518
노릇을	110	100	97	3	−1.080	0.734	9.103

짓을	85	70	66	4	−1	0.659	7.538
때문이라고	192	78	72	6	−0.833	0.903	7.060
것을	8,699	904	495	409	−0.425	2.064	6.491
식으로	505	97	40	57	−0.072	1.827	5.670
듯	1,702	221	115	106	−0.063	1.802	5.537
듯도	59	39	36	3	−0.717	0.998	5.475
만도	36	34	31	3	−0.735	0.898	5.327
식의	326	71	25	46	0.197	1.968	5.273
번	1,743	210	176	34	−1.114	1.748	4.690
거라고	127	39	29	10	−0.589	1.271	4.587
때문이라	35	26	26	0	−1	0	4.539
체를	26	23	22	1	−1.086	0.668	4.354
척도	30	21	19	2	−1	1.183	4.049
줄	1,481	173	47	126	0.450	1.831	3.978

검색 공간에서 의존명사가 나오는 것은 613개로 t-score 1.96이상은 87개이고, 1.64이상은 135개이다. 이들을 대상으로 공기하는 의존명사의 특성을 분석한다.

[표 3−32]에서는 일부만 보이는데 위의 표와는 달리, 동사 '하다'와 공기하는 의존명사의 전체 분포는 의존명사 자리값 평균을 보면 양의 값, 즉 우측에 쓰이는 경우가 더 많다. 그렇지만 135개의 유의미 공기 의존명사 중에서는 의존명사 '수'를 제외하면 유의미 공기 단어들은 좌측에 공기하는 경우가 많다. 계사 '-이-'가 쓰이지 않은 것은 77개로 절반이 좀 넘는다. 가장 유의미한 공기관계를 보이는 의존명사 '수'는 우측 첫 번째에 쓰이는 경우가 제일 많고, 특이하게 좌측 첫 번째 자리에도 나타나는 경우가 14회 나타나는데 이는 띄어쓰기 문제로 '있다하다, 없다하다'가 출현해서 프로그램에서 '하다'가 본용언으로 검색되어 생긴 현상이다. 따라서 좌측 첫 번째에 쓰

인 것은 논점에서 벗어난 것이다. 이와 같이 실제 자료 처리에는 띄어쓰기 문제로 인한 분석의 어려움이 있다. 그러나 전체적인 내용에 큰 영향을 주는 것이 아니므로 이런 점을 고려하여 분석한다면 큰 무리는 없다. 이처럼 동사 '하다'와는 직접적인 관련성이 없이 연접하여 쓰인 단어들은 연구자가 주의하여 분석해야 할 부분이다.

그런데 '번, 노릇, 짓을' 같은 단어는 주로 '하다'의 좌측에서 목적어 역할을 하는 의존명사들이다. 이런 것들은 자리값 평균이 약 −1 이하인 것들이 해당된다. 그리고 표준편차가 작은 경우에는 이런 특징이 더 분명해 진다.

긍정지정사가 쓰인 의존명사들은 인용의 기능이 있는 '-라고' 연결어미가 결합된 것이 많고 대체로 좌측에 공기하는 빈도가 높다. 이외의 연결어미가 결합된 것은 대체로 '하다'의 우측에 더 많이 나타난다.

5) 부사 수식

동사 '하다'를 수식하는 부사들의 특징을 분석하기 위해 검색공간에서 출현하는 순수 부사만을 대상으로 그 특징을 본다. 다음은 통계적 유의미 순서로 상위 20개의 부사이다.

[표 3-33] 동사 '하다'와 공기하는 부사 - 통계적 유의미 순서

어 절	전체 빈도	공기 빈도	좌 합	우 합	자리 평균	표준편차	t-score
안	5,250	939	678	261	−0.484	1.686	16.682
무슨	2,959	618	516	102	−1.524	1.560	15.160
열심히	795	264	235	29	−0.965	1.288	12.261
못	2,913	507	386	121	−0.489	1.608	11.975
아무	1,199	304	251	53	−1.434	1.533	11.832
아무리	1,309	249	226	23	−1.991	1.470	9.020
좀	2,662	392	310	82	−0.954	1.767	8.843

잘	5,738	688	506	182	−0.578	1.806	8.404
소홀히	107	82	79	3	−0.963	0.710	8.092
없이	3,910	498	139	359	0.899	2.021	8.039
다	4,313	528	345	183	−0.390	1.985	7.683
분명히	672	148	129	19	−0.682	1.212	7.664
많이	3,446	441	354	87	−0.689	1.676	7.628
제대로	1,284	213	168	45	−0.657	1.671	7.425
그런	6,446	700	497	203	−1.097	1.960	6.605
꼼짝	66	38	38	0	−1.236	0.430	5.292
단단히	175	51	40	11	−0.686	1.606	5.144
그냥	1,266	169	86	83	−0.260	2.116	5.064
안절부절	35	30	27	3	−0.766	1.006	4.956
그만	785	116	67	49	−0.258	2.026	4.831

　동사 '하다'와 검색공간에서 공기하는 부사는 모두 709이다. 이 중에서 t-score 1.96이상인 것은 104개이고, 1.64이상인 것은 139개이다. 그리고 좌측에 공기하지 않아 '하다'를 수식한다고 볼 수 없는 것이 16개이고 좌측 첫 번째 자리에 출현하지 않는 것이 304개이다. 좌측 첫 번째 자리에 나타나지 않는 부사들은 직관으로 보았을 때 '하다'를 수식할 수도 있는 단어가 포함되어 있으나, 실제 자료에서는 바로 인접하여 수식하는 경우가 없는 것들이다. 예로 '서서히, 간략히, 번번히' 등이 있다.

　이런 현상들과는 반대로 우측에 나타나지 않는 부사는 총 40개가 있다. 이 중에서 좌측 첫 번째에만 나타나는 부사는 '긴가민가, 나몰라라, 쉬쉬, 튼튼히, 이쯤, 등한히, 쿵, 못다, 확고히'가 있다. 이 중에서 '공고히'는 통계적 유의미성도 높은 것(t-score: 4.34)으로 고정된 공기관계로 볼 수 있다.

　[표 3−33]을 보면 최상위 부사에는 부정의 의미를 나타내는 '안'

이 나오고 '못'도 통계적 유의미성이 높은 부사로 나타나는 특징이
있다. 그리고 '무슨, 아무, 그런'은 동사 '하다'와 직접적으로 관련성
이 없는 부사로 보이는데 실제로 이들 부사의 자리별 분포를 보면
다른 자리에 비해 좌측 첫 번째 자리에 가장 적게 출현한다.

6) 연접범주관계

앞에서 보인 [표 3-34]에서 보면 최상위 출현 빈도를 갖는 문법
범주는 일반명사(NNG)와 목적격조사(JKO)가 결합한 형태이고 좌측 첫
번째 자리에서 가장 많이 나타난다. 자리값 평균을 통해 해당 공기
문법범주의 좌우측 출현 방향성과 표준편차를 통해 자리별 흩어짐
의 정도를 알 수 있다. [표 3-34]를 보면 최상위 문법범주들은 대체
로 좌측에 많이 나타나는 것들이고 표준편차가 작은, 즉 특정 자리
에 주로 나타나는 경향이 있는 범주와 범주별 고정성 정도를 비교할
수 있다. 여기서는 동사 '하다'의 연접문법범주를 좌측과 우측으로
나누어 그 연접 특징을 본다.

[표 3-34] 동사 '하다' 좌측 연접문법범주 – 좌측 총합 빈도 순서

문법범주	총합	좌합	좌1	좌2	좌3
NNG+JKO	40,733	31,390	19,513	7,279	4,598
VV+EC	30,948	20,900	7,140	7,524	6,236
MAG	22,984	14,452	4,890	5,057	4,505
NNG	23,593	13,779	1,705	6,305	5,769
NNG+JKB	19,481	12,578	4,110	4,103	4,365
NNG+JX	13,686	8,139	3,252	2,443	2,444
VV+ETM	15,588	7,622	60	3,515	4,047
VA+EC	8,576	6,110	3,433	1,466	1,211
NNG+JKS	11,464	5,243	539	2,447	2,257
NNG+VCP+EC	5,921	4,996	4,074	501	421

문법범주	총합			
MM	8,842	4,733	50	2,499	2,184
VA+ETM	8,508	4,601	14	2,806	1,781
VV+EP+EC	4,142	3,383	2,645	373	365
VX+EC	5,684	2,957	1,584	676	697
NNG+JKG	6,199	2,854	28	1,220	1,606
NNB	7,964	2,317	385	1,020	912
MAJ	2,636	1,763	110	727	926
VV+ETN+JKB	1,828	1,723	1,604	67	52
NNG+NNG+JKO	2,058	1,659	1,045	420	194
NP+JX	2,901	1,519	157	579	783

좌측에 공기하는 연접문법범주는 검색공간내 전체 빈도 순서와 대체로 일치한다. 이 특징은 연접문법범주의 고빈도 범주가 대체로 좌측에 더 많이 나타나는 것으로 볼 수 있다. 목적격조사(JKO)와 결합한 일반명사(NNG) 어절이 가장 높은 빈도를 가지며 좌측 첫 번째 자리에서 가장 많이 나타난다. [표 3-34]에서는 다 보이지 못 했지만, 다른 유형의 문법범주에도 목적격조사(JKO) 결합형이 고빈도 문법범주로 나오는 특징이 강하다. 이에 비해 부사격조사(JKB) 결합 일반명사 어절은 좌측에 고르게 분포하며 주격조사(JKS) 결합 일반명사 어절은 좌측 첫 번째 자리에 가장 적게 나타나는데 이런 특징들은 국어의 '주어+(수식어)+목적어+(수식어)+서술어'의 기본 어순 특징과 관련된 것으로 볼 수 있다.

[표 3-35] 동사 '하다' 우측 연접문법범주 – 우측 총합 빈도 순서

문법범주	총합	우합	위	우2	우
VV+EC	30,948	10,048	1,818	4,178	4,052
NNG	23,593	9,814	3,644	3,255	2,915
NNG+JKO	40,733	9,343	3,147	3,140	3,056

MAG	22,984	8,532	2,588	3,460	2,484
VV+ETM	15,588	7,966	1,595	3,488	2,883
NNG+JKB	19,481	6,903	2,183	2,394	2,326
NNG+JKS	11,464	6,221	2,593	1,997	1,631
NNB	7,964	5,647	4,295	595	757
NNG+JX	13,686	5,547	2,360	1,793	1,394
MM	8,842	4,109	1,721	1,292	1,096
VA+ETM	8,508	3,907	1,092	1,565	1,250
VV+EP+EF+SF	3,554	3,554	880	1,499	1,175
VX+ETM	4,681	3,434	2,595	333	506
VV+EF+SF	3,361	3,361	472	2,170	719
NNG+JKG	6,199	3,345	1,120	1,192	1,033
VX+EC	5,684	2,727	2,046	248	433
VA+EC	8,576	2,466	606	1,046	814
NNB+VCP+EF+SF	2,331	2,331	1,267	552	512
VX+EF+SF	2,090	2,090	1,448	238	404
NNB+JX	2,992	1,962	1,284	336	342

동사 '하다'의 우측에서 공기하는 문법범주에도 목적격조사(JKO) 결합형이 많이 나온다. 자리별 분포를 보면 좌측에서는 좌측 첫 번째에 두드러지게 많이 나타나는 것에 비해 우측에서는 비교적 고르게 분포되어 있음을 알 수 있다. 우측에 공기하는 목적격조사 결합형 명사가 반드시 '하다'의 목적어로 볼 수는 없지만 바로 인접하여 나타나는 것만 대상으로 하였으므로 동사 '하다'의 목적어로 나오는 것도 많이 포함되어 있다고 볼 수 있다.

접속부사(MAJ)의 경우 동사 '하다'의 좌측에는 상위 20개 목록에 포함되어 있지만 우측 상위 20개 목록에는 포함되어 있지 않다. 접속부사는 일반적으로 문장 처음 부분에 쓰이는 것으로 생각하기 쉬운데, 실제 자료에서 나타나는 양상을 보면 자리별로 약간 차이가 나지만 대체로 고르게 분포되어 있다. [표 3-24]를 보면 표준편차가 2.18로 좀 높은 편이다.

(2) 동사 '가다'

동사 '가다'도 문형사전을 참조하여 공기관계의 특성을 분석한다. 문형사전에서 본동사로 쓰인 동사 '가다'를 32개의 하위 의미로 상세 분류를 하고 각 의미별로 가능한 문형들을 제시하였다.

1) 목적격조사 결합 명사

동사 '가다'와 검색공간에서 공기하는 단어들 중에서 목적격조사(JKO)와 결합한 명사들을 대상으로 그 양상을 분석한다. 다음은 '가다'와 공기하는 목적격조사 결합 명사들을 통계적 유의미 순서로 상위 20개를 보인 것이다.

[표 3-36] 동사 '가다'와 공기하는 목적격조사 포함 단어 – 통계 유의미 순서

어 절	전체 빈도	공기 빈도	좌합	우합	자리평균	표준편차	t-score
길을	1,248	225	148	77	−0.333	1.391	13.758
시집을	113	53	52	1	−1.226	0.576	7.048
어디를	95	52	49	3	−0.807	0.970	7.014
어딜	73	50	47	3	−0.840	0.650	6.917
이사를	109	40	40	0	−1.050	0.220	6.067
버스를	182	34	20	14	−0.764	2.075	5.365
도망을	71	27	27	0	−1.074	0.384	4.992
차를	397	34	25	9	−1.176	1.816	4.815
장가를	50	19	18	1	−1.052	0.848	4.187
여행을	232	23	22	1	−1.130	0.694	4.074
곳을	451	28	10	18	0.428	1.642	4.019

이민을	20	16	16	0	−1	0	3.925
유학을	91	17	17	0	−1.117	0.485	3.793
어딜	15	14	14	0	−1.285	0.611	3.681
구경을	94	16	15	1	−0.875	1.087	3.649
피난을	32	14	14	0	−1.142	0.534	3.614
대학을	223	19	17	2	−1.368	1.300	3.595
열차를	48	13	4	9	0.538	2.066	3.406
소풍을	14	11	10	1	−0.818	0.603	3.253
저자를	13	10	10	0	−1	0	3.100

목적격조사와 결합한 명사는 검색공간에서 2,557개가 있다. 이 중에서 통계적 유의미성이 있는 단어는 t-score 1.96이상이 80개이고 1.64이상이 121개이다. 여기서는 121개의 통계적 유의미성 공기관계인 단어들을 대상으로 그 특성을 분석한다. 35개의 단어는 '가다'의 우측에는 나타나지 않고 항상 좌측에만 나타난다. 예로 '골목길을, 사신을, 징용을, 연수를' 등이 있다. 이와는 반대로 '불공을, 감재를, 국도를, 기차를, 날을, 걸음을'의 6개 단어는 '가다'의 좌측에 나타나지 않고 항상 우측에만 나타난다. 우측에만 나타나는 단어들 중에서 '기차를, 날을'의 경우는 의미상 주어로 볼 수 있다.

이제 평균과 표준편차를 이용하여 공기 단어의 고정성을 살펴본다. 통계적 유의미성이 있는 121개의 단어 중에서 14개 단어는 항상 좌측 첫 번째 자리에만 나타난다. 이 단어들은 대부분 이번 조사 자료에서 5회 이하의 저빈도 단어로서 통계적으로 완전히 신뢰하기는 힘들다. 여기에 해당하는 단어는 '이북을, 야유회를, 2차를, 산보를, 학교엘, 곳엘, 징용을, 사냥을, 시장엘'이 있다. 그러나 '귀양을, 면회를, 저자를, 이민을'은 6회 이상 빈도를 갖는 단어로 통계적 유의미성을 신뢰할 수 있는 것들로 항상 좌측 첫 번째 자리에만 '가다'의 목적어로 나타나는 단어들이다. 표준편차가 1 이하인 단어들은 총

45개이고 이들 대부분은 좌측 첫 번째 자리가 다른 자리에 비해 빈도가 가장 높은 것들이다. 목적격조사 결합형 단어 전체와 통계적 유의미성이 있은 단어를 대상으로 각 자리별 분포를 보이면 다음과 같다.

[표 3-37] 동사 '가다'와 유의미 공기하는 목적격조사 결합형 단어 자리별 분포

	좌3	좌2	좌1	우1	우2	우3
목적격 전체	890	957	1,040	1,006	807	697
통계 유의미	126	260	644	208	115	92

[표 3-37]에서 '목적격 전체' 항목은 통계적 유의미성을 고려하지 않은 목적격조사 결합형 단어 전체의 자리별 분포를 보인 것이고 '통계 유의미' 항목은 통계적 유의미성이 있는 목적격조사 결합형 단어들의 자리별 분포를 보인 것이다. 통계적 유의미성을 고려하지 않았을 때에도 좌측 첫 번째 자리의 빈도가 가장 높지만 그 밖의 자리의 빈도도 큰 차이가 나지 않는다. 그런데 통계적 유의미성이 있는 단어들만을 대상으로 했을 경우에는 전체를 고려했을 때보다 상대적으로 좌측 첫 번째 자리의 고정성이 크다. 그러나 앞에서 설명한 동사 '하다'와 비교해 보면 [표 3-29]에서 보인 바와 같이 동사 '하다'는 좌측 첫 번째 자리에 나타나는 빈도가 68%로 고정성이 높게 나타나는데 비해 동사 '가다'는 고정성이 낮다. 이런 특징은 동사의 특성상 '하다'의 경우 목적격조사를 통한 논항 표현이 강하고 자리도 고정되어 있는 반면에 동사 '가다'는 그런 특징이 적다고 볼 수 있다.

문형사전에서 동사 '가다'의 문형 중에서 목적격조사를 통해 논항이 실현되는 경우는 8개가 있다. [표 3-36]에 나타난 단어를 중심으로 목적격조사가 쓰이는 문형의 분포에 대해서 살펴본다. [표 3-36]

에서 '시집을, 장가를'은 숙어 표현이다. '(한 곳에서 다른 곳으로) 옮겨 움직이다'의 의미로 쓰인 문형 '①이 ②를 가다: [제약] ① 유정명사 ② 장소명사'에 해당하는 단어는 '저자를' 하나 밖에 보이지 않는다. '일을 보기 위해 일정한 장소로 움직이다'의 의미로 쓰인 문형 '① 이 ②를 가다: [제약] ① 사람명사 ② 학교, 교회, 회사, …'에 해당하는 단어는 '학교를'이 있다. 다음으로 '어떤 일을 하려고 있던 곳을 떠나 움직이다'의 의미로 쓰인 문형 '①이 ②로 ③을 가다: [제약] ① 사람명사 ② 장소명사 ③ 휴가, 구경, 일, 이사, …'에 해당하는 단어 는 '이사를, 도망을, 여행을, 유학을, 이민을' 등이 있고, 이 문형에 해당하는 단어가 가장 많이 분포한다.

그리고 [표 3−36]을 보면 동사 '가다'와 직접적인 관련이 없다고 판단되는 단어들이 많이 분포한다. 예를 들어 '열차를, 차를' 등이 있다. 이 단어들은 의미상 주어의 역할을 한다고 볼 수 있고, 표에서 는 안 보이지만 '밥을, 공부를' 등은 '가다'와 직접적인 논항관계가 아니다. 그런데 이렇게 동사 '가다'의 직접적인 논항관계로 보기 힘 든 단어가 자료에서 많이 나타난다. 통계적 유의미성이 있는 단어 상위 100개 중에서 39개가 직접적인 논항관계가 아닌 것으로 나타났 다. 여기에 해당하는 단어는 '가방을, 난을, 줄을' 등이 있는데 이들 단어는 다른 서술어의 목적어로 볼 수 있고, 이 서술어들이 '가다' 동 사의 부사어 역할을 한다. 예를 들어 '줄을 서러 갔다'의 경우 '줄을' 은 '서다'의 목적어이고 '줄을 서러'가 '가다'의 부사어 역할을 한다.

2) 주격조사 결합 명사

동사 '가다'와 공기하는 주격조사(JKS) 결합 명사는 검색공간에서 총 1,663개가 나온다. 이중에서 t-score가 1.96이상인 것은 53개이고 1.64 이상인 것은 77개이다. 여기서는 77개의 통계적 유의미성이 있는 공 기 단어들을 중심으로 논의한다.

　문형사전에서 동사 '가다'의 주어자리에는 유정명사와 사람이 가장 많이 분포하지만, 비교적 다양하게 분포를 보인다. 여기에는 시간명사, 추상명사 등과 '길, 계단, 손, 마음' 등처럼 구체적 의미제약을 갖는 것들이 있다. 실제 자료에 나타난 양상을 통해 어떤 것들이 동사 '가다'와 유의미한 공기관계를 갖는지 분석한다. 다음은 통계적 유의미 순서로 상위 30개의 주격조사 결합 명사를 보인 것이다.

[표 3-38] 동사 '가다'와 공기하는 주격조사 결합형 명사 – 통계 유의미 순서

어 절	전체 빈도	공기 빈도	좌합	우합	자리값평균	표준편차	t-score
날이	552	82	72	10	−0.841	1.036	8.145
이해가	217	66	66	0	−1.196	0.400	7.725
곳이	536	69	3	66	1.057	0.889	7.343
짐작이	59	45	44	1	−1	0.369	6.576
내가	5,851	162	123	39	−0.944	1.832	5.869
길이	560	48	8	40	0.875	1.658	5.722
시간이	1,019	56	44	12	−0.678	1.596	5.451
납득이	27	25	25	0	−1.200	0.408	4.919
금이	34	23	22	1	−0.826	0.834	4.690
적이	1,285	50	1	49	1.180	0.849	4.359
데가	272	26	0	26	1.423	0.702	4.303
세월이	188	23	15	8	−0.043	1.718	4.210
손이	237	24	24	0	−1.583	0.503	4.177
수긍이	17	17	17	0	−1	0	4.061
아이들이	694	32	12	20	0.312	2.176	3.826
혼자서	161	19	19	0	−1.684	0.749	3.807
아버지가	658	31	18	13	−0.387	2.170	3.804
어머니께서	134	18	13	5	−0.888	2.054	3.771
해가	363	22	19	3	−0.863	1.245	3.535
여름이	34	12	7	5	−0.166	2.124	3.317

의심이	54	12	12	0	−1	0	3.231
넋들이	2	10	6	4	−0.200	2.440	3.152
공감이	10	10	10	0	−1	0	3.115
호감이	10	10	10	0	−1.100	0.316	3.115
누나가	67	11	10	1	−1.545	1.752	3.015
믿음이	77	11	10	1	−0.727	1.272	2.970
상상이	33	9	9	0	−1.111	0.333	2.835
부담이	112	11	10	1	−1.454	1.368	2.812
엄마가	381	17	10	7	−0.529	2.321	2.744
어머니께서는	36	8	5	3	−0.750	2.3145	2.638

앞에서 언급한 바와 같이 사람이나 유정명사는 '가다'의 비교적 다양한 의미에 해당하는 문형에서 나타난다. 그리고 여기에 해당하는 단어가 가장 많이 나타난다. 다음으로 '가다'의 '(누구에게) 어떠한 감정이나 생각이 미치다'로 쓰이는 의미에 해당하는 단어들이 많이 나타난다. 여기에 해당하는 단어로는 '짐작이, 납득이, 수긍이, 의심이, 공감이' 등이 있는데 통계적 유의미성이 큰 단어에 사람이 주어가 되는 빈도만큼 많이 쓰인다. 다음으로 '(시간이) 흐르다, 지나다'의 의미로 쓰이는 시간관련 단어들이 주어로 많이 쓰인다. 이와 같이 특정 범주의 주어 유형을 통해서 '가다'의 자동적 다의성 구분에 활용할 수 있다. 그렇지만 문형사전에 나타나는 '가다'의 32개에 이르는 다양한 의미를 모두 주격조사 결합형을 통해 알 수는 없지만 특정한 범주라도 정확히 처리가 가능하다면 작업의 양을 줄이고 효율성을 높이는데 큰 기여를 할 수 있다.

[표 3-39] 동사 '가다'의 주격조사 결합형 명사 공기 단어 자리별 분포

좌3	좌2	좌1	우1	우2	우3
698	841	815	802	527	484

[표 3-39]에서 동사 '가다'와 통계적으로 유의미하게 공기하는 주격조사 결합형 명사의 자리별 분포를 보면 전반적으로 비교적 고르게 분포함을 알 수 있다. 같은 조건의 목적격조사 결합형을 보인 [표 3-37]에 비해 자리별로 출현 빈도의 차이가 크지 않음을 알 수 있다.

3) 부사격조사 결합 명사

검색공간에서 동사 '가다'와 공기하는 부사격조사 결합 명사는 총 4,709개이다. 이중에서 t-score 1.96이상인 것은 204개이고 1.64이상인 것은 360개이다. 앞에서 다룬 목적격조사 결합형 명사와 주격조사 결합형 명사 공기 단어들 중에서 통계적 유의미성이 있는 단어의 수가 각 조사결합형 전체 빈도수의 약 4.7%인 것에 비해 부사격조사 결합 명사의 통계적 유의미 단어의 비율은 7.6%로 비교적 더 많은 비율의 통계적 유의미 단어가 나타난다. 현저한 차이는 아니지만 부사격조사 결합형 명사의 유의미한 공기관계가 다른 조사 결합형 단어에 비해 유의미 공기성이 높다고 할 수 있다.

문형사전을 보면 부사격조사는 대부분 '-로/으로, -에'가 나온다. 즉 기본적으로 이동의 의미를 갖는 동사 '가다'의 특성 때문에 방향 또는 지향점을 나타내기 위해 '-로/으로, -에'가 주로 쓰이는데 이들 조사와 결합하여 쓰이는 명사에 대해 분석한다.

[표 3-40] 동사 '가다'와 공기하는 부사격조사 결합형 명사 – 통계적 유의미순

어 절	전체 빈도	공기 빈도	좌 합	우 합	평 균	표준편차	t-score
집에	1,364	260	237	23	−0.926	1.128	14.862
어디로	281	195	190	5	−1.020	0.536	13.664
학교에	505	145	141	4	−1.020	0.758	11.415
집으로	822	142	131	11	−0.922	1.031	10.886
쪽으로	789	107	100	7	−0.953	1.102	9.206
곳으로	389	76	71	5	−1.065	0.853	8.052

병원에	188	61	61	0	−1.196	0.476	7.451
서울로	280	55	53	2	−1.254	0.843	6.852
학교로	128	44	40	4	−0.840	0.913	6.345
그곳에	209	43	36	7	−0.697	1.165	6.081
화장실에	78	37	36	1	−1.081	0.595	5.891
곳에	784	55	46	9	−0.727	1.366	5.838
길로	239	40	29	11	−0.375	1.563	5.763
산에	153	37	34	3	−0.918	1.115	5.703
데로	108	35	27	8	−0.628	1.214	5.643
길에	262	38	0	38	1.184	0.392	5.530
밭에	67	31	27	4	−1.129	1.477	5.388
대학에	271	36	34	2	−1.083	0.874	5.326
미국으로	119	31	30	1	−1.290	0.972	5.248
시장에	197	31	30	1	−0.967	0.795	5.039
서울에	286	33	31	2	−1.033	0.983	5.001
군대에	48	26	26	0	−1.038	0.196	4.958
고향에	135	28	27	1	−0.892	0.785	4.910
앞으로	1,527	60	51	9	−0.716	1.151	4.804
미국에	178	28	28	0	−1.250	0.585	4.789
병원으로	104	25	25	0	−1.400	0.577	4.689
곁으로	111	24	24	0	−1.041	0.204	4.560
일본에	211	26	26	0	−1.153	0.367	4.481
아침에	388	29	19	10	−0.793	1.896	4.310
장에	49	19	19	0	−1.105	0.315	4.191

　　부사격조사 결합형만으로는 정확히 어떤 의미에 해당하는 문형인지 알기는 어렵다. 그 이유는 첫째로 주어가 어떤 종류의 것인지 동시에 고려해야 되고, 둘째로 동일한 명사가 조사가 다르게 결합한 경우라도 같은 역할의 논항이 될 수 있기 때문이다.

[표 3-40]에서 보이는 단어들은 대부분 장소와 관련된 것들인데 '아침에'는 시간과 관련이 있다. 이 단어는 '가다' 동사의 논항이라기 보다는 일반 부사처럼 쓰인 것으로 볼 수 있다. 그런데 동일한 명사가 다른 부사격조사와 결합하고, 이 중에서 어떤 것이 더 많이 쓰이는지에 대한 양상은 명시적으로 알 수 있다(예: 집, 학교, 병원 등). 부사격조사와 결합한 명사들의 자리별 분포를 보면 다음 표와 같이 좌측 첫 번째에 나타나는 특징이 크다. 목적격조사 결합 명사 자리분포와 주격조사 결합 명사 자리 분포에 비해 고정성이 크게 나타난다.

[표 3-41] 동사 '가다'의 부사격조사 결합형 명사 공기 단어 자리별 분포

좌3	좌2	좌1	우1	우2	우3
1,027	1,608	4,936	806	785	713

[표 3-41]과 앞에서 보인 [표 3-37]과 [표 3-39]를 비교해 보면 부사격조사 결합형 명사의 출현빈도가 전체적으로 높고 좌측 첫 번째 자리의 고정성이 더 크다는 것을 알 수 있다. 문형구조상 목적격조사 결합형과 부사격조사 결합형이 동시에 나오기는 힘들다는 점을 고려한다면 동사 '가다'의 논항은 부사격조사에 의해 가장 두드러지게 나타나는 점을 명시적으로 볼 수 있다.

4) 의존명사

동사 '가다'와 공기하는 단어들 중에서 의존명사가 있는 모든 것들을 대상으로 통계적 유의미성이 있는 공기관계를 분석한다. 의존명사의 성질에 따라 '가다'와 공기하는 특성이 다르다. 예를 들어 의존명사 '수'의 경우는 항상 용언 활용형의 수식만 받지만, 의존명사 '쪽'의 경우는 관형사, 용언 관형 활용형, 명사 수식이 모두 가능하다. 이런 특성을 고려하여 의존명사와 '가다'의 공기관계를 분석한다. 다음은 동사 '가다'와 공기하는 의존명사 포함 단어들 중에서 통계적 유의미성 순서로 상위 30개를 보인 것이다.

[표 3-42] 동사 '가다'와 공기하는 의존명사 – 통계적 유의미 순서

어 절	전체 빈도	공기 빈도	좌 합	우 합	자리평균	표준편차	t-score
쪽으로	789	107	100	7	−0.953	1.102	9.206
한번	1,583	73	57	16	−0.739	1.572	5.779
데로	108	35	27	8	−0.628	1.214	5.643
번	1,743	61	47	14	−0.737	1.948	4.480
적이	1,285	50	1	49	1.180	0.849	4.359
데가	272	26	0	26	1.423	0.702	4.303
데까지	71	20	12	8	−0.200	1.321	4.235
테니	138	19	11	8	−0.631	2.087	3.886
대로	1,244	41	10	31	0.609	1.563	3.504
그쪽으로	54	12	11	1	−0.916	1.311	3.231
데	3,770	86	50	36	−0.209	1.431	3.208
줄	1,481	43	5	38	0.860	1.489	3.187
김에	113	13	1	12	0.846	1.281	3.137
데를	63	11	4	7	0.454	1.967	3.033
델	26	9	9	0	−1.222	0.666	2.870
저쪽으로	33	9	9	0	−1.222	0.440	2.835
거	427	18	5	13	0.833	2.202	2.740
것이었다.	3,127	69	0	69	1.681	0.813	2.689
거라고	127	10	0	10	1.300	0.674	2.563
놈이	216	12	9	3	−1.500	1.678	2.533
거야?"	57	8	0	8	1	0	2.527
줄을	236	12	2	10	0.833	1.749	2.447
데도	249	12	5	7	−0.250	1.658	2.391
한번도	168	10	10	0	−1.400	0.516	2.369
것인지	283	12	2	10	0.750	1.712	2.245

바람에	424	15	3	12	0.933	2.086	2.239
온데	5	5	5	0	−1	0	2.202
데마다	7	5	0	5	1	0	2.189
것일까,	15	5	1	4	1.600	1.67332	2.135
리도	18	5	4	1	−1	2.236068	2.115

동사 '가다'와 공기하는 의존명사 포함 어절은 총 1,332개이다. 이 중에서 t-score가 1.96이상인 것은 33개이고 1.64이상인 것은 51개이다. 51개의 통계적 유의미성이 있는 단어들 중에서 9개는 동사 '가다'의 좌측에서만 쓰인다. 여기에는 '델, 저쪽으로, 한번도, 온데, 2차, 쪽에, 십리, 2차를, 아래쪽으로'가 있는데, 이중에서 '온데'는 숙어표현 '온데 간데 없이' 때문에 나타난 것이다. 이와는 반대로 '가다'의 우측에만 나타나는 것은 문장 종결형으로 나타나는 의존명사 '것'이 포함된 것들과 의존명사 '줄'이 있고, 장소 의미인 '데'가 주격조사와 함께 쓰인 '데가'는 통사적 특성상 우측에만 나타난다. 의존명사 '데'의 경우 목적격조사 결합의 축약형 '델'이 왼쪽에만 나오는 것과 대조적이다. 그렇지만 목적격조사 결합형의 경우 '데를'은 오히려 우측에 더 많이 나타난다.

이런 차이는 본고에서 사용한 자료의 특성상 구어가 적고 문어가 많이 나타나며 특정 장르의 글의 영향으로 볼 수 있고 일반적 특성이라고 보기 힘들다. 그리고 조사가 결합하지 않은 의존명사 '데'의 경우는 동사 '가다'의 좌우측 모두 비교적 높은 빈도로 출현한다. 이 특징은 조사가 생략되더라도 통사적 구조에 의해 그 뜻을 구별할 수 있기 때문인데, 이런 현상은 자동적 자연언어 처리 분야에서 통사 구문 분석이 필요한 이유가 된다.

[표 3-42]를 보면 통계적 유의미성이 높은 단어들은 주로 장소와 관련된 의존명사 '데', 방향의 '쪽', 시간의 '적', 일반적으로 널리 쓰

이는 '것', 단위의 '번, 리', 이유의 '바람' 등의 여러 굴절형들과 유의미한 공기관계를 보인다. 그런데 유의해야 할 점은 이런 유의미 공기관계 구성이 해당 어휘의 모든 굴절형과 이루어지는 것이 아니므로 특정 굴절형의 쓰임과 출현 방향을 반드시 고려해야 한다. 예를 들어 단위성 의존명사 '리'는 보조사 '도'와 결합하여 '가다'의 좌측 두 번째 자리에만 주로 나타나고, 이 경우가 의존명사 '리'의 다른 굴절형에 비해 통계적 유의미성이 특히 높다. 즉 거리의 단위인 '리'는 동사 '가다'와 다양한 굴절형으로 공기할 수 있지만, 보조사 결합형 '리도'는 항상 좌측 두 번째 자리에만 나타나고 이 경우 통계적 유의미성을 아주 높게 갖는다.

5) 부사수식

부사의 동사 수식은 항상 선행하여 나타난다. 이 점을 고려하여 동사 '가다'의 좌측에 공기하는 일반부사를 대상으로 어떤 단어들이 분포하는지 분석한다. 다음은 동사 '가다'를 수식하는 일반부사를 공기관계의 통계적 유의미 순서로 상위 30개를 보인 것이다.

[표 3-43] 동사 '가다'와 공기하는 부사 – 통계적 유의미 순서

어 절	전체 빈도	공기 빈도	좌 합	우 합	자리값 평균	표준편차	t-score
안	5,250	315	246	69	−0.558	1.477	13.334
못	2,913	234	190	44	−0.551	1.374	12.455
같이	2,915	176	153	23	−0.903	1.371	9.988
가까이	560	88	85	3	−0.988	0.634	8.490
함께	5,216	189	163	26	−1.026	1.534	8.086
어서	479	69	64	5	−1.246	0.945	7.446
멀리	569	57	52	5	−1.105	1.291	6.425
그냥	1,266	72	60	12	−0.875	1.564	6.259
빨리	897	59	54	5	−1.118	1.287	5.938

먼저	2,365	88	77	11	−0.920	1.366	5.619
좀	2,662	92	55	37	−0.315	2.016	5.450
그만	785	44	35	9	−0.840	1.539	4.867
다시	7,152	170	92	78	−0.217	2.062	4.854
다	4,313	116	78	38	−0.379	1.985	4.795
오래	810	41	37	4	−0.926	0.984	4.515
곧장	170	21	19	2	−1.571	1.398	4.029
꼭	1,613	53	36	17	−0.415	1.905	3.974
얼른	535	29	26	3	−1.344	1.316	3.902
그리로	49	15	15	0	−1.133	0.351	3.684
혼자	199	19	11	8	−0.315	2.187	3.677

검색공간에서 동사 '가다'를 수식하는 일반부사는 총 537개이다. 이 중에서 t-score가 1.96이상은 48개이고, 1.64이상은 68개이다. 일반부사 범주는 통계적 유의미성을 갖는 단어의 비율이 12%로 다른 문법범주들이 대체로 4% 정도 유의미성을 갖는 것에 비해서 높게 나타난다. 최상위 통계 유의미성이 있는 공기 단어에 부정의 '안, 못'이 나타나는 것은 매우 흥미로운 것으로 부정 부사가 특정 어휘와 특별한 공기관계를 갖는다고 볼 수 있다.

[표 3-44] 동사 '가다' 수식 부사 – 자리별 분포

좌3	좌2	좌1
740	1,111	1,653

[표 3-44]를 보면 동사 '가다'를 수식하는 일반부사의 자리별 분포는 좌측 첫 번째에 빈도가 가장 높게 나오긴 하지만 좌측 두 번째, 세 번째 자리와의 차이가 아주 크지는 않다.

부정부사의 경우 앞의 [표 3-43]을 보면 단형 부정 형태 '안, 못'

이 가장 유의미한 공기관계를 갖는 단어로 나타난다. 그런데 장형 부정에 해당하는 '않다, 못하다'는 여러 활용형이 있으므로 특정 활용형 중에서 동사 '가다'와 유의미한 공기를 갖는 장형 부정어의 경우는 '않고도, 않는다는, 않았으면, 못하고, 않을래?'만 나타난다. 그렇지만 부정 부사의 유의미성이 t-score가 12 이상인 것에 비하면 매우 큰 차이가 나는 2 정도이다. 동사 '가다'의 장형 부정형이 여러 형태로 활용을 하기 때문에 기본형을 고려해서 통계 유의미성을 분석하면 t-score가 9.07로 매우 높아진다. 그러나 단형 부정에 비해서는 그 유의미성이 차이가 난다. 부정 부사가 유의미성이 높게 나타나는 것은 동사 '하다'에서도 보인 특징이다.

[표 3-44]에서 제시한 부사들 중에서 '동반'의 의미를 갖는 '같이'와[68] '함께'를 보면, 전체 빈도는 '함께'가 높지만 유의미성은 '같이'가 더 크다. 그리고 '재촉'의 의미로 쓰이는 부사 '어서, 빨리, 얼른' 중에서는 '어서'가 유의미성이 가장 크다.

6) 연접범주관계

여기서는 동사 '가다'와 공기하는 단어들의 문법범주만을 분석한다. 좌측과 우측을 구분하여 그 특성을 본다. 다음은 동사 '가다'의 좌측에 나타나는 문법범주를 좌측 총합의 빈도 순서로 상위 20개를 보인 것이다.

[표 3-45] 동사 '가다' 좌측 연접문법범주 – 좌측합 빈도 순서

문법범주	총합	좌합	좌1	좌2	좌3
VV+EC	7,555	4,810	2,238	1,411	1,161
NNG+JKB	5,880	4,534	3,048	907	579
MAG	5,211	3,504	1,653	1,111	740

---

68) 부사 '같이'는 '동반'의 의미 외에 '어떤 상황이나 행동 따위와 다름이 없이'의 의미도 있으나, 동사 '가다'를 수식할 경우는 주로 '동반'의 의미로 쓰인다.

NNG	4,509	2,698	593	1,150	955
NNG+JKO	3,984	2,072	678	729	665
NNG+JKS	2,570	1,458	612	455	391
NNG+JX	2,301	1,241	342	472	427
NNP+JKB	1,063	954	701	170	83
MM	1,528	787	9	349	429
VV+ETM	2,316	744	6	318	420
NNP	875	591	138	286	167
NP+JX	727	501	65	231	205
NP	584	444	214	126	104
VA+ETM	1,081	424	2	212	210
VA+EC	914	424	81	193	150
MAJ	575	423	35	185	203
NP+JKB	521	418	288	80	50
VX+EC	973	361	85	156	120
NNG+JKG	754	347	10	148	189
NNG+JKB+JX	511	337	128	135	74

좌측에 나타나는 문법범주를 보면 동사의 연결어미 결합형(VV+EC)이 가장 많이 나타나고 좌측 첫 번째 자리에서 빈도가 제일 크다. 다음으로 일반명사의 부사격조사 결합형(NNG+JKB)이 많이 나오는데 앞에서 설명한 동사 '하다'의 경우 목적격조사 결합형 일반명사(NNG+JKO)가 가장 많이 나오는 것과 비교가 된다. 그리고 부사격조사 결합형의 자리별 분포에서도 좌측 첫 번째 자리에 가장 많이 분포한다. 다른 격조사 결합형 일반명사는 목적격조사(JKO) 결합형, 주격조사(JKS) 결합형, 보조사(JKX) 결합형 순서로 많이 쓰이는데 부사격조사 결합형이 좌측 첫 번째 자리에 가장 많이 나타나는 것에 비하여 좌측 자리별로 빈도의 차이가 적고 보조사 결합형의 경우는 첫 번째

자리에서 오히려 빈도가 가장 낮다. 이런 현상은 동사 '가다'의 문형 특징상 부사격조사 '로/으로, 에'가 주요 논항으로서 '가다'와 인접하여 쓰이는 현상 때문으로 볼 수 있다.

좌측 첫 번째 자리 고정성을 고려해 보면 일반명사(NNG), 고유명사(NNP), 의존명사(NNB)의 부사격조사 결합형이 좌측 첫 번째 자리에 나타나는 경향이 두드러진다. 고유명사의 경우 대부분 지명이 쓰여 '가다'의 의미적 특성상 문형에서 목적지를 나타내는 논항 역할을 한다고 볼 수 있다. 일반명사와 의존명사의 부사격조사 결합형도 같은 맥락에서 좌측 첫 번째 자리의 빈도가 다른 자리에 비해 높게 나타난다.

다음은 동사 '가다'의 우측에 나타나는 문법범주를 우측 총합 빈도 순서로 상위 20개를 보인 것이다.

[표 3-46] 동사 '가다' 우측 문법범주 – 우측합 빈도 순서

문법범주	총합	우합	우1	우2	우3
VV+EC	7,555	2,745	624	1,066	1,055
NNG+JKO	3,984	1,912	746	639	527
NNG	4,509	1,811	764	569	478
MAG	5,211	1,707	525	661	521
VV+ETM	2,316	1,572	411	635	526
NNG+JKB	5,880	1,346	430	473	443
NNG+JKS	2,570	1,112	468	336	308
NNG+JX	2,301	1,060	513	291	256
VV+EP+EF+SF	746	746	237	276	233
MM	1,528	741	261	261	219
VA+ETM	1,081	657	200	273	184
VX+ETM	750	622	417	80	125
VX+EC	973	612	439	74	99

NNB	888	605	348	113	144
VA+EC	914	490	130	206	154
VV+EF+SF	459	459	96	212	151
NNG+JKG	754	407	158	137	112
VX+EP+EF+SF	357	357	212	56	89
VX+EF+SF	327	327	189	60	78
NNB+JX	451	315	198	50	67

우측 자리에서도 동사와 연결어미 결합형(VV+EC)의 빈도가 가장 높지만 좌측에서는 좌측 첫 번째 자리의 빈도가 가장 높게 나온 것에 비해서 우측에서는 오히려 우측 두, 세 번째 자리의 빈도가 우측 첫 번째 자리보다 빈도가 높다. 그리고 우측 자리에서는 좌측과 달리 목적격조사(JKO) 결합형 일반명사의 빈도가 부사격조사(JKB) 결합형 일반명사 빈도보다 높게 나타난다.

자리별 분포를 보면 조사결합형 명사가 우측에서는 특정 자리의 빈도가 특이하게 높게 나타나지 않고 비교적 고르게 분포하는 특성이 있다. 그렇지만 보조사(JX) 결합형의 경우는 우측 첫 번째 자리의 빈도가 비교적 높게 나오는데, 이것은 다른 조사결합형과 좌측의 보조사 결합형과도 다른 특성이다.

3. 형용사

본고에서 이용하는 자료인 '550만 형태 분석 말뭉치'에서 형용사는 총 4,855개의 종류가 총 318,013회 출현한다. 여기에는 명사에 형용사파생접사가 결합하여 쓰인 형태가 포함된다. 이 중에서 고빈도

500등까지 해당되는 형용사가 전체 형용사 빈도의 약 85% 정도가 쓰인다. 본고에서는 상위 고빈도 형용사 중에서 14번째 고빈도 단어 '높다'와 18번째로 고빈도 단어인 '길다'를 이용하여 논의한다. 형용사 '높다'는 총 2,837회가 쓰였다. 그리고 형용사 '길다'는 총 1,945회가 쓰였다. 이 두 형용사를 바탕으로 인접 공기 단어들을 통하여 해당 형용사의 특징을 분석해 보고자 한다.

언어학적 분석을 위해서 이 형용사들이 갖는 기본 문형상의 특징과 여러 의미별 논항관계를 바탕으로 분석한다. 이를 위해서 여기에서도 문형사전을 이용한다. 인접하는 단어들만을 대상으로 하는 이 연구에서 어떤 용언의 문형 전체를 연구하기는 힘들지만, 좌우 3어절 이내에도 많은 논항 관계를 갖는 단어가 포함되어 있으므로 의미 있는 연구가 될 수 있다.

3.1 공기관계 추출

형용사도 동사처럼 절을 구성하는 핵심으로 논항을 갖게 된다. 형용사는 목적어 논항을 갖지 않지만 주어 논항은 갖는다. 그리고 이중 주어문을 갖는 경우가 많다. 단어만을 대상으로 하는 이 연구에서 전체 문형을 고려하여 이중 주어문의 구조를 분석할 수는 없지만 특정 문형의 주어자리 의미제약 특성을 이용한다면 일부 문형에 나타나는 논항의 특성을 밝힐 수 있다. 여기서는 각 형용사의 특징을 고려하여 주어 논항 관계와 수식 및 기타 공기관계에 대해 추출 분석한다.

(1) 형용사 '높다'

형용사 '높다'는 550만 형태분석 말뭉치에서 총 2,837회 출현한다.

검색공간은 좌우 각 3어절씩 보아서 크기는 17,022어절 규모이다. 이 검색공간에 형용사 '높다'와 공기하는 단어들을 출현 빈도 순서로 상위 단어 일부 예를 보인 것이다.

[표 3-47] 형용사 '높다'와 공기하는 단어 – 공기 빈도 순서

순 위	어 절	분 석	전체 빈도	공기 빈도
1	가능성이	가능성 / NNG＋이 / JKS	609	139
2	가장	가장 / MAG	5,039	137
3	대한	대하 / VV＋ㄴ / ETM	11,666	115
4	더	더 / MAG	7,914	112
5	그	그 / MM	39,980	98

형용사 '높다'와 공기하는 단어들을 대상으로 통계 검증을 통해 유의미한 공기관계를 추출하고 그 특성을 분석한다. 앞에서 다룬 동사들에 비해 빈도가 낮은 형용사의 유의미 공기관계를 추출하기 위한 적정 통계식 적용이 중요하다. 여기서도 기본적으로 t-test를 이용하였지만 공기 빈도가 4이하인 것들은 제외하고 분석하였다.

형용사 '높다'와 검색공간에서 5회 이상 공기하는 단어는 총 352개이고 4,325회의 빈도를 보인다. 검색공간의 크기가 17,022어절 크기인데 공기 빈도가 5회 이상인 단어의 출현빈도가 검색 공간 크기의 1/4 정도만 나타난다. 즉 3/4은 빈도가 낮은 단어들이 형용사 '높다'와 다양하게 공기한다는 것이다. 2장에서 설명한 바와 같이 저빈도 공기 현상에 대해선 어떤 통계식도 신뢰하기 힘들다. 통계식별로 약간의 차이가 있지만 신뢰도가 낮은 것은 마찬가지다. 따라서 통계식을 신뢰할 수 있게 적용하기 위해서 빈도수 5 이상의 단어만을 대상으로 하였다.

다음은 빈도수 5 이상의 단어 352개에 대해서 t-test를 적용하여 통

계적 유의미 순서로 상위 단어 일부 예를 자리별 분포와 함께 보인
것이다.

[표 3-48] 형용사 '높다' 공기 단어 자리별 분포 – 통계적 유의미 순서

어절	좌3	좌2	좌1	우1	우2	우3	좌합	우합	자리값 평균	표준편차
가능성이	0	14	121	3	0	1	135	4	−1.028	0.550
가장	8	22	101	2	1	3	131	6	−1.138	0.925
더	3	4	90	4	9	2	97	15	−0.705	1.103
대한	46	47	9	0	5	8	102	13	−1.800	1.702
관심이	0	9	37	0	1	1	46	2	−1.041	0.849

통계적 유의미성을 고려하여 본 공기 단어의 분포를 보면 주로
'높다'의 논항에 해당하는 것들과 부사들이 나온다. 이 자료를 바탕
으로 각 문법적 특성을 기준으로 3.2.(1)에서 분석한다.

다음은 형용사 '높다'와 공기하는 단어들의 문법범주의 출현 양상
을 보인 것이다.

[표 3-49] 형용사 '높다'와 공기하는 문법범주 – 총합 빈도 순서

문법 범주	좌1	좌2	좌3	우1	우2	우3	좌합	우합	총합
NNG+JKO	24	44	105	299	138	109	173	546	719
NNG	259	294	327	286	185	178	880	649	1,529
NNG+JKB	113	199	214	267	145	115	526	527	1,053
NNG+JKS	865	217	101	101	79	100	1,183	280	1,463
NNG+JKG	65	145	102	94	60	83	312	237	549

[표 3-49]를 보면 일반명사의 조사결합형 어절이 상위빈도에 많
이 나타난다. 그런데 조사의 종류에 따라 자리별 분포에 차이가 있

다. 문법범주의 출현 양상을 좌측과 우측으로 나누어 3.2.(1)에서 그 특성을 논하겠다.

(2) 형용사 '길다'

형용사 '길다'는 550만 형태분석 말뭉치에서 총 1,945회 출현한다. 검색공간은 좌우 인접 각 3어절로 11,670어절 규모이다. 다음은 이 검색공간에서 '길다'와 공기하는 단어들을 공기 빈도 순서로 상위 단어 일부 예를 보인 것이다.

[표 3-50] 형용사 '길다'와 공기하는 단어 – 공기 빈도 순서

순 위	어 절	분 석	전체 빈도	공기 빈도
1	그	그 / MM	39,980	101
2	더	더 / MAG	7,914	58
3	시간이	시간 / NNG＋이 / JKS	1,019	43
4	긴	길 / VA＋ㄴ / ETM	879	41
5	너무	너무 / MAG	2,567	33

형용사 '길다'와 공기하는 단어와의 유의미성 검증도 t-test를 이용하였다. 통계식 적용의 신뢰성 확보를 위해 공기 빈도가 5 이상이 것만을 대상으로 t-test를 하였다. 총 6,376개의 공기 단어 중에서 빈도가 5 이상인 단어는 231개이다. 이 231개의 단어들의 빈도 합은 2,409이고 공기하는 단어의 빈도 총합은 9,991이다. 빈도 5 이상의 단어가 전체 공기 단어 빈도의 약 24% 정도로 형용사 '높다'와 비슷한 양상을 보인다. 엄밀한 통계 적용을 위해 공기 빈도가 5회 이상인 231개의 단어를 대상으로 형용사 '길다'의 공기관계를 분석한다.

다음은 통계 검증을 통해 유의미성 순서로 공기 단어를 상위 단어 일부 예를 자리별로 보인 것이다.

[표 3-51] 형용사 '길다' 공기 단어 자리별 분포 – 통계적 유의미 순서

어 절	좌3	좌2	좌	우	우2	우3	좌합	우합	자리값 평균	표준편차
시간이	3	7	22	7	2	2	32	11	−0.651	1.478
긴	2	1	2	33	1	2	5	36	0.756	1.178
길고	1	0	31	0	0	0	32	0	−1.062	0.353
더	0	2	51	0	2	3	53	5	−0.724	1.056
짧은	5	5	0	4	9	7	10	20	0.600	2.328

[표 3-51]을 보면 형용사 '길다'와 가장 통계적 유의미성이 있는 단어는 '시간이'이다. 형용사 '길다'의 논항이 유의미성이 높은 목록에 많이 보이고, 부사도 유의미한 공기관계를 갖는 것들이 많이 보인다. 그런데 여기서 병렬구성 몇 개가 '길다'와 통계적 유의미성이 높게 나온다. '길고 긴'은 동일 어휘 반복에 의한 강조적 용법으로 관형형 수식어 형태로 많이 쓰임을 알 수 있는데, '길고'와 '긴'이 각각 좌측 첫 번째 자리와 우측 첫 번째 자리에 출현 빈도가 가장 높은 것을 보면 '길고 긴'이 아주 유의미하게 함께 쓰임을 잘 보여준다.

이와 반면에 '짧은'도 '길다'의 우측에서 아주 유의미한 공기구성을 보임을 알 수 있는데, '길고 짧은'의 형태로 함께 쓰이는 구성이 통계적으로도 아주 유의미한 구성으로 나타난다. 3.2.(2)에서는 각 문법범주별로 '길다'와 유의미하게 공기하는 단어들의 특성을 분석한다.

그리고 다음은 형용사 '길다'와 공기하는 단어들의 연접범주관계를 분석하기 위해 문법범주 출현 양상을 보인 것이다.

[표 3-52] 형용사 '길다'와 공기하는 문법범주 – 총합 빈도 순서

문법범주	좌	좌2	좌3	우	우2	우3	좌합	우합	총합
VV+EC	91	106	113	133	244	173	310	550	860
NNG	44	153	133	159	137	95	330	391	721

NNG+JKO	78	65	65	280	133	84	208	497	705
NNG+JKS	235	125	55	125	77	75	415	277	692
MAG	323	78	81	33	78	90	482	201	683

형용사는 논항이 주로 주어 논항만을 갖는데 [표 3-52]를 보면 목적격조사(JKO)가 결합한 일반명사 어절이 주격조사가 결합한 일반명사 어절보다 더 많이 나타난다. 그런데 이 문법범주들의 자리별 분포를 보면 주격조사 결합형은 좌측에 많이 나타나고 목적격조사 결합형은 우측에 더 많이 나타난다. 의미적으로 형용사 '길다'의 주어 역할을 하는 일반명사들이 좌우측에 모두 나타남을 알 수 있다. 이런 현상에 대해서는 3.2.(2)에서 논하겠다.

3.2 인접 공기관계 분석

여기서는 앞에서 추출한 자료들을 바탕으로 인접 공기 단어들을 이용하여 해당 형용사들의 언어학적 특성을 분석한다.

(1) 형용사 '높다'

문형사전에서 제시한 형용사 '높다'의 문형정보를 기준으로 각 문법범주별로 공기하는 단어들의 분석을 통해 중심어의 특성을 분석한다.

1) 주격조사 결합형

문형사전에서 보면 형용사 '높다'는 7개의 의미로 하위 분류된다. 이중에서 6개의 의미의 문형은 이중주어 문형이다. 따라서 공기하는 단어만을 대상으로 하는 본 연구에서 문형전체의 구조와 여기에 해당하는 논항의 분포 양상을 정확히 파악하기는 쉽지 않다. 그러나 문형사전에 나와 있는 논항의 의미제약 정보를 활용하여 구체적인 의미와 문형을 추정해 본다. 실제로 의미상 논항이라 하더라도 문장에서 반드시 주격조사와 결합하여 나타나는 것이 아니므로 주격조사 결합형 명사 어절 뿐 아니라 다양한 명사 출현 양상도 살펴야할 필요가 있다. 여기서는 주격조사가 결합한 명사의 공기 양상을 분석하고 다음 2)에서 주격조사 결합형 이외의 명사 출현 양상에 대해 분석한다.

다음은 형용사 '높다'와 검색공간에서 공기하는 주격조사 결합형 명사 어절을 통계적 유의미성 순서에 따라 상위 30개를 보인 것이다.

[표 3-53] 형용사 '높다'와 공기하는 주격조사 결합형 포함 어절 – 통계적 유의미 순서

어 절	총빈도	공기 빈도	좌합	우합	지리값 평균	표준편차	t-score
가능성이	609	139	135	4	−1.028	0.550	11.629
관심이	440	48	46	2	1.041	0.849	6.731
수준이	117	34	34	0	−1.147	0.359	5.768
목소리가	298	24	24	0	−1.166	0.481	4.710
인기가	91	22	22	0	−1.181	0.501	4.630
소리가	1407	29	28	1	−0.965	0.823	4.576
비중이	146	21	20	1	−1.333	0.966	4.483
비율이	96	19	19	0	−1.421	0.507	4.290
우려가	187	18	18	0	−1	0	4.106
확률이	36	17	17	0	−1.235	0.437	4.096
가치가	234	18	16	2	−0.777	1.060	4.071
위험이	143	13	13	0	−1.153	0.375	3.482
하늘이	216	13	7	6	0.230	1.690	3.420
온도가	69	11	11	0	−1.18	0.404	3.252
의존도가	20	10	10	0	−1.200	0.421	3.142
지위가	49	10	10	0	−1.600	0.843	3.114
소득이	54	10	9	1	−1.100	1.286	3.109
인식이	161	10	10	0	−1.100	0.316	3.004
습도가	13	9	9	0	−1	0	2.986

빈도가	14	9	8	1	−0.777	0.666	2.985
의식이	261	10	10	0	−1.300	0.483	2.906
생산성이	18	8	8	0	−1.125	0.353	2.808
효과가	284	9	7	2	−0.444	2.068	2.707
이름이	395	9	9	0	−1	0	2.592
불만이	93	7	7	0	−1	0	2.536
임금이	97	7	6	1	−0.857	0.899	2.532
파도가	106	7	6	1	−1	1	2.521
선호도가	10	6	5	1	−0.666	0.816	2.436
개연성이	22	6	5	1	−0.500	1.224	2.421
밀도가	26	6	6	0	−1.166	0.408	2.416

주격조사 결합형 명사 어절은 총 846개이고 이 중에서 통계적으로 유의미하게 공기하는 것은 t-score 1.96이상이 67개, 1.64이상이 86개이다. 그런데 이 중에서 공기 빈도가 5 이상의 단어에만 통계 검증을 하였을 때는 54개의 단어가 유의미하게 나오는데 모두 t-score가 2 이상이다. 대부분이 '높다'의 좌측에 공기하는데 '산이'의 경우는 우측에만 나온다. '높다'와 공기하는 '산이'는 5회 뿐으로 일반적인 언어현상으로 분석하는 데는 무리가 좀 있지만 자료에서 좌측에 한번도 나타나지 않는 것이 특징이다.

이와는 반대로 '높다'의 좌측에만 나타나는 것은 56개나 된다. 통계적 유의미성이 있는 단어 86개 중에서 65%에 해당하는 것이 좌측에만 나타나고 이 중에서 26개는 좌측 첫 번째 자리에만 나타난다. 공기 빈도 5 이상의 통계 유의미 단어들은 54개 단어 중에서 30개 단어가 좌측만 나타나고 이 중에서 9개는 좌측 첫 번째 자리에만 나타난다. 이런 점을 본다면 형용사 '높다'와 공기하는 주격조사 결합형 명사는 방향의 고정성이 매우 높고 위치 고정성도 비교적 높은 즉, 자리 고정성이 높은 양상을 보인다. 좌측 첫 번째 자리에만 나타나는 단어는 '습도가, 불만이, 이름이' 등이 있다.

다음은 문형사전에서 보이는 형용사 '길다'의 의미와 문형이다.

> ①이 ②가 높다②③④⑤⑥⑦
> ①이 높다①

● 〈의미①〉 아래에서 위까지의 길이가 길거나 벌어진 사이가 크다.
> **문형** 문형 ①이 높다 <37.54%>
> **제약** ① 구체명사

● 〈의미②〉 (지위, 신분, 수준, 가치, 정도 등이) 보통을 넘어 있다.
> **문형** ①이 ②가 높다 <34.38%>
> **제약** ① 명사 ② 지위, 신분, 수준, 가치, 정도

● 〈의미③〉 (비율이나 정도를 나타내는 수치가) 보통보다 크다.
> **문형** ①이 ②가 높다 <13.88%>
> **제약** ① 명사 ② 습도, 기온, 열, …

● 〈의미④〉 세상에 널리 알려져 있다.
> **문형** ①이 ②가 높다 <2.84%>
> **제약** ① 명사 ② 이름, 명성, 칭찬, …

● 〈의미⑤〉 (감정이나 의지, 기운이나 성질 등이) 매우 강하다.
> **문형** ①이 ②가 높다 <5.05%>
> **제약** ① 사람명사 ② 애착, 지조, 의지, 기운, 성질

● 〈의미⑥〉 (소리가) 가늘고 날카롭다.
> **문형** ①이 ②가 높다 <3.15%>
> **제약** ① 명사 ② 소리, 음

● 〈의미⑦〉 (어른의) 나이가 많다.

> **문형** ①이 ②가 높다 〈0.63%〉
> **제약** ① 사람명사 ② 연세, 춘추

　문형사전에서 이중주어 문형이 아닌 것만 있는 의미는 (ㄱ) '아래에서 위까지의 길이가 길거나 벌어진 사이가 크다' 뿐이다. 이 의미에 해당하는 문형에서 주어는 구체명사가 오는데 [표 3−53]에서는 '하늘이, 파도가'가 해당된다. 이 외에는 '벽이, 산이'가 있는데, '벽이'의 경우 숙어 표현으로 쓰인 경우가 많다.

　다음으로 (ㄴ) '(지위, 신분, 수준, 가치, 정도 등이) 보통을 넘어 있다'의미의 문형 '①이(가) 높다: **제약** ① 명사 ② 지위, 신분, 수준, 가치, 정도'에 해당하는 것에 ①은 사람관련 명사는 모두 올 수 있다. ②에 올 수 있는 것에는 위의 [표 3−53]에서는 '수준이, 지위가' 등이 있다.

　그리고 (ㄷ) '(비율이나 정도를 나타내는 수치가) 보통보다 크다'의 의미로 쓰이는 것에는 '비중이, 확률이, 온도가' 등이 있다. (ㄷ)도 (ㄴ)과 문형은 같지만 좀 다른데 (ㄴ)과 (ㄷ)은 일반적인 수준보다 높은 것을 의미하는 점에서는 유사하고 여기에 해당하는 주어가 가장 많이 분포한다.

　이 밖에 (ㄹ) '세상에 널리 알려져 있다', (ㅁ) '(감정이나 의지, 기운이나 성질 등이) 매우 강하다', (ㅂ) '(소리가) 가늘고 날카롭다', (ㅅ) '(어른의) 나이가 많다'의 의미도 (ㄴ), (ㄷ)의 문형과 같고 ②의 의미제약이 다른데 여기에 해당하는 단어는 상대적으로 적고, 특히 (ㅅ)의 의미로 쓰이는 단어가 유의미한 공기 단어에 '연령이' 하나만 나타난다.

2) 체언 단독 및 기타조사 결합형

　주격조사 결합형 이외에도 '높다'의 논항이 되는 명사들이 올 수 있는데 여기서는 주격조사 결합형 이외의 명사들을 대상으로 '높다'와의 공기관계 특성을 분석한다. 다음은 체언 단독 어절 및 기타조사 결합형 명사의 통계적 유의미 순서에 따라 상위 20개를 보인 것이다.

[표 3-54] 형용사 '높다'와 공기하는 명사 어절(주격조사 결합 제외) - 통계적 유의미 순서

어 절	총빈도	공기 빈도	좌 합	우 합	자리값 평균	표준편차	t-score
것으로	6,491	78	5	73	1.128	1.023	6.557
수준	103	24	24	0	−1.291	0.690	4.833
강도	84	21	21	0	−1	0	4.525
수준의	161	21	0	21	1	0	4.473
차원	66	20	20	0	−1.200	0.523	4.426
곳에	784	24	3	21	0.541	1.250	4.403
악명	18	18	18	0	−1	0	4.229
상대적으로	268	19	19	0	−1.631	0.683	4.168
점수를	82	14	0	14	1.214	0.578	3.673
곳에서	448	15	1	14	0.866	0.516	3.514
편이다.	147	10	0	10	1	0	3.018
굽	10	9	8	1	−0.777	0.666	2.989
수준을	198	10	0	10	1.500	0.849	2.968
지체	42	9	9	0	−1	0	2.956
곳을	451	11	1	10	1	1.549	2.895
소리로	352	10	1	9	0.900	0.737	2.817
수준도	19	8	6	2	−0.750	1.752	2.807
목소리도	40	8	6	2	−0.750	1.164	2.784
곳으로	389	10	0	10	1.600	0.966	2.781
만큼	1,685	16	11	5	−0.812	1.721	2.696

일반명사가 단독으로 쓰인 어절은 대부분 좌측 첫 번째 자리에 고정되어 출현한다. 조사와 결합하여 쓰이지 않는 경우 '높다'의 논항으로 나타날 때는 고정성이 매우 높다는 것을 보여준다. 이와 반면 목적격조사와 결합한 명사는 대부분 '높다'의 우측에 쓰인다. 의존명사도 우측에 주로 나타나는 경향을 보인다. 그리고 의존명사가 단독으로 공기하는 경우에도 일반명사와는 달리 우측에 공기하는 빈도가 높다.

문형을 고려해 보면 (ㄴ) '(지위, 신분, 수준, 가치, 정도 등이) 보통을 넘어 있다' 의미에 해당하는 것이 가장 많이 분포하는데, 여기에는 '수준, 지체, 차원'등이 해당한다. 그런데 '수준'의 경우 다양한 굴곡형들이 모두 '높다'와 아주 긴밀한 공기관계를 보인다. 즉 기본형을 고려하여 '높다'와 공기관계를 본다면 '수준'이 가장 통계적으로 공기성이 높은 단어이다.

그리고 '소리'의 경우 주격조사와 결합하여 쓰이는 경우보다 단독으로 쓰이거나 주격조사 이외의 조사와 결합할 때 '높다'와 더 유의미한 공기관계를 보이는 특징이 있다. 그렇지만 '높다'와 공기하는 명사를 전반적으로 고려했을 때도 '나이가 많다'의 의미로 쓰이는 단어는 공기관계의 유의미성을 갖는 것이 드물다.

3) 순수부사 수식

형용사 '높다'를 수식하는 부사를 통해 공기관계의 특성을 분석한다. 여기서는 순수부사만을 대상으로 하여 그 양상을 살핀다. 다음은 '높다'와 좌측에서 공기하는 부사를 통계적으로 유의미한 것을 보인 것이다.

[표 3-55] 형용사 '높다'의 부사 수식어 - 통계 유의미 순서

어 절	총빈도	공기 빈도	좌3	좌2	좌1	t-score
가장	5,039	131	8	22	101	10.372
더	7,914	97	3	4	90	8.268
매우	1,660	42	0	3	39	5.688
보다	1,045	29	2	7	20	4.986
훨씬	1,232	27	0	5	22	4.882
더욱	2,759	26	1	3	22	3.799
비교적	455	16	2	0	14	3.647
상당히	461	16	0	0	16	3.643

점점	786	14	0	3	11	3.391
꽤	430	13	0	1	12	3.385
한층	257	12	0	3	9	3.234
그만큼	543	11	4	2	5	2.978
월등히	23	9	0	0	9	2.976
대단히	371	11	1	0	10	2.970
점차	417	9	1	1	7	2.569
여전히	1,045	12	0	0	12	2.530
약간	718	10	0	3	7	2.459
다소	663	9	1	1	7	2.316
그리	669	9	0	1	8	2.309
아주	1,986	13	0	1	12	2.098

순수 부사 중에서 통계적 유의미성이 있는 공기관계를 이루는 것은 28개 단어뿐이고 공기 빈도가 5이상인 것만 대상으로 한다면 27개이다. 해당하는 목록은 대부분 정도 부사이다. [표 3–55]을 보면 정도성 표현에서 최상급인 '가장'이 유의미성이 제일 크다. 대부분의 유의미 공기 부사들은 좌측 첫 번째 자리의 빈도가 제일 높다. 반면에 부사 '무려'는 좌측 첫 번째 자리에 연접하여 나타나지 않았고 좌측 세 번째 자리에만 나타났는데, 실제로 형용사 '높다'를 직접 수식할 수 있는 부사가 아니다. 그리고 부사 '특히'도 좌측 자리들에서 출현 빈도들이 비슷한데 '무려'와는 달리 '높다'를 수식하는 부사로 자리 고정성이 낮다.

4) 연접범주관계

형용사 '높다'와 공기하는 단어들의 문법범주만을 대상으로 좌측과 우측의 출현 분포를 분석한다. 다음은 좌측 연접문법범주를 출현 빈도 순서로 상위 20개를 보인 것이다.

[표 3-56] 형용사 '높다'와 좌측에서 공기하는 문법범주

문법범주	전체 공기 빈도	좌측 합	좌1	좌2	좌3
NNG+JKS	1,463	1,183	865	217	101
NNG	1,529	880	259	294	327
MAG	1,065	845	596	142	107
NNG+JKB	1,053	526	113	199	214
VV+ETM	845	434	51	225	158
VV+EC	931	416	70	165	181
NNG+JX	569	366	134	124	108
NNG+JKG	549	312	65	145	102
NNG+JKO	719	173	24	44	105
VA+EC	262	167	73	48	46
MM	276	158	19	73	66
VA+ETM	341	114	11	53	50
NNG+JC	198	89	24	31	34
NNG+JKB+JX	154	86	21	31	34
MAJ	126	85	19	23	43
VX+ETM	160	79	11	37	31
NNB	191	73	17	24	32
NNG+NNG+JKS	76	62	39	12	11
NNG+XSN+JKG	72	57	5	35	17
VX+EC	115	47	7	22	18

　　좌측에 공기하는 문법범주를 보면 주격조사(JKS) 결합 일반명사(NNG)가 가장 많이 나오고 좌측 첫 번째 자리의 고정성도 크다. 여기서 보는 것은 특정 단어를 고려한 것이 아니라 연접문법범주만을 고려한 것으로, 인접 결합관계를 문법 범주 관점에서 보는 데 아주 유용한 방법이다. 주격조사 결합형 일반명사가 가장 많이 나오는 것은 형용사 '높다'의 논항의 출현으로 볼 수 있다. 그런데 앞에서 설명한

바와 같이 형용사 '높다'는 대체로 이중주어 문형을 갖는데 주격조사 결합형은 좌측 첫 번째 자리에서 가장 많이 나오므로 이중주어 구조에서 또 다른 주어는 주격조사와 결합하지 않은 형태가 많이 나온다고 볼 수 있다.

[표 3-56]에서 보면 부사격조사(JKB) 결합형, 관형격조사(JKG) 결합형 명사의 경우 좌측 두세 번째 자리의 출현 빈도가 좌측 첫 번째 자리보다 높다. 형용사 '높다'의 이중주어 문형에서 의미상 주어는 두 개인데, '높다'의 직접적 대상이 되는 명사는 주격조사와 많이 결합하고 또 다른 주어는 주격조사보다는 다른 격조사나 단독형으로 쓰이는 경우가 많다고 볼 수 있다.

다음은 형용사 '높다'의 우측 연접문법범주를 출현 빈도 순서로 보인 것이다.

[표 3-57] 형용사 '높다'와 우측에서 공기하는 문법범주

문법범주	총 공기 빈도	우측 합	우1	우2	우3
NNG	1,529	649	286	185	178
NNG+JKO	719	546	299	138	109
NNG+JKB	1,053	527	267	145	115
VV+EC	931	515	56	278	181
VV+ETM	845	411	52	208	151
NNG+JKS	1,463	280	101	79	100
NNG+JKG	549	237	94	60	83
VA+ETM	341	227	73	89	65
MAG	1,065	220	39	111	70
NNG+JX	569	203	90	57	56
VV+EP+EF+SF	125	125	28	70	27
MM	276	118	23	36	59
NNB	191	118	35	28	55

NNB+JKB	154	116	84	16	16
NNG+JC	198	109	66	22	21
VV+EF+SF	105	105	23	52	30
VX+EF+SF	104	104	40	14	50
VA+EC	262	95	23	40	32
VX+ETM	160	81	44	10	27
NNG+JKB+JX	154	68	34	19	15

우측에서 공기하는 문법범주를 보면 일반명사(NNG) 단독형이 가장 많이 쓰인다. 이것은 '높다'가 관형형으로 쓰이는 경우가 많다는 것을 보여준다. 그 다음으로 많이 쓰이는 것도 일반명사 격조사 결합형인 것을 보면 더 확실히 알 수 있다. 일반명사들의 출현 자리도 우측 첫 번째가 가장 많다. 우측 첫 번째 자리에 동사(VV)가 나오는 것은 '높다'가 활용을 하여 부사어로 쓰인 문형으로 볼 수 있다.

(2) 형용사 '길다'

문형사전에서 제시한 형용사 '길다'의 문형정보를 기준으로 각 문법범주별로 공기하는 단어들의 분석을 통해 중심어의 특성을 분석한다.

1) 주격조사 결합형

문형사전에서 보면 형용사 '길다'는 3개의 의미로 하위 분류한다. 이 중에서 (ㄱ) '(물체의 한 쪽 끝에서 다른 쪽까지의) 두 끝이 멀리 떨어져 있다'의 의미로 쓰는 '길다'는 기본문형이 '①이 ②가 길다'로 이중주어 문형이다. 여기서 ②의 의미제약이 '구체명사'이므로 이 문형에 해당하는 단어를 통해 그 분포를 알 수 있다. 앞에서 형용사 '높다'의 분석에서 형용사의 논항이 주격조사 결합형 명사 이외에도 많이 나오는 것을 볼 수 있었지만 격조사의 종류에 따라 그 의미의 분포가 조금 다름을 알 수 있었다. 형용사 '길다'에 대해서도 우선 주격조사 결합형 명사와의 공기관계를 분석하고 다른 명사와의 공기관계도 분석한다.

다음은 형용사 '길다'와 검색공간에서 공기하는 주격조사 결합형 명사 어절을 통계적 유의미성 순서에 따라 상위 30개를 보인 것이다.

[표 3-58] 형용사 '길다'와 공기하는 주격조사 결합형 포함 어절 – 통계적 유의미 순서

어 절	전체 빈도	공기 빈도	좌 합	우 합	지리값 평균	표준편차	t-score
시간이	1,019	43	32	11	-0.651	1.478	6.227
기간이	103	19	18	1	-1.263	0.933	4.308
밤이	230	15	11	4	-0.933	1.624	3.746
길이가	102	14	13	1	-1	0.679	3.683
목이	217	14	13	1	-0.928	0.997	3.618
수명이	40	13	13	0	-1.153	0.375	3.582
털이	72	10	3	7	0.800	1.932	3.113
세월이	188	10	5	5	-0.400	1.577	3.036
꼬리가	33	9	7	2	-0.666	1	2.976
다리가	195	8	8	0	-1.375	0.744	2.682
낮이	12	7	5	2	-1	1.527	2.636
호흡이	32	7	7	0	-1.142	0.377	2.620
설명이	108	7	1	6	0.714	0.755	2.559
행렬이	25	6	2	4	0.833	1.602	2.427
잎이	98	6	3	3	-0.500	1.760	2.364
이야기가	365	7	5	2	-0.714	1.976	2.353
끝이	216	6	2	4	0.166	2.228	2.262
역사가	224	6	6	0	-1.500	0.547	2.255
파장이	20	5	3	2	0.400	1.949	2.217

소매가	23	5	2	3	0.400	1.341	2.214
머리가	284	6	5	1	−1	1.095	2.203
줄이	68	5	1	4	0.800	1.095	2.171
해가	363	6	5	1	−0.666	1.366	2.135
명이	12	4	4	0	−1	0	1.987
코가	56	4	2	2	0	2.581	1.940
문장이	57	4	3	1	−1.500	1.914	1.939
겨울이	77	4	2	2	0	1.825	1.918
폭이	93	4	3	1	−1	2	1.901
그림자가	107	4	3	1	−1.500	1.914	1.886
생명이	204	4	4	0	−1.250	0.500	1.783

검색공간에서 형용사 '길다'와 공기하는 주격조사 결합형 명사는 총 500개인데, 이중에서 공기 빈도가 5 이상인 단어는 27개에 불과하다. 그리고 빈도 5 이상인 단어들은 대부분 통계적으로도 유의미하다. 이 단어들은 대체로 좌측에 많이 나타난다. '털이, 설명이'는 반대로 '길다'의 우측에 나타나는 경향이 훨씬 크다.

통계적 유의미성이 있는 단어들 중에서 (ㄴ) '(한 때에서 다음의 한 때까지의) 시간이 오래다' 의미의 '■문형■ ①이 길다: ■제약■ ① 시간을 나타내는 명사'의 문형에 해당하는 논항으로 볼 수 있는 단어의 분포가 제일 많다. 여기에는 '시간이, 기간이, 밤이, 수명이, 세월이, 낮이' 등이 있다. 다음으로는 (ㄱ) '(물체의 한 쪽 끝에서 다른 쪽까지의) 두 끝이 멀리 떨어져 있다'의 의미로 쓰는 '길다'의 논항으로 볼 수 있는 단어가 많이 쓰인다. 여기에는 '목이, 털이, 꼬리가, 다리가' 등이 있다. 그리고 (ㄷ) '(글의 분량이) 많다'의 의미의 논항으로 볼 수 있는 것은 비교적 드물게 나온다. 예로 '문장이, 서론이'가 있다.

그리고 [표 3−58]을 보면 동족목적어 '길이가'가 통계적 유의미성이 있는 공기관계로 나오는 것이 특징이다. 명사 '길이'의 경우 자리

고정성도 매우 높게 나타난다. 즉 '길이가 길다'의 형태는 사이에 다른 단어가 쓰이는 경우가 별로 없다고 볼 수 있다. 물론 정도 부사 등이 쓰일 수 있지만 실제 자료에서 그런 예는 잘 보이지 않는다.

유의미 공기 단어 중에서 '명이'의 경우는 좌측 첫 번째 자리로 완전히 고정된 것만 나타난다. 따라서 '명이 길다'는 고정성이 아주 크므로, 통계적 유의미성을 근거로 숙어적 표현으로 볼 수 있다.

2) 체언 단독 및 기타조사 결합형

주격조사 결합형 이외에도 '길다'의 논항이 되는 명사들이 올 수 있는데 여기서는 주격조사 결합형 이외의 명사들을 대상으로 '길다'와의 공기관계 특성을 분석한다. 다음은 체언 단독 어절 및 기타조사 결합형 명사의 통계적 유의미 순서에 따라 상위 20개를 보인 것이다.

[표 3-59] 형용사 '길다'와 공기하는 명사 어절(주격조사 결합 제외)-통계적 유의미 순서

어 절	전체 빈도	공기 빈도	좌 합	우 합	자리값 평균	표준편차	t-score
세월을	148	20	0	20	1.050	0.223	4.401
한숨을	224	15	5	10	0.266	1.334	3.750
세월	108	14	0	14	1.142	0.363	3.680
목을	284	14	11	3	-0.571	0.851	3.580
시간을	888	16	2	14	0.937	1.289	3.528
끝에	774	15	3	12	1.533	1.726	3.448
복도를	48	12	0	12	1.166	0.389	3.434
잎은	81	11	10	1	-1.363	1.361	3.264
숨을	353	10	1	9	0.800	0.632	2.925
연기를	131	9	4	5	0.111	2.147	2.907
터널을	21	8	0	8	1.375	0.517	2.812
그림자를	66	8	3	5	0.500	1.309	2.778
기간을	136	8	3	5	0.875	1.885	2.726
제일	729	10	10	0	-1	0	2.673

성장	213	8	0	8	1.125	0.353	2.668
줄을	241	8	0	8	1.125	0.353	2.647
시간	810	10	1	9	1	1.247	2.618
꼬리는	34	7	3	4	0.428	1.812	2.618
동안	3,272	18	2	16	1.611	1.577	2.606
겨울을	80	7	0	7	1.285	0.487	2.581

　　주격조사와 결합한 명사 이외의 명사 단독형 및 여러 굴절형들은 3,363개가 나온다. 그런데 이중에서 공기 빈도가 5회 이상인 것은 91개에 불과하다. 정확한 통계 방법의 이용을 위해서는 이 공기 빈도 5회 이상의 단어만을 대상으로 해야 한다. 이들 단어들 대부분도 주격조사 결합형과 마찬가지로 통계적으로 유의미한 공기관계이다. 3,363개의 단어 중에서 통계적 유의미성이 있는 단어는 102개에 불과하다. 이것은 '길다'의 우측에는 다양한 단어가 나타나며 이 중에서 통계적 유의미성이 있는 것은 상대적으로 드물다는 것을 보여준다.

　　주격조사가 결합한 명사들의 경우에는 (ㄴ) '(한 때에서 다음의 한 때까지의) 시간이 오래다'의 의미로 쓰이는 것과 관련이 있는 단어들이 빈도가 가장 높았으나, [표 3-59]에서 보면 (ㄱ) '(물체의 한 쪽 끝에서 다른 쪽까지의) 두 끝이 멀리 떨어져 있다'의 의미로 쓰는 '길다'의 의미로 쓰이는 것이 더 많이 나온다. 문형사전의 의미빈도 정보에도 (ㄱ)의 의미로 쓰이는 경우가 훨씬 많다고 나온다. 통계적 유의미성이 있는 단어 중에서 약 50%정도가 (ㄱ)의 의미로 쓰이는 '길다'의 논항으로 보이는 단어들이다. 이런 특징은 '길다'의 논항이 주격조사와 결합한 형태로 나오는 것보다 명사 단독형이나 기타조사 결합형 명사의 형태로 더 많이 나타난다고 볼 수 있다. 그런데 통계적 유의미성이 최상위에 있는 것은 주격조사 결합형과 기타 명사형 모두 (ㄴ)과 관련된 것들이 나온다는 것이 특징이다.

3) 수식

형용사 '길다'를 수식하는 부사를 통해 공기관계의 특성을 분석한다. 여기서는 순수부사만을 대상으로 하여 그 양상을 살핀다. 다음은 '길다'와 좌측에서 공기하는 부사를 통계적으로 유의미한 것을 보인 것이다.

[표 3-60] 형용사 '길다'의 부사 수식어 – 통계 유의미 순서

어 절	전체 빈도	공기 빈도	좌1	좌2	좌3	t–score
더	7,914	53	0	2	51	5.410
너무	2,567	31	0	0	31	4.796
좀	2,662	22	2	0	20	3.486
가장	5,039	22	0	2	20	3.138
꽤	430	10	0	0	10	3.041
그리	669	11	0	1	10	2.888
한없이	180	6	0	0	6	2.872
상당히	461	9	1	1	7	2.852
매우	1,660	13	1	0	12	2.800
약간	718	9	1	2	6	2.680
얼마나	2,281	13	1	3	9	2.448
제법	304	6	0	0	6	2.401
훨씬	1,232	10	1	7	2	2.335
조금	1,215	8	0	4	4	2.140
워낙	312	5	1	1	3	1.940
이제	3,098	11	4	3	4	1.782
좀더	793	6	1	0	5	1.762
참	586	4	0	0	4	1.680
그다지	332	4	0	0	4	1.647
참으로	625	5	0	1	4	1.643

일반부사 중에서 통계적 유의미성이 있는 공기관계를 이루는 것은 [표 3-60]에서 제시한 20개 단어뿐이고 공기 빈도가 5이상인 것만 대상으로 한다면 18개이다. 해당하는 목록은 대부분 정도 부사이다. 앞에서 설명한 형용사 '높다'와 비교하면 [표 3-55]에서 '가장'이 '높다'와 유의미성이 가장 높게 나오는 반면에 형용사 '길다'는 '더'와 유의미성이 가장 높게 나온다.

그리고 정도부사에서 정도성 표현이 부정적인 것으로 볼 수 있는 '너무'의 경우, 형용사 '길다'와 '높다'에서 모두 유의미한 공기관계로 나온다. 그런데 형용사 '길다'에서 다른 정도부사들에 비해 상위의 유의미 관계를 보이는 특징이 있다. '높다'와 비교해도 t-score값이 더 높다.

4) 연접범주관계

형용사 '길다'와 공기하는 단어들의 문법범주만을 대상으로 좌측과 우측의 출현 분포를 분석한다. 다음은 좌측 연접문법범주를 출현 빈도 순서로 상위 20개를 보인 것이다.

[표 3-61] 형용사 '길다'와 좌측에서 공기하는 문법범주

어 절	총 공기 빈도	좌측 합	좌1	좌2	좌3
MAG	683	482	323	78	81
NNG+JKS	692	415	235	125	55
NNG	721	330	44	153	133
NNG+JKB	658	314	111	110	93
VV+EC	860	310	91	106	113
NNG+JX	468	298	122	114	62
VV+ETM	580	261	72	104	85
VA+EC	325	220	148	41	31
NNG+JKO	705	208	78	65	65
NNG+JKG	332	166	59	48	59

MM	252	154	38	54	62
VA+ETM	349	116	18	48	50
MAJ	99	72	20	26	26
NP+JX	78	58	15	23	20
VV+EC+SP	89	54	7	21	26
NNG+JKB+JX	83	51	19	16	16
NNB	111	50	20	14	16
VX+ETM	117	42	10	16	16
NNG+SP	94	41	17	12	12
NNB+JKB	71	41	12	16	13

　형용사 '길다'의 좌측에서 공기하는 문법범주는 부사로 앞에서 고찰한 형용사 '높다'와는 다른 양상을 보인다. '높다'는 주격조사(JKS) 결합형 일반명사(NNG) 어절이 가장 빈도가 높은 문법범주였고 다음으로도 일반명사 단독형 어절이 빈도가 높은 것에 비해, 형용사 '길다'는 부사가 가장 많이 나오는 특징이 있다. 그리고 부사(MAG)의 출현 자리도 좌측 첫 번째가 가장 많다.

　[표 3-61]에서 보면 주격조사 결합형 일반명사 어절이 두 번째로 빈도가 높은데, 이는 형용사 '높다'와 유사한 양상이다. 그렇지만 자리별 분포를 보면 형용사 '높다'에서 일반명사 단독형은 좌측 검색 공간의 출현 빈도의 차이가 크지 않은데 비하여 형용사 '길다'에서는 좌측 첫 번째 자리의 출현 빈도가 상대적으로 큰 차이가 난다. 이 점은 형용사 '길다'의 서술 대상이 되는 일반명사 단독형 출현이 형용사 '길다'에 비해서 적다는 것을 보여준다고 볼 수 있다.

　관형격조사 결합형 명사 어절의 경우 [표 3-56]을 보면 형용사 '높다'에서는 좌측에 나오는 경우가 우측에 나오는 경우보다 더 많고 목적격조사 결합형 명사 어절보다 빈도가 높고 차이도 비교적 크다. 그런데 형용사 '길다'의 경우는 좌측에서 공기하는 관형격조사 결합형 명사 어절의 빈도가 목적격조사의 빈도보다 낮다. 이런 특징들은 형용사 '높다'와 '길다'가 갖는 연접범주관계가 차이가 있음을 보여 주는 것으로, 같은 품사라도 단어마다 인접 문법범주의 결합관계가 차이가 있음을 알 수 있다.

다음으로 우측 연접문법범주를 통해 형용사 '길다'의 연접범주관계를 분석한다. 출현 빈도 순서로 상위 20개를 보인 것이다.

[표 3-62] 형용사 '길다'와 우측에서 공기하는 문법범주

문법범주	총 공기 빈도	우측 합	우1	우2	우3
VV+EC	860	550	133	244	173
NNG+JKO	705	497	280	133	84
NNG	721	391	159	137	95
NNG+JKB	658	344	142	108	94
VV+ETM	580	319	94	128	97
NNG+JKS	692	277	125	77	75
VA+ETM	349	233	111	64	58
MAG	683	201	33	78	90
NNG+JX	468	170	72	53	45
NNG+JKG	332	166	76	45	45
VV+EP+EF+SF	116	116	24	52	40
VA+EC	325	105	26	41	38
MM	252	98	24	37	37
VX+ETM	117	75	33	15	27
VV+EF+SF	62	62	12	25	25
NNB	111	61	15	23	23
NNG+SP	94	53	21	14	18
VX+EC	79	49	16	13	20
VX+EP+EF+SF	44	44	5	18	21
NNG+JC	73	41	24	6	11

형용사 '길다'의 우측에서 공기하는 문법범주도 형용사 '높다'와는 그 양상이 좀 다르다. [표 3-57]을 보면 형용사 '높다'의 우측에 가장 빈도가 높은 문법범주는 일반명사 단독형이고 여러 조사 결합형 일반명사들이 최상위 빈도를 보였는데, '길다'의 경우는 연결어미(EC)로 활용을 한 동사 어절이 가장 높은 빈도를 보인다. 이 점은 형용사 '높다'가 관형형으로 활용한 형태가 많이 쓰인 반면에 형용사 '길다'는 활용을 하여 부사어 역할을 하는 것으로 볼 수 있다.

그렇지만 문법범주의 자리별 분포를 보면 우측 첫 번째 자리의 빈도가 가장 높은 범주는 대체로 일반명사의 굴절형들이다. 그리고 오히려 동사의 연결어미 활용형은 우측 첫 번째 자리보다 두, 세 번째 자리의 빈도가 더 높다. 따라서 형용사 '길다'의 관형형 활용형도 자리별 분포를 보면, 형용사 '높다'와 유사하게 많이 쓰인다고 볼 수 있다.

용언의 연접범주관계에서 우측 공기 현상은 동사와 형용사가 약간 차이를 보인다. 동사의 경우 우측 공기하는 문법범주 중에서 부사격조사와 결합한 일반명사의 경우 우측 첫 번째 자리보다 두, 세 번째 자리의 빈도가 높고, 다른 조사와의 결합형들도 형용사에 비해서 자리별 빈도 차이가 크지 않다. 그런데 형용사의 우측에 공기하는 일반명사 포함 문법범주들은 대부분 우측 첫 번째 자리의 빈도가 가장 높게 나오고, 상대적으로 두, 세 번째 자리의 빈도와 차이가 큰 편이다. 이것은 동사보다 형용사들이 관형형 활용형태로 직접 명사를 수식하는 경향이 크다는 것을 보여준다. 연접범주관계 연구의 특징은 같은 품사 내에서의 변별 특징도 보여주지만 다른 품사와의 특징이 더 잘 나타나고, 이런 특징은 국어의 품사별 통사 결합 양상을 명시적 자료 제시를 통해 잘 파악할 수 있게 한다.

4. 관형사

　본고에서 이용하는 자료인 '550만 형태 분석 말뭉치'에서 관형사는 총 183개의 종류가 총 195,077회 출현한다. 이 중에서 고빈도 20등까지 해당되는 관형사가 전체 관형사 빈도의 약 89% 정도가 쓰인다. 본고에서는 최상위 고빈도 관형사 중에서 '그, 이'와 이와 함께 지시관형사들의 특성과 차이를 분석하기 위해 17번째로 고빈도 관형사인 '저'를 이용하여 논의한다. 이 세 지시관형사를 바탕으로 인접 공기 단어들을 통하여 해당 관형사들의 특징을 분석해 보고자 한다. 언어학적 분석을 위해서 이 관형사들이 갖는 수식 대상의 분포와 관형사를 수식하는 부사어 분포를 바탕으로 분석한다. 관형사 연구의 특성상 관형사 좌측 첫 번째 자리와 우측 두 번째 자리까지를 검색 공간으로 공기관계를 분석한다. 같은 지시관형사들이지만 수식의 대상과 분포상의 특징을 비교 분석하여, 지시관형사의 일반적 특성과 단어별 차이점을 명시적으로 분석하고 정리하고자 한다.

4.1 공기관계 추출

　관형사는 굴절하지 않고 체언 수식의 기능만 있다. 관형사에는 성상관형사, 지시관형사, 수관형사로 하위 분류하는데 본고에서는 지시관형사를 중심으로 공기관계를 분석하여 지시관형사의 특징을 정리한다. 앞에서 언급한 바와 같이 관형사 특징상 부사의 수식을 받을 수 있고 체언을 수식하는 특징을 고려하여 좌측 1어절 우측 2어절 이내에 공기하는 단어를 추출하고 통계 검증을 통해 유의미한 공기관계를 분석한다.

(1) 관형사 '그'

지시관형사 중에서 '그'의 빈도가 가장 높다. 지시관형사 '그'는 550만 형태분석 말뭉치에서 총 46,232회 출현한다. 여기에 좌로 1어절, 우로 2어절 인접 공기하는 단어들이 연구 대상이 되므로 검색공간은 138,696(46,232×3)이 된다. 다음은 지시관형사 '그'와 검색공간에서 공기하는 단어를 공기 빈도 순서로 상위 단어 일부를 예로 보인 것이다.

[표 3-63] 지시관형사 '그'와 공기하는 단어 – 공기 빈도 순서

어 절	분 석	전체 빈도	공기 빈도	좌 합	우 합
나는	나/NNG+는/JX	13,018	915	622	293
동안	동안/NNG	3,272	636	31	605
바로	바로/MAG	4,511	585	464	121
그러나	그러나/MAJ	13,846	574	562	12
그리고	그리고/MAJ	8,996	539	524	15

단순히 공기 빈도만을 고려했을 경우 다양한 범주의 단어가 나타난다. 그러나 단순히 공기 빈도만으로는 어떤 단어가 유의미한 공기관계 구성인지를 알 수 없으므로 통계검증을 통해 유의한 공기관계를 이루는 단어를 추출한다.

다음은 통계적 유의미성이 있는 단어들을 유의미성 순서로 일부 예를 보인 것이다.

[표 3-64] 지시관형사 '그'와 공기하는 단어 – 통계적 유의미 순서

어 절	좌	우1	우2	좌합	우합	공기 빈도	전체 빈도	t-score
동안	31	589	16	31	605	636	3,272	21.947
바로	464	19	102	464	121	585	4,511	19.483
나는	622	129	164	622	293	915	13,018	19.396

| 후 | 30 | 311 | 10 | 30 | 321 | 351 | 2,236 | 15.725 |
| 그리고 | 524 | 1 | 14 | 524 | 15 | 539 | 8,996 | 13.444 |

　지시관형사 '그'와 통계 검증을 통해 추출한 유의미한 공기관계에 있는 단어들을 보면 상위에 있는 것들은 대부분 명사들이다. 그리고 대부분 우측 첫 번째 자리의 빈도가 가장 높다. 그런데 접속부사의 경우도 통계적 유의미성이 높게 나오고 지시관형사 '그' 바로 앞에 나타나는 특징이 있다. 이 자료를 바탕으로 4.2.(1)에서 좌측과 우측에 나타나는 공기현상을 분석한다.

　다음은 지시관형사 '그'와 공기하는 단어들의 문법범주를 공기 빈도 순서로 예를 보인 것이다.

[표 3-65] 지시관형사 '그'의 연접문법범주

문법범주	공기 빈도	좌	우합	우1	우2
NNG	10,788	1,079	9,709	6,507	3,202
NNG+JKB	10,451	1,368	9,083	5,840	3,243
NNG+JKO	9,240	313	8,927	5,695	3,232
VV+EC	8,732	4,201	4,531	317	4,214
NNG+JX	8,482	2,353	6,129	4,426	1,703

　지시관형사 '그'의 연접문법범주를 보면 관형사의 특성이 잘 나타난다. 여러 형태의 명사가 고빈도 문법범주로 나타난다. 4.2.(1)에서 좌측과 우측의 연접문법범주를 분석한다.

(2) 관형사 '이'

　관형사 중에서 '이'의 빈도가 '그' 다음으로 높다. 지시관형사 '이'는 550만 형태분석 말뭉치에서 총 31,291회 출현한다. 여기에 좌로 1

어절, 우로 2어절 인접 공기하는 단어들이 연구 대상이 되므로 검색
공간은 93,873(31,291×3)이 된다. 다음은 지시관형사 '이'와 검색공간
에서 공기하는 단어를 공기 빈도 순서로 상위 단어 일부 예를 보인
것이다.

[표 3-66] 지시관형사 '이'와 공기하는 단어 – 공기 빈도 순서

어 절	분 석	전체 빈도	공기 빈도	좌 합	우 합
그러나	그러나 / MAJ	13,846	541	532	9
바로	바로 / MAG	4,511	441	355	86
두	두 / MM	6,738	389	0	389
때문에	때문 / NNB＋에 / JKB	6,413	347	108	239
때	때 / NNG	7,841	299	89	210

지시관형사 '그'와 마찬가지로 지시관형사 '이'도 공기 빈도만을
고려했을 때는 다양한 범주가 인접하여 나타난다. 그런데 [표 3-63]
과 비교하면 인접 공기하는 단어의 출현 빈도 순서가 좀 다르다. 통
계 검증을 통해 좀 더 유의미한 공기관계를 추출하여 분석한다.
　다음은 통계적 유의미성이 있는 단어들을 유의미성 순서로 상위
단어 예를 보인 것이다.

[표 3-67] 지시관형사 '이'와 공기하는 단어 – 통계적 유의미 순서

어 절	좌	위	우2	좌 합	우 합	공기 빈도	전체 빈도	t-score
바로	355	1	85	355	86	441	4511	17.33367
책은	1	227	4	1	231	232	365	14.82254
날	5	246	2	5	248	253	1342	14.46595
두	0	341	48	0	389	389	6738	13.8922
그러나	532	1	8	532	9	541	13846	13.09917

통계적 유의미 순서로 지시관형사 '이'와 공기하는 단어를 보면 부사 '바로'가 가장 유의미한 공기관계를 보인다. 이 특징은 지시관형사 '그'와 유사한 것으로 지시관형사 '그'와는 두 번째로 높은 유의미성을 보였다. 이 자료를 바탕으로 4.2.(2)에서 좌측과 우측에 나타나는 공기현상을 분석한다.

다음은 지시관형사 '이'와 공기하는 단어들의 문법범주를 공기 빈도 순서로 일부 예를 보인 것이다.

[표 3-68] 지시관형사 '이'의 연접문법범주

문법범주	공기 빈도	좌	우합	우1	우2
NNG	8,185	656	7,529	4,495	3,034
NNG+JX	7,900	1,707	6,193	4,694	1,499
NNG+JKB	7,226	845	6,381	4,273	2,108
NNG+JKO	5,478	170	5,308	3,537	1,771
VV+EC	4,708	1,818	2,890	171	2,719

개별 단어의 공기 유의미성은 지시관형사 '그'와 좀 다른 양상을 보이지만, 문법범주만을 고려했을 경우에는 [표 3-65]와 [표 3-68]의 분포가 유사하는 것이다. 이것은 지시관형사로서의 특징 때문이라고 생각한다. 그렇지만 명사와 결합하는 조사의 종류가 다른 순서를 보인다. 4.2.(2)에서 좌측과 우측의 연접문법범주를 분석한다.

(3) 관형사 '저'

지시관형사 '저'는 550만 형태분석 말뭉치에서 총 2,441회 출현한다. 여기에 좌로 1어절, 우로 2어절 인접 공기하는 단어들이 연구 대상이 되므로 검색공간은 7323(2441×3)이 된다. 다음은 지시관형사 '저'와 검색공간에서 공기하는 단어를 공기 빈도 순서로 상위 단어 예를 보인 것이다.

[표 3-69] 지시관형사 '저'와 공기하는 단어 – 공기 빈도 순서

어 절	분 석	전체 빈도	공기 빈도	좌합	우합
사람	사람 / NNG	1,507	37	14	23
있는	있 / VX＋는 / ETM	16,375	27	15	12
멀리	멀리 / MAG	569	26	0	26
사람이	사람 / NNG＋이 / JKS	3,097	26	2	24
아래	아래 / NNG	783	25	1	24

앞에서 보인 지시관형사 '그, 이'와는 좀 다른 양상을 보인다. 특히 부사 '바로'가 상위 빈도에 나타나지 않는다. 그런데 좀 더 유의미한 분석을 위해서 통계검증을 통해 유의미 공기관계를 추출해야 한다. 지시관형사 '저'는 '그, 이'에 비해서 출현 빈도가 적고, 공기하는 단어들의 빈도도 적어서 통계검증을 적정하게 할 수 있는 단어가 한정되어 있다.

다음은 통계적 유의미성이 있는 단어들을 유의미성 순서로 상위 단어 예를 보인 것이다.

[표 3-70] 지시관형사 '그'와 공기하는 단어 – 통계적 유의미 순서

어 절	좌	우	우2	좌합	우합	공기 빈도	전체 빈도	t-score
사람	14	22	1	14	23	37	1,507	5.752
멀리	0	25	1	0	26	26	569	4.950
아래	1	21	3	1	24	25	783	4.791
사람이	2	23	1	2	24	26	3,097	4.290
생각	13	6	0	13	6	19	336	4.256

지시관형사 '저'와 통계적으로 유의미한 공기관계를 갖는 단어들은 앞에서 보인 지시관형사 '그, 이'와는 다른 양상을 보인다. 관형사의 특성상 체언을 수식하는 특성은 대체로 유사하지만 특이하게

부사 '멀리'와 용언의 활용형 '먼'이 유의미한 공기관계의 상위에 위치한다. 그리고 접속부사가 [표 3-70]에서 보이지 않는 점도 지시관형사 '그, 이'와 다른 점이다. 이런 특성을 4.2.(3)에서 상세히 분석한다.

　다음은 지시관형사 '저'와 공기하는 단어들의 연접범주관계 분석을 위해 문법범주를 공기 빈도 순서로 일부 예를 보인 것이다.

[표 3-71] 지시관형사 '저'의 연접문법범주

문법범주	공기 빈도	좌	우합	위	우2
NNG	933	344	589	404	185
NNG+JKB	563	63	500	297	203
VV+EC	500	133	367	73	294
MAG	434	163	271	87	184
VV+ETM	343	119	224	72	152

　지시관형사의 특성상 명사가 포함된 어절이 고빈도 문법범주에 많이 나타난다. 일반명사의 빈도가 가장 높은 것은 지시관형사 '그'와 유사하지만 관형형 활용 용언이 고빈도에 있는 점은 다르다. 또 지시관형사 '이'와도 좀 다른 양상을 보인다. 4.2.(3)에서 좌측과 우측의 연접범주관계를 분석한다.

4.2 인접 공기관계 분석

　앞에서 지시관형사 '그, 이, 저'와 인접 공기하는 단어들을 여러 방법으로 추출하였다. 지시관형사의 특성을 고려하여 이 지시관형사들의 수식 단어들의 분포를 분석하기 위해 우측 2어절과, 지시관형사를 수식하는 부사어의 분포를 분석하기 위해 좌측 1어절을 각각 분리하여 살펴본다. 그리고 검색공간에서 출현하는 연접문법범주도 좌우측을 분리하여 문법범주의 분포 특징을 분석하고자 한다.

(1) 관형사 '그'

1) 우측 공기 단어

지시관형사 '그'의 우측에서 공기하는 단어들의 분포를 분석한다. 다음은 이들 공기 단어들을 통계적 유의미 순서로 상위 30개를 보인 것이다.

[표 3-72] 지시관형사 '그'와 우측에 공기하는 단어 – 통계 유의미 순서

어 절	전체 빈도	공기 빈도	우 합	위	위2	t-score
동안	3,272	636	605	589	16	21.947
후	2,236	351	321	311	10	15.725
결과	785	217	213	210	3	13.381
자리에	636	183	181	174	7	12.342
자체가	780	188	178	152	26	12.276
순간	715	171	162	157	5	11.697
중	2,591	242	235	218	17	11.356
여자는	695	154	143	132	11	10.997
위에	1,845	199	196	147	49	10.808
이유는	675	148	135	127	8	10.766
밖의	268	129	129	127	2	10.762
키가	358	133	133	124	9	10.749
때문에	6,413	362	226	146	80	10.526
중에서도	264	121	120	117	3	10.394
뒤	2,215	201	167	161	6	10.237
밖에	629	133	132	130	2	10.157
대신	1,035	150	128	118	10	10.116
밤	674	133	126	116	10	10.058
자리에서	613	128	126	118	8	9.947
속에	3,162	230	213	137	76	9.908
말을	3,904	256	253	221	32	9.846

속에서	2,553	195	161	104	57	9.353
아이는	484	110	94	91	3	9.324
다음	1,473	152	133	124	9	9.315
안에	1,246	141	134	115	19	9.228
여자가	739	112	104	95	9	8.822
소리는	332	92	87	75	12	8.718
동안의	270	89	89	87	2	8.712
일을	2,548	176	175	138	37	8.423
남자는	433	89	78	61	17	8.276

지시관형사 '그'와 우측에서 공기하는 단어는 대부분 명사어절로 관형사의 특징이 잘 드러난다. 우측만 고려했을 때 '그'와 통계적으로 유의미하게 공기하는 단어는 1,476개에 이른다. 이중에서 1,320개의 단어는 체언으로 일반명사가 제일 많고, 의존명사, 고유명사도 일부 포함된다. 나머지 156개의 단어는 용언의 활용형, 관형사, 부사가 있다. 용언의 활용형은 관형형일 경우 지시관형사 '그'의 우측 첫 번째 자리에 주로 분포하여 체언 수식의 기능을 하고 일반 연결어미로 활용한 것은 우측 두 번째 자리에 주로 분포하여 '그'의 피수식 단어의 서술을 하는 것으로 볼 수 있다. 그리고 관형사가 연속하여 나타나는 경우로는 지시 관형사 '그' 다음에 '몇, 모든, 어느, 어떤, 첫'이 있다. 이 중에서 관형사 '몇'은 '그'와 바로 연접하는 경우 보다 우측 두 번째 자리에 공기하는 경우가 더 많고, 나머지 관형사는 바로 연접하여 우측 첫 번째 자리에 공기하는 경우가 대부분이다. 지시관형사 '그'는 성질이 다른 성상관형사나 수관형사 등과는 바로 연접하여 쓰임을 알 수 있다.

[표 3-72]를 보면 지시관형사 '그'와 높은 유의미성을 갖는 공기 단어는 '동안, 후, 순간, 중' 등의 시간 관련 명사와 '위, 아래, 속' 등의 위치 관련 명사가 많이 분포하는 특징을 보인다. 구체 사물을 지

시하는 것은 통계적 유의미성을 갖는 단어 중에는 매우 드물다. 사람을 가리키는 경우도 있지만 '사람, 남자, 여자' 등으로 일반명칭에 주로 한정하며, '생각, 이유, 영광' 등 추상명사가 유의미한 공기관계 단어로 나타나는 것도 특징이다. 이런 특징들은 개념 속의 기준을 정확히 제시하기 위해 지시관형사 '그'를 많이 사용하는 것으로 볼 수 있다.

2) 좌측 공기 단어

[표 3-73] 지시관형사 '그'와 좌측에 공기하는 단어 - 통계 유의미 순서

어 절	분 석	좌 공기	전체 빈도	t-score
바로	바로 / MAG	464	4,511	19.483
나는	나 / NP + 는 / JX	622	13,018	19.396
그리고	그리고 / MAJ	524	8,996	13.444
때	때 / NNG	234	7,841	11.653
그런데	그런데 / MAJ	218	3,079	9.597
그러나	그러나 / MAJ	562	13,846	9.384
때의	때 / NNG + 의 / JKG	40	697	6.841
그때	그 / MM + 때 / NNG	88	1,467	6.570
아마	아마 / MAG	62	997	6.350
그는	그 / NP + 는 / JX	192	8,905	6.033
우리는	우리 / NP + 는 / JX	116	3,959	5.562
예의	예 / NNG + 의 / JKG	32	98	5.498
오히려	오히려 / MAJ	81	1,881	5.107
때,	때 / NNG + , / SP	83	1,626	5.009
지섭은	지섭 / NNP + 은 / JX	37	334	4.992
동영은	동영 / NNP + 은 / JX	23	232	4.827
아까	아까 / MAG	29	278	4.731
그녀는	그녀 / NP + 는 / JX	56	2,574	4.299

그날	그 / MM+날 / NNG	30	618	4.283
있는데,	있 / VV+는데 / EC+, / SP	34	365	4.252
어쩌면	어쩌면 / MAG	33	686	4.231
물론	물론 / MAG	109	3,112	4.161
있었고	있 / VX+었 / EP+고 / EC	28	239	4.152
하필	하필 / MAG	18	112	4.088
하지만	하지만 / MAJ	96	2,234	4.048
말하자	말하 / VV+자 / EC	21	99	4.037
난	나 / NP+ㄴ / JX	32	1,141	4.031
사실은	사실 / NNG+은 / JX	33	778	3.993
아마도	아마도 / MAG	27	480	3.982
결국	결국 / MAG	67	1,822	3.981

지시관형사 '그'의 좌측 첫 번째 자리에 공기하는 단어의 범주는 [표 3−73]에서 보듯이 다양하다. 부사가 많이 분포하는 특징이 있는데, 일반부사 '바로'가 가장 유의미성이 높은 좌측 공기단어이다. 지시관형사의 성질인 지시성을 강조하는 기능을 하는 것인 '바로'는 매우 높은 통계적 유의미성을 갖는다. 이 밖에 일반부사는 '아마, 아까, 물론, 하필' 등이 있다.

여러 접속부사들도 지시관형사 '그'의 좌측 첫 번째 자리에서 유의미한 공기관계를 갖는 특징을 보인다. 화제를 전환하면서 전술한 내용에 대한 지시를 위해 지시관형사 '그'가 쓰이는 것으로 볼 수 있다. '그리고, 그런데, 그러나, 오히려'의 순서로 통계적 유의미 공기관계를 보인다.

인칭대명사와 보조사 결합형 '나는, 그는'도 유의미성이 아주 높게 좌측에 공기한다. 특히 '나는'의 경우 통계적 유의미성이 매우 높고 일인칭 대명사 '나, 우리, 저'가 여러 보조사와 결합한 어절 모두 유의미성이 있다. 다음으로 삼인칭 대명사는 '그는, 그녀는'만 유의미

한 공기관계를 갖고, 이인칭 대명사는 '네가, 당신들의, 너희들은'만
유의미한 공기관계를 갖는다. 유의미성은 갖지 않는 것도 많지만 범
주만을 고려한다면 인칭대명사의 조사결합형이 지시관형사 '그' 바
로 앞에 많이 출현하는 특징이 두드러진다.

3) 연접범주관계

[표 3-74] 지시관형사 '그'의 좌측 공기 연접문법범주

문법범주	총 공기 빈도	좌
VV+EC	8,732	4,201
MAG	7,691	3,190
MAJ	2,813	2,492
NNG+JX	8,482	2,353
NNG+JKB	10,451	1,368
NP+JX	2,070	1,317
VV+ETM	4,996	1,168
NNG	10,788	1,079
NNG+JKS	7,065	947
VV+EC+SP	1,019	894
VX+EC	806	770
NNG+JC	1,734	652
VV+EP+EC	829	639
NNG+SP	1,039	570
NNP+JX	855	532
VA+EC	1,699	518
NNG+JKB+JX	2,171	503
NNB+JX	700	497
VV+EP+EC+SP	543	491
NNG+VCP+EC	796	406

지시관형사 '그'와 좌측에 공기하는 문법범주를 분석한다. 여기서는 특정 단어를 고려한 것이 아니고 문법범주만을 고려한 것으로 통사적 결합관계에 초점을 두고 연접문법범주를 통해 지시관형사 '그'의 연접범주관계 특성을 논한다. 좌측에 가장 많이 출현하는 문법범주는 연결어미(EC)로 활용을 하는 동사들이다. 실제 자료를 보면 연결어미 중에서 '-고'가 가장 빈도가 높다. 그리고 동사 중에서는 '있다'가 통계적 유의미성이 있는 경우가 많이 보인다. 이렇게 동사의 연결어미와 활용하는 형태가 많이 나오는 것은 접속부사가 많이 쓰이는 것처럼, 앞에서 서술한 내용을 지시하며 새로운 내용을 전개할 때 쓰이기 때문으로 보인다. 이런 특성은 텍스트의 구성에서 문맥의 연결성과 관련된 것으로 볼 수 있다.

다음으로 일반부사와 접속부사가 많이 나온다. 일반부사는 주로 관형사의 의미를 보충하기 위해 쓰이는 것으로 볼 수 있지만, 접속부사(MAJ)의 경우는 내용 전환시 앞 문맥과의 연결성 확보를 위해 지시 관형사가 많이 쓰이는 것으로 생각된다.

[표 3-74]에서 보듯이 대명사(NP)의 보조사(JX) 결합형도 지시관형사의 좌측 첫 번째 자리에 공기하는 경우가 많음을 알 수 있다. 실제 자료를 보면 통계적 유의미성을 갖는 인칭 대명사와 결합하는 보조사 중에서 '은/는/ㄴ'이 가장 많다. 이런 현상은 문장의 '주제'와 관련하여 지시관형사가 어떤 역할을 하는지에 대한 연구가 요구된다고 하겠다.

[표 3-75] 지시관형사 '그'의 우측 공기 연접문법범주

문법범주	총 공기 빈도	우측공기 합	우1	우2
NNG	10,788	9,709	6,507	3,202
NNG+JKB	10,451	9,083	5,840	3,243
NNG+JKO	9,240	8,927	5,695	3,232
NNG+JX	8,482	6,129	4,426	1,703

NNG+JKS	7,065	6,118	3,994	2,124
NNG+JKG	5,368	4,988	3,590	1,398
VV+EC	8,732	4,531	317	4,214
MAG	7,691	4,501	764	3,737
VV+ETM	4,996	3,828	497	3,331
VA+ETM	3,682	3,470	2,029	1,441
MM	2,427	2,410	976	1,434
NNG+JKB+JX	2,171	1,668	1,186	482
VA+EC	1,699	1,181	215	966
NNG+JC	1,734	1,082	518	564
NNG+VCP+ETM	845	778	414	364
NNP	819	757	250	507
NP+JX	2,070	753	335	418
VV+EP+EF+SF	600	600	47	553
NNB+JKB	875	581	423	158
NNB	783	536	384	152

　지시관형사의 문법적 특성상 우측에 공기하는 문법범주는 대체로 명사의 여러 형태의 결합형이 나온다. 지시관형사 '그'와 우측에 공기하는 어절의 문법범주는 일반명사(NNG) 단독형이 가장 많이 나오는데 이 현상은 지시관형사와 일반명사가 또 다른 체언을 수식하는 기능을 하는 것으로 보인다. 조사결합형 명사 중에서는 부사격조사와 결합하는 일반명사가 많은 것이 특징이다. 명사가 출현하는 어절들은 대부분 우측 첫 번째 자리의 빈도가 두 번째 자리보다 높은데 반하여, 접속조사가 결합한 일반명사와 대명사, 고유명사의 여러 굴절형들은 우측 두 번째 자리의 빈도가 첫 번째 자리보다 높은 것이 특이하다. 고유명사의 경우 이미 지시대상이 명확한 것이므로 지시관형사의 직접 수식을 받는 경우보다 그렇지 않은 경우가 많은 것으

로 보이고 대명사의 경우도 지시성이 어느 정도 포함된 것으로 지시
관형사의 직접 수식을 받는 경우가 그렇지 않은 여러 형태보다 적다
고 생각할 수 있다.

(2) 관형사 '이'

1) 우측 공기 단어

지시관형사 '이'의 우측에서 공기하는 단어들의 분포를 분석한다.
다음은 이들 공기 단어들을 통계적 유의미 순서로 상위 20개를 보인
것이다.

[표 3-76] 지시관형사 '이'와 우측에 공기하는 단어 – 통계 유의미 순서

어 절	우1	우2	우 합	총 공기 빈도	전체 빈도	t-score
책은	227	4	231	232	365	14.822
날	246	2	248	253	1,342	14.465
두	341	48	389	389	6,738	13.893
때문에	201	38	239	347	6,413	12.752
작품은	136	5	141	143	316	11.507
세상에	137	7	144	147	570	11.321
땅의	130	2	132	132	203	11.187
세상에서	128	4	132	133	236	11.183
책의	129	2	131	131	262	11.054
저	1	165	166	166	1,597	10.768
책을	141	5	146	147	1,012	10.699
글은	121	3	124	124	285	10.687
땅에	117	6	123	124	425	10.484
모든	171	74	245	248	4,906	10.430
글을	119	6	125	125	846	9.888
가운데	136	11	147	161	2,169	9.770
때	206	4	210	299	7,841	9.552

말은	111	9	120	123	1,004	9.545
문제는	96	6	102	116	1,185	8.892
문제를	111	12	123	125	1,519	8.861

지시관형사 '이'의 우측에 공기하는 단어들도 관형사의 특성상 명사가 포함된 어절이 대부분이다. '이'와 공기하는 단어를 우측만 고려했을 때 통계적으로 유의미하게 공기하는 단어는 1,135개이고 이 중에서 105개의 어절은 명사가 포함되지 않은 것이다.

지시관형사 '이'의 우측에 공기하는 체언 중에서는 지시관형사 '그'처럼 일반명사가 대부분이고, 의존명사, 고유명사, 대명사가 일부분 있다. 체언이 포함되지 않은 105개의 단어들은 용언의 활용형이 대부분이고 부사, 관형사가 일부 나온다. 용언 활용형의 경우 지시관형사 '그'의 경우에는 관형형들이 대부분 우측 첫 번째 자리에 빈도가 두 번째 자리보다 높았던 반면에, 지시관형사 '이'의 경우는 관형형 활용을 하는 경우에도 우측 두 번째 자리의 빈도가 첫 번째 자리의 빈도보다 높은 경우가 유의미한 공기관계에 많이 있었다. 이런 차이점은 용언의 차이로 지시관형사 '그'의 경우에는 형용사의 관형형 활용이 상위 유의미 공기관계를 갖는데 비해서 지시관형사 '이'의 경우는 동사의 관형형 활용이 상위 유의미 공기관계를 갖는 특징 때문으로 보인다. 지시관형사 '이'의 우측에 공기하는 형용사 '같다'의 관형형 '같은'의 경우에도 우측 첫 번째 자리에 빈도가 두 번째 자리보다 높다.

지시관형사 '이'의 우측에 공기하는 관형사는 종류는 많지 않지만 대부분 수관형사이고 지시관형사 '저'가 있다. 성상관형사는 '모든' 하나만 유의미한 공기관계를 갖는다. 지시관형사 '저'의 경우는 지시관형사 '이'와 대칭병렬 구조로 나타나는 경우로 보이는데 지시관형사 '그'는 보이지 않는다. 즉 '이'의 경우 대칭병렬의 의미로 쓰일 때는 '이쪽 저쪽'처럼 '저'와만 쓰인다고 볼 수 있다.

[표 3-76]을 보면 지시관형사 '이'와 높은 유의미성을 갖는 공기 단어에 '책'의 굴절형이 많이 나타난다. 지시관형사 '그'의 유의미 우측 공기관계에 구체명사가 매우 드문 점을 고려한다면 구체명사 '책'이 나온다는 것은 크게 다른 점이다. 지시관형사 '이'의 우측 유의미 공기관계 전체 양상을 고려하더라도 구체명사가 많이 나오는데, 시간 의미 관련 명사가 많이 분포했던 지시관형사 '그'와는 공기 단어 종류의 분포가 차이를 보인다. 그리고 오히려 시간과 관련된 단어는 '날, 기간, 시기' 등으로 다른 종류의 명사에 비해 적은 것도 지시관형사와의 큰 차이이다. 이런 점 이외에도 지시관형사 '이'의 유의미 우측 공기관계를 갖는 단어에 '문제'의 여러 굴절형이 나타나는 반면에 지시관형사 '그'의 공기관계에는 유의미하게 나타나는 것이 없다. 여기서 보인 것처럼 두 지시관형사의 차이점은 실제 자료의 분석에 의해 분명히 정리할 수 있는데 직관적으로는 그 차이점을 알기 힘들다.

2) 좌측 공기 단어

[표 3-77] 지시관형사 '이'와 좌측에 공기하는 단어 – 통계 유의미 순서

어 절	분 석	좌 공기	총 공기	전체 빈도	t-score
바로	바로 / MAG	355	441	4,511	17.333
그러나	그러나 / MAJ	532	541	13,846	13.099
그런데	그런데 / MAJ	172	173	3,079	9.157
우리는	우리 / NP + 는 / JX	115	163	3,959	7.474
지금	지금 / MAG	106	129	2,699	7.301
특히	특히 / MAG	91	140	3,352	6.996
따라서	따라서 / MAJ	108	113	2,864	6.031
또	또 / MAJ	161	256	9,688	5.665

대통령은	대통령 / NNG＋은 / JX	39	40	416	5.201
그리고	그리고 / MAJ	225	230	8,996	5.041
있는데,	있 / VX＋는데 / EC＋, / SP	39	39	465	4.974
장관은	장관 / NNG＋은 / JX	30	32	249	4.905
결국	결국 / MAG	55	72	1,822	4.820
열린	열리 / VV＋ㄴ / ETM	21	38	507	4.760
또한	또한 / MAJ	68	101	3,183	4.644
경찰은	경찰 / NNG＋은 / JX	26	30	286	4.586
물론	물론 / MAG	84	97	3,112	4.455
어쨌든	어쨌든 / MAG	32	33	521	4.196
"야,	" / SS＋야 / IC＋, / SP	21	21	125	4.117
하지만	하지만 / MAJ	73	73	2,234	4.081

　지시관형사 '이'의 좌측 첫 번째 자리에 공기하는 단어들의 범주
는 [표 3-77]에서 보이듯이 다양한 편이다. 부사 '바로'가 가장 유의
미한 공기관계를 보이는 것은 지시관형사 '그'와 같다. 그러나 이 외에
는 지시관형사 '그'와 지시관형사 '이'는 여러 면에서 차이를 보인다.
　[표 3-73]과 4.2.(1)에서 설명한 바와 같이 지시관형사 '그'의 경우
에는 좌측 유의미 공기단어들에 인칭대명사가 많이 나오는 특징이
두드러졌는데 반하여 지시관형사 '이'는 1인칭 대명사 굴절형 '우리
는, 내가'만이 보이고 유의미한 공기단어들 중에서도 1인칭 굴절형
이 몇 개만 나타난다. 삼인칭 대명사는 통계적 유의미성이 있는 단
어에 나타나지 않고 지시관형사 '그'의 좌측에 유의미하게 공기한
이인칭 대명사 '네가, 당신들의, 너희들은'이 나타난 것에 비하여 지
시관형사 '이'에서는 '너'만 나타난다. 삼인칭이 나타나지 않는 것은
지시대상이 '이'의 경우 화자 주변에 한정된 것으로 설명이 되고 전
반적으로 특정 인칭대명사 굴절형과 유의미하게 공기하지 않는 것

은 지시관형사 '그'와의 큰 차이로 볼 수 있다.

그리고 부사들의 분포에 있어서도 지시관형사 '이'의 좌측에는 접속부사 중에서 의미적으로 인과 관계를 나타내는 '따라서, 그러므로, 그러니까'가 나오는데 지시관형사 '그'에서는 이런 특성이 잘 나타나지 않았다. 일반 접속부사가 나타나는 특징은 유사하지만 그 통계적 유의미 순서는 차이가 난다. 지시관형사 '그'의 경우 '그리고, 그런데, 그러나' 순서로 통계적 유의미 순서 차이도 크지 않은데 비하여, 지시관형사 '이'의 경우는 '그러나, 그런데, 그리고'의 순서로 완전히 반대이고 '그리고'의 경우 통계 유의미 수준이 상대적으로 지시관형사 '이'의 좌측 공기할 때는 차이가 크게 나타난다.

3) 연접범주관계

[표 3-78] 지시관형사 '이'의 좌측 연접문법범주

문법범주	총 공기 빈도	좌 빈도
MAG	4,608	2,013
VV+EC	4,708	1,818
MAJ	2,044	1,791
NNG+JX	7,900	1,707
VV+ETM	3,731	1,250
NNG+JKB	7,226	845
NP+JX	860	661
NNG	8,185	656
NNG+JKS	3,683	608
VV+EC+SP	535	438
NNP+JX	563	392
VX+EC	364	348
NNB+JX	468	330
VX+ETM	364	325

NNG+SP	595	292
VV+EP+EC	390	280
NNG+JKB+JX	1,558	270
NNG+XSN+JX	571	246
VA+EC	659	234
NP+JKS	407	222

　지시관형사 '그'의 좌측 공기 연접문법범주에서는 동사(VV)의 연결어미(EC) 활용형이 가장 빈도가 높았고 다음으로 일반부사가 나왔는데, 지시관형사 '이'의 경우는 순서가 바뀌었다. 일반부사(MAG)가 지시관형사 '이'의 좌측에 가장 많이 나오는 문법범주고 다음으로 동사의 연결어미(EC) 활용형이 많이 나온다. 지시관형사 '그'의 경우 우측에 공기하는 동사와 결합한 연결어미는 '-고'가 가장 많았었는데 지시관형사 '이'의 경우에는 '-면, -아서/어서, -고'가 비교적 고르게 분포한다. 그리고 지시관형사 '그'의 경우 우측 유의미 공기 동사에 '있다'의 활용형이 주로 분포한 것에 비하여 지시관형사 '이'는 다양한 동사가 분포하는데 주로 인용이나 내용 전달의 의미인 '따르면, 통해, 통해서, 관련하여, 듣고' 등이 나오는 특징을 보인다.

　접속부사의 경우도 빈도가 높게 나오는데 지시관형사 '그'에서 설명한 바와 같이 문맥의 연결성을 확보하기 위해 지시관형사가 많이 쓰이는 특징을 지시관형사 '이'에서도 볼 수 있다.

　그런데 대명사(NP)와 보조사(JX) 결합형의 경우에는 통계적 유의미성을 갖는 특정 단어는 많이 나타나지는 않았지만, 문법범주만을 고려했을 경우에는 [표 3-78]에서 보듯이 빈도가 높게 나타났다. 이런 특성은 지시관형사 '그'의 좌측 연접문법범주의 특징과 유사하다. 실제 자료를 보면 지시관형사 '그'의 경우 주로 특정 인칭대명사가 나타난 반면에, 지시관형사 '이'의 경우에는 통계적 유의미성이 있는 특정 단어가 아닌 인칭대명사도 다양하게 많이 나타났다. 보조사도 지시관형사 '그'의 경우에는 주로 '-은/는/ㄴ'이 분포했었지만 지시관 형사 '이'의 경우에는 좀 더 다양한 보조사가 나온다.

[표 3-79] 지시관형사 '이'의 우측 연접문법범주

문법범주	총 공기 빈도	우측 합	우1	우2
NNG	8,185	7,529	4495	3034
NNG+JKB	7,226	6,381	4273	2108
NNG+JX	7,900	6,193	4694	1499
NNG+JKO	5,478	5,308	3537	1771
NNG+JKG	3,945	3,782	2582	1200
NNG+JKS	3,683	3,075	1972	1103
VV+EC	4,708	2,890	171	2719
MAG	4,608	2,595	338	2257
VV+ETM	3,731	2,481	353	2128
MM	1,964	1,950	821	1129
VA+ETM	2,085	1,908	1103	805
NNG+JKB+JX	1,558	1,288	993	295
NNP	991	969	336	633
NNG+JC	516	456	145	311
NNG+VCP+ETM	524	439	159	280
VA+EC	659	425	75	350
NNB+JKB	613	414	328	86
NNB	529	392	152	240
NNG+XSN+JX	571	325	204	121
NNP+JKG	373	316	96	220

우측 연접문법범주의 경우를 보면 관형사의 통사적 특성상 명사의 여러 결합형이 가장 많이 분포한다. [표 3-79]를 보면 일반명사(NNG)

단독형이 가장 많이 나오는데 이 현상은 지시관형사 '그'와 같은 것으로 일반명사가 또 다른 체언을 수식하는 기능을 하는 것으로 보인다.

조사결합형 명사 중에서는 부사격조사(JKB)와 결합하는 일반명사가 많은 것이 특징이다. 또 지시관형사 '그'와 유사하게 명사가 출현하는 어절들은 대부분 우측 첫 번째 자리에 빈도가 두 번째 자리보다 높은데 반하여, 접속조사가 결합한 일반명사(NNG), 고유명사(NNP)의 여러 굴절형들은 우측 두 번째 자리의 빈도가 첫 번째 자리보다 높은 것이 특이하다.

고유명사(NNP)의 경우 이미 지시 대상이 명확한 것이므로 지시 관형사의 직접 수식을 받는 경우보다 그렇지 않은 경우가 많은 것으로 보이고 대명사(NP)의 경우도 지시성이 어느 정도 포함된 것으로 지시관형사의 직접 수식을 받는 경우가 그렇지 않은 여러 형태보다 적다고 생각한다.

그런데 의존명사(NNB)의 경우 부사격조사(JKB)와 결합하여 쓰인 경우는 우측 첫 번째 자리의 빈도가 두 번째 자리보다 높은데 비하여, 의존명사 단독형으로 쓰였을 때는 우측 두 번째 자리의 빈도가 더 높다. 이것은 지시관형사 '이' 다음에 수관형사가 많이 나오는 특징과 관련할 수 있는 부분으로 생각한다.

(3) 관형사 '저'

1) 우측 공기 단어

[표 3-80] 지시관형사 '저'의 우측에 공기하는 단어 – 통계적 유의미 순서

어 절	우1	우2	우측 합	공기 빈도	전체 빈도	t-score
사람	22	1	23	37	1,507	5.752
멀리	25	1	26	26	569	4.950
아래	21	3	24	25	783	4.791
사람이	23	1	24	26	3,097	4.290
먼	16	1	17	19	644	4.162

사람은	20	1	21	23	2,645	4.061
앉아	10	9	19	19	1,487	3.904
푸른	14	2	16	16	456	3.848
보이는	3	9	12	17	1,195	3.737
흰	15	0	15	15	498	3.701
좀	0	19	19	19	2,662	3.545
가서	4	9	13	15	1,537	3.344
유명한	12	0	12	12	397	3.311
왜	2	9	11	17	2,794	3.220
혼자	11	1	12	12	841	3.140
산	8	0	8	10	224	3.067
집에서	3	6	9	11	633	3.062
바라보았다.	2	8	10	10	391	2.997
젊은	10	2	12	12	1,220	2.995
깊은	7	4	11	11	1,069	2.887
속에	2	10	12	15	3,162	2.785
빛나는	3	2	5	8	208	2.730
바다	2	4	6	8	285	2.694
저	1	10	11	11	1,597	2.675
자식이	7	0	7	7	156	2.567
자식	7	0	7	7	190	2.550
보고	1	8	9	12	2,471	2.514
쪽에서	0	7	7	7	270	2.509
여자	5	1	6	8	698	2.499
앞에	3	7	10	10	1,673	2.457

　　지시관형사 '저'는 앞에서 설명한 지시관형사 '그, 이'와는 좀 다른 양상을 보인다. 통계적으로 유의미한 상위 공기관계는 [표 3−80]에서 보듯이 부사와 용언의 관형형이 나온다. 관형사의 통사적 특성상 체언만을 수식하게 되어있는데 바로 우측에 부사 '멀리'가 아주 유의미한 통계적 공기관계를 보이는 것은 일반적인 관형사나 다른

지시관형사의 특징과도 다른 현상이다. 이 현상은 지시관형사 '저'를 지시대명사로 볼 수 있는 근거가 되지만, 지시대명사로 보았을 경우 어떠한 조사도 붙을 수 없고 일반적인 문장을 자유롭게 생성하지 못하는 문제가 있다. 오직 부사 '멀리, 멀리서'와 공기할 경우에만 관형사를 대명사로 봐야하는 문제점이 있는 것이다. 이와 관련된 내용은 더 깊은 논의가 필요하지만 본고에서는 '저'를 지시관형사로 보고 부사 '멀리, 멀리서'와만 특별히 수식의 기능으로 공기하는 지시관형사 '저'의 특수한 용법으로 본다.

부사를 수식하는 특징 외에도 지시관형사 '저'는 시간 관련 의미의 명사를 수식하지 않는 특징이 있다. 지시관형사 '그'는 유의미한 우측 공기관계에 시간 관련 명사들이 많이 분포하였고 지시관형사 '이'도 분포의 차이는 있지만 시간 관련 명사와 공기하는데 지시관형사 '저'는 그렇지 않다. 그리고 추상명사 수식 공기관계도 잘 나타나지 않고 주로 사람을 지시하는 의미로 쓰이는 경우가 통계적 유의미성을 갖는다.

우측에 유의미하게 공기하는 단어들은 133개이고 이 중에서 명사가 포함된 것이 98개이다. 여기에는 사람과 관련된 것들이 많이 분포하고 장소 관련 명사들이 많이 분포한다.

명사 이외의 우측 유의미 공기 단어에는 일부 부사와 용언의 활용형들이 나오는데 특히 형용사의 경우 대부분 관형형으로 활용한 것들이 나타난다.

2) 좌측 공기 단어

[표 3-81] 지시관형사 '저'의 좌측 공기 단어 – 통계적 유의미 순서

어 절	좌측 1	공기 빈도	전체 빈도	t-score
생각	13	19	336	4.256
지금	12	23	2,699	4.046
방	12	14	367	3.611

집	9	15	1,284	3.431
골목	9	12	120	3.417
핑계	8	11	29	3.304
커튼	7	10	31	3.149
문	7	10	372	3.005
수화기	8	9	16	2.992
이쪽	5	8	31	2.813
가슴	8	9	423	2.812
복도	7	8	45	2.807
저기	8	8	138	2.763
그때	9	11	1,467	2.727
그런데	13	14	3,079	2.646
구석	5	7	38	2.626
너머	4	7	69	2.611
솟은	5	6	49	2.422
애기	6	6	145	2.370
이제	9	12	3,098	2.273
이집	5	5	10	2.230
아,	6	6	436	2.212
과연	5	7	967	2.159
사무실	5	5	131	2.158
위	3	5	174	2.132
속	3	5	244	2.090
신철이는	5	5	310	2.051
오늘	3	5	349	2.028
책	4	5	380	2.009
이쪽에서	4	4	17	1.988

　　지시관형사 '저'는 좌측에 공기하는 단어들에서도 지시관형사 '그, 이'와 다른 양상을 보인다. 지시관형사 '그, 이'에서는 가장 유의미한

좌측 공기 단어가 부사 '바로'였는데 지시관형사 '저'의 가장 유의미한 좌측 공기관계를 갖는 단어는 명사 '생각'이고 다른 여러 명사들도 좌측에서 유의미하게 공기하는 특징을 보인다.

'생각' 단독형으로 쓰이는 경우는 '이 생각 저 생각' 등이 있는데 이 경우 지시관형사 '이'의 병렬 구조에 '저'가 쓰이고, 이 경우 아주 고정된 공기관계로 보인다. 이런 관계로 볼 수 있는 것들이 좌측에 유의미하게 공기하는 명사들인데 '방, 집, 골목, 핑계' 등이 여기에 해당하고 모두 조사가 결합하지 않은 단독형으로 쓰인다.

이런 병렬 대칭 구성 이외에도 좌측에 명사가 많이 나오는 것은 다른 지시관형사와 매우 다른 특이한 현상인데, 지시관형사 '저'의 경우는 지시의 기능을 할 때 지시 공간을 먼저 제시하고 더 상세한 지시를 하는 특성이 있는 것으로 보인다. 예를 들어 '사무실 저 안에, 복도 저 끝에' 등이 그것이다.

좌측에 유의미하게 공기하는 부사는 '지금'으로 지시관형사 '그, 이'에서는 '바로'가 유의미하게 나오는데 지시관형사 '저'의 좌측 유의미 공기 단어에는 '바로'가 나오지 않는다. 그리고 통계적 유의미성이 있는 좌측 공기 부사에 '오늘, 이제, 방금'이 있는 것이 특징인데 이 부사들은 시간과 관련되고 현재와 관련된 부사들이다. 지시관형사 '저'의 우측에 분포를 보면 시간 관련 명사가 별로 출현하지 않는 것과 비교한다면 대비가 된다. 앞에서 설명한 바와 같이 지시관형사 '그, 이'의 우측 유의미 공기 단어에 시간 관련 명사가 많이 출현하는 것과도 큰 차이였는데 좌측 공기관계는 이와는 반대 현상을 보인다.

지시관형사 '이, 그, 저'는 좌우측 공기현상과 분포 단어가 각 지시관형사 별로 다른 양상을 보이며 각각의 특징이 있음을 보여주는데 여기에 관한 논의는 더 깊은 국어학적 관점에서 추후에 진행하고자 한다.

3) 연접범주관계

[표 3-82] 지시관형사 '저'의 좌측 연접문법범주

문법범주	총 공기 빈도	좌측 공기 빈도
NNG	933	344
MAG	434	163
VV+EC	500	133
VV+ETM	343	119
NNG+JX	297	86
MAJ	107	80
NNG+JKB	563	63
NP+JX	65	58
NNG+JKG	185	48
NNG+JKS	300	42
NNG+SP	70	34
MM+NNG	30	28
VV+EC+SP	39	25
VX+ETM	42	24
SS+IC+SP	24	24
VX+EC	30	23
IC+SP	26	23
VA+EC	92	22
VA+ETM	308	19

　　지시관형사 '그, 이'의 좌측 공기 연접문법범주에서는 일반부사
(MAG)와 동사(VV)의 연결어미(EC) 활용형이 가장 빈도가 높았는데, 지
시관형사 '저'의 경우는 일반명사(NNG) 단독형이 가장 많이 나온다.
이 특징이 지시관형사 '저'의 가장 두드러지는 특징인데 일반 관형

사의 특성과도 다른 것이다.

좌측에 접속부사(MAJ)가 많이 공기하는 특징은 다른 지시관형사와 유사한 성격이지만, 지시관형사 '저'와 좌측에 공기하는 유의미한 접속부사는 '그런데, 그럼' 이 두개만 나타난다. 이것은 지시관형사 '그, 이'의 좌측 공기 접속부사에 '그리고, 그러나, 그런데, 따라서'등이 아주 유의미하게 나오는 것과도 비교가 된다. 지시관형사 앞에 접속부사가 나오는 것은 문맥상 연결성을 확보하기 위한 것으로 보는데 지시관형사 '저'는 '그, 이'에 비해 이런 성격이 좀 덜 한 것으로 보인다. 즉, 문맥의 연결성을 갖기 위해 사용하는 지시관형사는 '그, 이'가 그 기능이 더 강함을 알 수 있다.

[표 3-83] 지시관형사 '저'의 우측 연접문법범주

문법범주	총공기 빈도	우측 합	우1	우2
NNG	933	589	404	185
NNG+JKB	563	500	297	203
VV+EC	500	367	73	294
NNG+JKO	327	318	186	132
VA+ETM	308	289	200	89
MAG	434	271	87	184
NNG+JKS	300	258	155	103
VV+ETM	343	224	72	152
NNG+JX	297	211	148	63
NNG+JKG	185	137	84	53
MM	110	110	23	87
VA+EC	92	70	28	42
NNG+JKB+JX	71	61	37	24
VV+EP+EF+SF	50	50	11	39
NNP	45	39	27	12
NNG+SP	70	36	26	10

NNB+JKB	39	35	15	20
NNG+SF	35	35	30	5
NNP+JKG	36	29	24	5
MAJ	107	27	10	17

　우측 연접문법범주의 경우를 보면 관형사의 통사적 특성상 명사의 여러 결합형이 가장 많이 분포한다. [표 3−83]을 보면 일반명사 단독형이 가장 많이 나오는데 이 현상은 지시관형사 '그, 이'와 같은 것으로 일반명사가 또 다른 체언을 수식하는 기능을 하는 것으로 보인다. 조사결합형 명사 중에서는 부사격조사와 결합하는 일반명사가 많은 것이 특징이다. 또 지시관형사 '그, 이'와 비슷한 특징으로 명사가 출현하는 어절들은 대부분 우측 첫 번째 자리의 빈도가 두 번째 자리보다 높다. 그렇지만 접속조사가 결합한 일반명사와 대명사의 여러 굴절형들은 우측 두 번째 자리의 빈도가 첫 번째 자리보다 높은데 지시관형사 '그, 이'에 비하여 접속조사 결합형 명사의 자리별 차이는 크지 않고 대명사의 주격조사 결합형은 우측 첫 번째 자리의 빈도가 더 높다.

5. 부사

　본고에서 이용하는 자료인 '550만 형태 분석 말뭉치'에서 부사는 총 4605개의 종류가 총 305,123회 출현한다. 이 중에서 고빈도 100등까지 해당되는 부사가 전체 부사 빈도의 약 63% 정도를 차지한다. 본고에서는 인접 공기관계 연구의 특성을 잘 나타내기 위해 고빈도 성분 부사 중에서 '바로'와 '아직'을 이용하여 비교 논의한다. 인접 공기 단어를 이용하여 연구하는 데는 문장부사 보다는 성분부사가 더 유용하고 성분부사 중에서도 성상부사가 인접 공기 단어로 연구하는 데 제일 적합하다고 판단하여 연구 대상어를 정하였다. 이 두 성상부사를 바탕으로 인접 공기 단어들을 통하여 해당 부사들의 특징을 분석해 보고자 한다. 언어학적 분석을 위해서 이 부사들의 좌우측 3어절 이내에 공기하는 단어의 분포를 바탕으로 분석한다. 같은 성상부사들이지만 수식의 대상과 분포상의 특징을 비교 분석하여 성상부사의 일반적 특성과 단어별 차이점을 명시적으로 분석하여 정리하고자 한다.

5.1 공기관계 추출

성상부사는 사람이나 사물의 모양, 상태, 성질을 한정하여 꾸미는 기능이 있다. 이 성상부사를 중심으로 공기관계를 분석하여 그 특징을 정리한다. 좌우측 3어절 이내에 공기하는 단어를 추출하고 통계 검증을 통해 유의미한 공기관계를 분석한다.

(1) 부사 '바로'

부사 중에서 '바로'는 550만 형태분석 말뭉치에서 총 4,556회 출현한다. 여기에 좌우측 각각 3어절 내에 인접 공기하는 단어들이 연구 대상이 되므로 검색 공간은 27,336어절(4556×6) 규모이다. 우선 다음은 부사 '바로'와 검색공간에서 공기하는 단어들을 공기 빈도 순서로 보인 것이다.

[표 3-84] 부사 '바로'와 공기하는 단어 – 공기 빈도 순서

어 절	분 석	전체 빈도	공기 빈도	좌합	우합
그	그 / MM	39,980	616	153	463
이	이 / MM	25,739	487	121	366
것은	것 / NNB＋은 / JX	13,524	176	166	10

것이	것 / NNB + 이 / JKS	12,565	166	160	6
이러한	이러하 / VA + ㄴ / ETM	5,062	122	21	101
있는	있 / VX + 는 / ETM	16,375	112	80	32
이것이	이것 / NP + 이 / JKS	1,017	107	83	24
수	수 / NNB	32,716	94	50	44
그것이	그것 / NP + 이 / JKS	2,039	92	77	15
있는	있 / VV + 는 / ETM	13,018	91	48	43
이런	이런 / MM	5,917	88	10	78
그런	그런 / MM	6,446	86	7	79

[표 3-84]에서 보듯이 단순히 공기 빈도만을 고려했을 경우 지시 관형사 '그, 이'가 가장 많이 공기한다. 그리고 지시 기능이 있는 대명사와 관형사, 형용사 활용형들도 대체로 높은 공기관계를 보인다. 이 외에 접속부사도 상위 공기 빈도를 보인다. 그렇지만 이 단어들과의 공기관계가 반드시 유의미하다고 볼 수는 없다. 유의미성 검증을 위해선 각 단어의 전체 자료에서의 빈도를 고려한 부사 '바로'와의 공기 빈도를 검정해야 한다. 이를 위해서 t-test를 이용하여 통계적 유의미성이 있는 단어를 추출하였다. 다음은 통계적 유의미성이 있는 단어들을 유의미성 순서로 보인 것이다.

[표 3-85] 부사 '바로'와 공기하는 단어 – 통계적 유의미 순서

어 절	총 합	좌3	좌2	좌1	우1	우2	우3	t-score
그	616	51	96	6	402	30	31	16.813
이	487	39	82	0	336	13	17	16.271
이것이	107	0	0	83	23	1	0	9.855
이러한	122	6	15	0	100	0	1	8.767
그것이	92	1	0	76	14	0	1	8.535
것은	176	9	8	149	0	6	4	8.199

것이	166	4	8	148	0	2	4	8.037
그것이다.	57	0	0	0	54	1	2	7.339
그게	52	0	1	45	6	0	0	6.529
이런	88	5	5	0	75	3	0	6.245
그러한	48	1	3	0	42	0	2	5.868

통계적 유의미성을 고려했을 때도 [표 3-85]에서 보듯이 지시관형사 '그, 이'를 비롯해서 지시 기능이 있는 대명사, 형용사 활용형이 높은 유의미성을 보인다. 즉 '그것, 이것, 이러한' 등이 있는데 각 단어마다 공기 위치 분포가 다른 양상을 보인다. 이 자료를 바탕으로 5.2.(1)에서 좌측과 우측에 유의미하게 공기하는 단어들을 대상으로 공기관계의 특징을 분석한다.

다음은 부사 '바로'의 연접범주관계를 해당 문법범주의 빈도순서로 보인 것이다.

[표 3-86] 부사 '바로'의 연접문법범주

문법범주	공기 빈도	좌3	좌2	좌1	우1	우2	우3
VV+ETM	1,674	242	632	76	109	279	336
NNG	1,655	206	267	124	388	409	261
MM	1,470	135	228	6	944	72	85
VV+EC	1,311	370	198	157	146	173	267
NNG+JKS	1,247	140	76	679	76	156	120

[표 3-86]을 보면 부사 '바로'는 용언뿐만 아니라 명사의 여러 굴절형이나 관형사와도 높은 공기관계를 보임을 알 수 있다. 특정 단어를 고려한 것이 아니라 문법범주만을 보는 연접문법범주는 부사 '바로'의 통사적 결합 관계를 명시적으로 제시하는데, 5.2.(1)에서 좌측과 우측에 공기하는 문법범주를 분석한다.

(2) 부사 '아직'

부사 중에서 '아직'은 550만 형태분석 말뭉치에서 총 3,654회 출현한다. 여기에 좌우측 각각 3어절 내에 인접 공기하는 단어들이 연구 대상이 되므로 검색 공간은 21,924어절(3654×6) 규모이다. 우선 다음은 부사 '아직'과 검색공간에서 공기하는 단어들을 공기 빈도 순서로 보인 것이다.

[표 3-87] 부사 '아직'과 공기하는 단어 – 공기 빈도 순서

어 절	분 석	전체 빈도	공기 빈도	좌 합	우 합
그	그 / MM	39,980	165	66	99
그러나	그러나 / MAJ	13,846	138	137	1
않은	않 / VX+은 / ETM	3,274	137	4	133
남아	남 / VV+아 / EC	1,109	103	1	102
이	이 / MM	25,739	92	46	46

부사 '아직'도 부사 '바로'와 비슷하게 가장 고빈도 공기 단어는 지시관형사 '그'이고 지시관형사 '이'도 빈도가 높은 편이다. 그런데 부사 '바로'는 접속부사와 지시 기능이 있는 여러 범주의 단어들이 많이 나왔지만, 부사 '아직'은 부정의 기능이 있는 부사, 형용사가 많이 나타나는 특징이 있다. 그렇지만 여기서도 유의미한 공기관계를 검정하기 위해서 t-test를 통해서 유의미한 공기관계 단어를 추출한다. 다음은 공기 단어들을 통계적 유의미 순서로 보인 것이다.

[표 3-88] 부사 '아직'과 공기하는 단어 – 통계적 유의미 순서

어 절	총 합	좌3	좌2	좌1	우1	우2	우3	t-score
않은	137	1	3	0	0	74	59	10.589
남아	103	0	0	1	27	27	48	9.713

그러나	138	25	33	79	0	1	0	7.049
못한	53	0	2	0	0	29	22	6.379
안	71	1	0	0	32	25	13	5.942
못하고	46	0	1	1	0	19	25	5.901
않고	60	1	0	1	0	36	22	5.764
못	51	1	0	0	13	21	16	5.515
하지만	46	14	15	16	1	0	0	5.469

통계적 유의미성을 고려했을 때는 [표 3−87]에서 보인 고빈도 공기 단어와는 좀 다른 양상을 보인다. [표 3−88]에서 보면 주로 부정(否定)의 기능이 있는 부사와 형용사가 주로 분포하고, 접속부사도 앞의 내용과 상반됨을 나타내는 것들이 주로 있다. 이런 단어들도 자리별 분포 양상이 다른데, 5.2.(2)에서 '아직'과 좌우측에서 유의미하게 공기하는 단어들에 대해서 그 특징을 분석한다.

다음은 부사 '아직'의 연접범주관계를 해당 문법범주의 빈도순서로 보인 것이다.

[표 3−89] 부사 '아직'의 연법문법범주

문법범주	총 합	좌1	좌2	좌3	우1	우2	우3
VV+EC	1,750	195	148	164	399	425	419
NNG	1,170	55	269	180	314	182	170
NNG+JKS	998	253	58	96	223	236	132
NNG+JX	917	532	48	55	112	98	72
VV+ETM	902	1	236	159	114	189	203

[표 3−89]를 보면 부사 '아직'은 부사 '바로'처럼 용언뿐만 아니라 명사의 여러 굴절형과 높은 공기관계를 보임을 알 수 있다. 그렇지

만 관형사나 부사의 공기 빈도 순서는 좀 다른 양상을 보인다. 여기서도 공기관계에서 어휘적 특성만을 고려한 것이 아니라, 문법범주를 중심으로 분석하는 연접문법범주는 부사 '바로'와 비교하여 부사 '아직'의 통사적 결합 관계를 5.2.(2)에서 설명한다.

5.2 인접 공기관계 분석

부사는 일반적으로 체언 이외의 여러 문장 성분을 수식하는 단어로[69] 다양한 문법 범주를 수식하는 기능이 있다. 그리고 통사구조상 그 특징을 서술어를 중심으로 수식한다고 보는 것이 일반적이다. 그런데 김민수(1983)에서도 언급하였듯이 일부 부사는[70] 체언의 의미를 제한하는 기능도 있음을 지적하였다. 인접 공기관계 연구 부분에서 다루는 것은 문장 전체나, 멀리 떨어져 쓰이는 단어들 사이의 공기관계는 연구 범위가 아니다. 그러나 앞에서도 언급한 바와 같이, 성상부사들의 경우 비교적 인접한 단어들을 수식하는 것으로 볼 수 있으므로 본고에서 다루는 내용이 매우 의의가 있다고 생각한다. 특히 부사의 통사적 특징은 매우 다양하다는 것은 이미 많은 논의에서 지적하였지만[71], 실제 대규모 언어 사용 자료를 바탕으로 연구한 사례는 많지 않다. 이런 점에서 부사의 인접 공기관계 연구는 부사의 특징을 밝히는데 매우 의미있는 것이라고 확신한다.

여기서는 앞에서 보인 여러 공기관계 추출 자료를 이용하여 해당

---

69) 서정수(1996)

70) 김민수(1983)에서 든 예는 다음과 같다.

겨우 (둘), 꼭 (열), 바로 (그), 곧 (다음), 반드시 (고졸), 꼭 (고졸일것), 아주 (날 것), 가장 (새것), 좀 (바보), 조금 (뒤), 훨씬 (앞), 몹시 (걱정), 매우 (열성), 아주 (과학적)

71) 손남익(1995)에서 국어 부사의 선행연구 소개와 여러 부분에 걸친 특징을 전반적으로 잘 정리하였다.

단어의 특성을 분석한다. 부사가 어떤 대상의 뜻을 분명하게 하기 위해 쓰이는지에 대한 의미적 특성과 그 수식 대상의 분포 고찰을 바탕으로 해당 부사의 의미 통사적 기능을 분석한다.

(1) 부사 '바로'

부사 '바로'는 체언 수식의 기능이 있는 매우 특이한 부사다. 서정수(1996)에서는 형용사 '바르다'에서 전성된 부사로 보고 있다.[72] 그리고 부사 '바로'의 의미 통사적 특징은 손남익(1995)에서 부사의 정의와 관련하여 잘 정리하였다. 손남익(1995)에서 부사 '바로'에는 일반부사들처럼 서술어를 중심으로 한 수식 등 기능적인 측면과 함께 [양태성], [정도성], [상징성], [시간성], [장소/처소성], [서법성], [접속성]의 의미자질이 모두 포함되어 있다고 보았다. 그렇지만 두 단어의 공기관계만을 고려한 본 연구에서는, 문맥을 고려해야 하는 의미자질상의 특징을 정확히 분석하기 어렵다. 그렇지만 대규모 언어 사용 자료에서 나타난 부사 '바로'의 특징을 객관적이고 명시적으로 정리할 수 있다. 그리고 '바로'의 수식 대상에 대한 고찰뿐 아니라 좌측에 나타나는 단어들의 특징과 피수식 대상이 아닌 우측 공기 단어들을 통해 다양한 공기 현상을 대규모 실제 언어 사용 자료를 계량적으로 다룬다는 특징이 있다. 여기서는 다른 부사와는 달리 매우 다양한 통사 의미적 기능이 있는 부사 '바로'와 공기하는 단어들을 고찰함으로써 분포상의 특징과 공기관계의 긴밀성을 중심으로 논의를 전개한다.

1) 우측 공기 단어

성상부사 '바로'의 우측에서 공기하는 단어들의 분포를 분석하여

---

72) 형용사 '바르다'의 어간 '바르'와 파생접미사 '-오'가 결합하여 부사 '바로'가 되었다고 보았다.

'바로'의 통사 의미적 특징을 살펴본다. 다음은 부사 '바로'의 우측 3
어절 이내에 유의미하게 공기하는 단어들을 우측합이 좌측합보다
큰 것을 통계적 유의미 순서로 보인 것이다.

[표 3-90] 부사 '바로'의 우측 공기 단어 – 통계적 유의미 순서

어 절	전체 빈도	총 공기 빈도	우 합	우1	우2	우3	t-score
그	39,980	616	463	402	30	31	16.813
이	25,739	487	366	336	13	17	16.271
이러한	5,062	122	101	100	0	1	8.767
그것이다.	319	57	57	54	1	2	7.339
이런	5,917	88	78	75	3	0	6.245
그러한	1,477	48	44	42	0	2	5.868
그런	6,446	86	79	73	3	3	5.818
여기에	757	40	38	38	0	0	5.729
옆에	519	27	27	23	3	1	4.699
우리	9,357	83	67	53	8	6	4.005
그것이었다.	49	16	16	15	1	0	3.939
점이	502	19	11	0	11	0	3.786
눈앞에	242	16	14	11	3	0	3.699
점에서	925	21	20	0	20	0	3.579
점을	868	20	20	0	16	4	3.507
이것이다.	20	11	11	11	0	0	3.286
같은	10,043	78	65	3	55	7	3.179
앞에서	1,164	20	20	14	6	0	3.178
그때	1,467	22	17	15	1	1	3.135
옆	142	11	11	11	0	0	3.103
앞에	1,673	23	22	11	4	7	3.062
이와	75	10	10	9	0	1	3.044
잡아야	64	9	9	9	0	0	2.893
그때였다.	71	9	9	9	0	0	2.882

옆의	107	9	9	8	1	0	2.822
우리의	2,597	27	20	13	2	5	2.712
여기에서	292	10	9	9	0	0	2.703
그렇기	187	9	8	7	1	0	2.690
때문이다.	4,322	38	38	0	21	17	2.679
이유	230	9	8	0	8	0	2.618

부사 '바로'의 우측에 공기하는 빈도가 좌측보다 크고 통계적 유의미성이 있는 단어는 141개이다. 그 중에서 통계적 유의미성이 높은 것들을 [표 3-90]에 제시하였다.

[표 3-90]에서 보듯이 가장 통계적 유의미성이 높은 단어는 지시관형사 '그, 이'이다. 유의미 우측공기 단어 142개 중에서 관형사는 모두 9개가 나오는데 모두 지시관형사 '그, 이'가 포함된 것이다. 특히 '그, 이' 단독형 지시관형사는 다른 유의미 공기 단어에 비해 유의미성이 매우 높게 나타난다. 문법범주만을 고려했을 경우 관형사 이외의 범주가 더 많이 공기하지만 특정 단어를 고려한 공기관계에서는 '그, 이'는 공기성이 높다. 이런 특성은 지시 기능이 있는 형용사 '그렇다, 이렇다'의 여러 굴절형과 관형사 '이런, 그런' 등을 포함하면 모두 27개의 단어가 부사 '바로'와 유의미하게 공기한다. 지시의 방향에 있어 화자와 청자를 기준으로 볼 수 있는 지시어 '이, 그'의 여러 굴절형들이 '다른 것이나 다른 데에 있는 것이 아니라는 뜻으로 특정의 대상을 집어서 가리키는 말 또는 다름이 아니라 곧'의 뜻으로 쓰이는 '바로'와 공기성이 통계적으로 매우 높은 특징을 보인다. 그렇지만 지시관형사 중에서 '저'와 굴절형들은 유의미하게 공기하지 않는다. 이와는 대조적으로 지시대명사 '여기, 거기, 저기'는 모두 유의미하게 공기한다. 이렇게 특정 대상을 가리키는 뜻을 분명히 하는 기능은 위치를 나타내는 '위, 앞, 옆'의 굴절형들과도 유의미한 공기관계를 갖는 것을 보면 더욱 잘 드러난다. 즉 특정 대상을

가리키는 의미를 강조하는 기능과 관련된 단어들과 높은 유의미 공기관계를 갖는다. 그리고 공기 위치도 대체로 우측 첫 번째 자리에 빈도가 가장 높게 나타나는데 이런 공기관계는 공기관계의 고정성도 매우 높은 것으로 볼 수 있다.

이 외에 '바로'의 뜻인 '① 비뚤어지거나 굽은 데가 없이 곧게', '② 거짓이나 꾸밈없이 있는 그대로', '③ 사리나 원리, 원칙 등에 어긋나지 아니하게', ' ④ 도리, 법식, 규정, 규격 따위에 어긋나지 아니하게', '⑤ 시간적인 간격을 두지 아니하고 곧'의 의미로 쓰이는 것과 관련이 있는 단어는 [표 3-90]에서는 ③의 뜻으로 쓰인 '잡아야' 정도만 보인다. 이런 특징은 부사 '바로'는 여러 사전적 의미 중에서 특정 대상을 지시하는 뜻을 강화하는 기능으로 쓰이는 단어와 공기성이 높다는 것을 보여준다. 일반적으로 부사는 용언 수식 기능이 큰데 성상부사 '바로'는 관형사나 명사 수식의 경우가 더 많다는 특징이 있다.

2) 좌측 공기 단어

성상부사 '바로'의 좌측에서 공기하는 단어들의 분포를 분석하여 '바로'의 통사 의미적 특징을 살펴본다. 다음은 부사 '바로'의 좌측 3어절 이내에 유의미하게 공기하는 단어들을 좌측합이 우측합보다 큰 것을 통계적 유의미 순서로 보인 것이다.

[표 3-91] 부사 '바로'의 좌측 공기 단어 – 통계적 유의미 순서

어 절	전체 빈도	총 공기 빈도	좌 합	좌1	좌2	좌3	t-score
이것이	1,017	107	83	83	0	0	9.855
그것이	2,039	92	77	76	0	1	8.535
것은	13,524	176	166	149	8	9	8.199
것이	12,565	166	160	148	8	4	8.037
그게	989	52	46	45	1	0	6.529

것도	3,867	64	62	58	4	0	5.597
그것은	3,895	63	60	57	2	1	5.498
곳이	536	33	33	33	0	0	5.280
이게	325	19	18	18	0	0	3.988
곧	2,439	36	32	23	2	7	3.979
사람이	3,097	36	29	24	2	3	3.434
있는	16,375	112	80	16	42	22	2.892
이유가	414	12	11	11	0	0	2.870
그건	808	15	15	14	0	1	2.836
이유도	128	9	9	9	0	0	2.787
있는데,	365	11	9	5	1	3	2.769
있는	13,018	91	48	1	35	12	2.756
가장	5,039	43	31	0	0	31	2.738
건	1,702	21	20	17	2	1	2.736
과정이	188	9	9	9	0	0	2.688
하는	3,954	35	25	0	20	5	2.594
된	1,446	18	17	0	16	1	2.548
말한	523	11	8	0	5	3	2.532
삶이	172	8	7	6	1	0	2.526
이것은	1,914	21	20	20	0	0	2.506
이유는	675	12	12	10	1	1	2.495
역사를	549	11	9	9	0	0	2.493
여기가	92	7	6	6	0	0	2.472
게	4,022	34	33	29	3	1	2.402
거기가	28	6	5	5	0	0	2.392

부사 '바로'의 좌측에 공기하는 빈도가 우측보다 크고 통계적 유의미성이 있는 단어는 102개이다. 그 중에서 통계적 유의미성이 높은 것들을 [표 3-91]에서 보인다.

[표 3-91]에서 보듯이 가장 통계적 유의미성이 높은 단어는 지시대명사 '이것이, 그것이'이다. 유의미 좌측공기 단어 중에서 상위에 있는 것들도 우측 유의미 공기 목록에서 보인 것과 매우 유사하게 지시의 기능이 있는 것들이 많이 분포한다. 다만 지시대명사의 형태로 나타나는 것이 많은 특징인데 그것은 통사적 결합관계의 특성상 그런 것이고 의미 기능상으로는 지시 기능이 많다는 것은 좌측에서도 잘 드러난다. 우측 공기 현상에서는 이런 지시 기능과 관련된 단어가 주된 것이었던 것에 반해서 좌측에는 의존명사 '것'이 많이 보이고 일반명사 '이유'가 나오는데 이들 단어들 뒤에 전술 내용에 대한 상세한 서술을 요구한다는 점에서는 같다고 볼 수 있다. 의미상 부사 '바로'의 좌측에 공기하는 단어들도 '다른 것이나 다른 데에 있는 것이 아니라는 뜻으로 특정의 대상을 집어서 가리키는 말 또는 다름이 아니라 곧'의 뜻으로 쓰이는 '바로'와 공기성이 통계적으로 매우 높은 특징을 보인다. 이런 공기관계를 갖는 단어들은 대부분 좌측 첫 번째 자리의 출현빈도가 현저히 높은데, 이런 특성도 우측 공기관계에서 보인 바와 같이 공기관계의 고정성도 매우 높은 것으로 볼 수 있다.

이 외에 '바로'의 뜻인 '① 비뚤어지거나 굽은 데가 없이 곧게', '② 거짓이나 꾸밈없이 있는 그대로', '③ 사리나 원리, 원칙 등에 어긋나지 아니하게', '④ 도리, 법식, 규정, 규격 따위에 어긋나지 아니하게', '⑤ 시간적인 간격을 두지 아니하고 곧'의 의미로 쓰이는 것과 관련이 있는 단어는 [표 3-91]에서는 주로 ⑤의 뜻으로 쓰인다고 보이는 '곧'과 ③의 뜻으로 쓰인 '역사를' 정도만 보인다. 이런 특징은 우측 공기관계 단어들과 마찬가지로 부사 '바로'가 여러 사전적 의미 중에서 특정 대상을 지시하는 뜻을 강화하는 기능으로 쓰이는 단어와 공기성이 높다는 것을 보여준다. 그리고 부사 '바로'와 유의미하게 공기하는 부사로는 '곧, 가장'만이 보이는데 '곧'은 좌측 첫

번째 자리에 주로 나타나 '바로'를 수식한다고 볼 수 있지만,'가장'은
좌측 세 번째 자리에만 나타나기 때문에 이 자리별 분포만으로는 반
드시 '바로'를 수식한다고 보기는 힘들다.

　　부사 '바로'는 좌우측 공기현상 전체적으로 '대상을 집어서 가리
키는 말 또는 다름이 아니라 곧'의 의미로 쓰이는 경우가 주로 유의
미 공기관계를 보이는 특성이 있고 다른 뜻의 쓰임은 매우 드물게
나타남을 알 수 있다. 그리고 '바로'를 수식하는 부사는 '곧'밖에 나
타나지 않는다.

3) 연접범주관계

[표 3-92] 부사 '바로'의 우측 연접문법범주 - 우측 공기 빈도 순서

문법범주	총공기	우합	우1	우2	우3
MM	1,470	1,101	944	72	85
NNG	1,655	1,058	388	409	261
NNG+JKB	1,172	840	231	373	236
VV+ETM	1,674	724	109	279	336
NNG+JKG	1,005	678	274	252	152
VV+EC	1,311	586	146	173	267
NNG+JKO	924	511	104	232	175
VA+ETM	655	419	189	137	93
NNG+JKS	1,247	352	76	156	120
NNG+VCP+EF+SF	343	343	103	159	81
MAG	497	217	39	73	105
NNG+VCP+ETM	292	204	63	84	57
NNP	274	175	94	33	48
NNB+VCP+EF+SF	140	140	0	63	77
NNG+VCP+EP+EF+SF	139	139	26	80	33
NNG+JX	820	129	21	52	56

	총공기	좌합	좌1	좌2	좌3
NP+JKG	182	129	89	18	22
NNG+VCP+EC	184	127	29	66	32
NP	151	127	103	13	11
VV+EF+SF	125	125	11	52	62

성상부사 '바로'의 우측에 공기하는 단어를 문법범주만을 고려하여 통사적 결합관계 특성을 분석한다. '바로'는 문장부사가 아니고 성상부사로서, 수식의 대상이 대체로 우측 3어절 이내에 모두 나온다고 가정할 수 있다. [표 3-92]를 보면 우측에 가장 많이 공기하는 문법범주는 관형사이다. 그리고 이 관형사들은 대체로 우측 첫 번째 자리에 나오는 빈도가 높은데, 실제 자료를 보면 지시관형사들이다. 이런 특성을 보면 지시관형사가 있는 명사구의 한정성을 부사 '바로'가 더 강화하는 기능이 있다고 볼 수 있다. 관형사와는 상대적으로 일반명사의 여러 굴절형들은 우측 첫 번째 자리의 고정성이 적고 오히려 두 번째 자리의 고정성이 높은 것들이 많은데 이런 특성은 지시관형사가 있는 명사구가 많고, 이 명사구의 한정성을 강화하는 기능이 부사 '바로'의 큰 특성으로 생각한다.

형용사의 활용형 중에서 관형형 활용이 빈도가 제일 높고 우측 첫 번째 자리의 빈도가 제일 높은데 이 특성도 부사 '바로'가 명사구 수식 기능이 큼을 알 수 있고, 관형격조사 결합형 일반명사도 이와 비슷한 양상을 보인다. 이런 연접문법범주의 특징을 볼 때, 부사 '바로'의 수식 대상은 주로 명사구이고 지시성이 있는 관형어와 공기하는 특성이 크다고 볼 수 있다.

[표 3-93] 부사 '바로'의 좌측 연접범주문법 – 좌측 공기 빈도 순서

문법범주	총공기	좌합	좌1	좌2	좌3
VV+ETM	1,674	950	76	632	242
NNG+JKS	1,247	895	679	76	140

VV+EC	1,311	725	157	198	370
NNG+JX	820	691	586	60	45
NNG	1,655	597	124	267	206
NNG+JKO	924	413	119	86	208
MM	1,470	369	6	228	135
NNG+JKB	1,172	332	74	73	185
NNG+JKG	1,005	327	13	201	113
NP+JKS	415	313	289	4	20
MAG	497	280	71	62	147
VX+ETM	364	280	26	198	56
NNB+JX	302	277	244	18	15
VA+ETM	655	236	7	149	80
NNB+JKS	249	233	209	14	10
NP+JX	224	185	141	20	24
MAJ	221	185	78	46	61
NNB	196	100	5	36	59
NNP	274	99	10	53	36
VX+EC	136	93	35	24	34

여기서는 부사 '바로'의 좌측에 공기하는 연접범주관계를 분석한다. 가장 빈도가 높은 문법범주는 동사의 관형형 활용형(VV+ETM)이다. 그런데 이 범주는 좌측 두 번째 자리의 빈도가 첫 번째와 세 번째 자리에 비해 현저히 높은 것을 알 수 있는데, 이는 부사 '바로'와 직접적 관련이 있다기보다는 좌측 첫 번째 자리에 오는 명사를 수식하는 것으로 보인다. 이 특성은 주격조사가 결합한 일반명사의 빈도가 동사 관형형 활용형 다음으로 많이 쓰이고 좌측 첫 번째 자리의 빈도가 가장 높은 점을 보면 잘 알 수 있는데, 이런 특성은 보조사 결합 일반명사와 주격조사 결합 의존명사에서도 잘 나타난다. 예를 들면 '온 사람이 바로'같은 구성이 많이 쓰인다고 볼 수 있다.

(2) 부사 '아직'

부사 '아직'은 서정수(1996)에서는 '차례 부사어'로 정리하고 있다. 이 부사는 시간적인 앞뒤 관계를 나타내는 부사로 비교적 수식에 제약이 적은 자유부사로 보고 있고 손남익(1995)에서는 과거 시간부사로 보고 있다. 이렇게 정리한 것들을 보면 부사 '바로'는 시간과 관련된 의미적 특성을 보이며 주로 과거 시제가 쓰인 서술어를 수식하는 기능이 있다고 할 수 있다. 여기서도 부사 '아직'과 공기하는 단어들의 양상 분석을 통해 수식의 특징에 국한하지 않고 좌우 인접하는 단어들의 여러 계량언어학적 특징을 밝히고자 한다.

1) 우측 공기 단어

성상부사 '아직'의 우측에서 공기하는 단어들의 분포를 분석하여 '아직'의 의미 통사적 특징을 살펴본다. 다음은 부사 '아직'의 우측 3 어절 이내에 유의미하게 공기하는 단어들 중 우측합이 좌측합보다 큰 것을 통계적 유의미 순서로 보인 것이다.

[표 3-94] 부사 '아직'의 우측 공기 단어 – 통계적 유의미 순서

어 절	전체 빈도	총 공기 빈도	우합	우1	우2	우3
않은	137	133	0	74	59	10.589
남아	103	102	27	27	48	9.713
못한	53	51	0	29	22	6.379
안	71	70	32	25	13	5.942
못하고	46	44	0	19	25	5.901
않고	60	58	0	36	22	5.764
못	51	50	13	21	16	5.515
덜	28	28	7	13	8	5.064
살아	31	29	22	3	4	4.826
어린	25	24	16	5	3	4.278

되지	23	22	3	14	5	4.031
밝혀지지	15	15	7	3	5	3.823
채	16	16	9	4	3	3.807
끝나지	15	15	10	2	3	3.791
번도	16	16	0	15	1	3.731
완전히	21	19	11	6	2	3.690
있지	19	17	0	7	10	3.427
많은	39	33	25	5	3	3.322
시간이	18	14	5	7	2	3.285
뚜렷한	12	10	7	2	1	3.181

부사 '아직'의 우측에 공기하는 빈도가 좌측보다 크고 통계적 유의미성이 있는 단어는 195개이다. 그 중에서 통계적 유의미성이 높은 것들을 [표 3-94]에서 보인다.

[표 3-94]에서 보이듯이 가장 통계적 유의미성이 높은 단어는 보조용언 '않다'이다. 그리고 상위 유의미 목록에 많은 부정(否定)의 의미를 갖는 보조용언들과 부사들이 있다. 부사 '아직'은 '어떤 일이나 상태 또는 어떻게 되기까지 시간이 더 지나야 함을 나타내거나, 어떤 일이나 상태가 끝나지 아니하고 지속되고 있음을 나타내는 말'이라는 의미를 갖는데 기본적으로 '기대하는 것 이상으로 시간이나 상태의 지속'을 표현하는데 부정의 표현과 공기하는 특징이 두드러진다. 또 '아직'의 사전적 의미에서 '상태나 시간의 지속'을 나타내는 것과 관련된 단어들인 '남아, 살아, 어린' 등도 높은 유의미성을 보인다.

기대하는 것과 다른 점을 강조하기 위해 부사 '아직'이 많이 쓰이는 것으로 보이는데, 기대하는 것과 다르다는 것을 부정의 '안, 못'이 포함된 보조용언과 부사가 부사 '아직'과 주요 공기관계를 갖는다. 이 외에도 기대에 못 미침을 나타내는 부사 '채, 덜'과도 유의미하게 공기한다. 이 외에도 유의미 공기관계를 보이는 단어들 중에서 부정의 의미를 갖는 것이 많이 분포한다. 이 점은 '어떤 기대와 다른 것'을 표현하는데 부사 '아직'은 주로 부정의 단어들과 공기하는 경우가 많다는 것이다. 반대로 긍정의 의미로 볼 수 있는 단어로는 '많은, 살아' 등이 있는데, 이 단어들은 긍정의 의미를 직접적으로 표현하는 것은 아니다. 그리고 본용언들은 보조용언 '안하다, 못하다'와 함께 쓰이기 위해서 연결어미 '-지'와 결합한 형태가 많이 분포한다. 그리고 부사 '아직'은 부정표현의 보조용언을 중심으로 용언 수식 기능이 크다는 것을 알 수 있다.

2) 좌측 공기 단어

[표 3-95] 부사 '아직'의 좌측 공기 단어 - 통계적 유의미 순서

어 절	전체 빈도	총 공기 빈도	좌 합	좌3	좌2	좌1	t-score
그러나	13,846	138	137	25	33	79	7.049
하지만	2,234	46	45	14	15	16	5.469
우리	9,357	84	43	10	33	0	5.095
지섭은	334	17	17	1	5	11	3.800
나는	13,018	87	73	7	9	57	3.763
불구하고	923	20	20	3	1	16	3.649
있으나	356	15	13	2	0	11	3.506
하지만	272	12	10	0	3	7	3.151
있지만	322	11	10	0	0	10	2.929
난	1,141	16	16	0	0	16	2.862
기억이	242	10	6	0	0	6	2.857
문제는	1,185	15	13	0	1	12	2.653
우리에게	569	11	6	1	0	5	2.632
넌	319	8	6	0	1	5	2.378
저는	966	12	11	1	0	10	2.352

홍	368	8	5	1	4	0	2.309
우리는	3,959	28	21	0	1	20	2.309
하지만	560	9	6	1	1	4	2.255
하나	187	6	5	0	2	3	2.145
전	208	6	6	1	0	5	2.111

부사 '아직'의 좌측에 공기하는 빈도가 좌측보다 크고 통계적 유의미성이 있는 단어는 63개이다. 그 중에서 통계적 유의미성이 높은 것들을 [표 3-95]에서 보인다.

[표 3-95]에서 보듯이 가장 통계적 유의미성이 높은 단어는 접속부사 '그러나, 하지만'이다. 이 접속부사들은 역접의 기능을 하는 것들인데 우측 공기관계에서 분석한 것과 관련이 있다. 즉 '어떤 기대와 다른 것'을 표현하는 부사 '아직'은 우측에 주로 부정의 단어들과 공기하는 경우가 많았는데, 전술한 것과 다른 것을 나타내기 위해서 '아직'의 좌측에 역접의 접속부사가 많이 쓰인다고 볼 수 있다. 접속부사 이외의 유의미 공기관계 단어들도 용언의 경우 역접의 기능이 있는 어미 '-지만, -으나'로 활용하는 것이 많이 분포한다. '불구하고'처럼 역접의 기능이 없는 어미로 활용하는 용언의 경우는 용언 자체 의미가 역접의 의미가 있는 것들이 나온다. 그리고 대체로 역접의 의미를 표현하는 단어들은 부사 '아직' 좌측 첫 번째 자리의 공기 빈도가 가장 높은 특징을 보인다. 부사 '아직'의 좌측에 유의미하게 공기하는 단어들의 의미적 특징은 역접의 뜻이 있는 단어들이 여러 문법범주로 나타난다는 것이다. 이런 특징은 형태론적 관점에서 보면 용언의 활용형이 '-지만, -으나' 등의 연결어미로 주로 실현되는 것으로 볼 수 있고, 통사적 특징은 부사 '아직'의 좌측 첫 번째 자리에 바로 연접하여 나타나는 것이다.

3) 연접범주관계

[표 3-96] 부사 '아직'의 우측 연접문법범주 – 우측 공기 빈도순

문법범주	총 공기	우 합	우1	우2	우3
VV+EC	1,750	1,243	399	425	419
NNG	1,170	666	314	182	170
NNG+JKS	998	591	223	236	132
NNG+JKB	836	552	177	234	141
MAG	784	551	239	160	152
NNG+JKO	796	536	171	201	164
VV+ETM	902	506	114	189	203
VA+ETM	593	422	223	115	84
VX+ETM	440	358	0	193	165
MM	572	354	256	42	56
NNG+JX	917	282	112	98	72
NNG+JKG	478	281	124	94	63
VA+EC	324	250	132	72	46
VX+EC	301	203	0	94	109
VA+EF+SF	128	128	55	30	43
VX+EF+SF	114	114	0	46	68
NNG+VCP+ETM	143	104	50	31	23
VX+EP+EF+SF	96	96	0	54	42
NNB	186	94	0	48	46
VV+EF+SF	86	86	18	37	31

여기서는 성상부사 '아직'의 우측에 공기하는 문법범주를 분석한
다. [표 3-96]을 보면 부사 '아직'의 우측에 가장 높은 빈도로 공기
하는 문법범주는 본동사의 연결어미(EC) 활용형이다. 부사 '바로'의
우측 최상위 고빈도 문법범주가 관형사인 것과는 많은 차이가 있다.

우측에 공기하는 명사들을 보면 명사 단독형이 가장 빈도가 높고 다음으로 주격조사 결합형, 부사격조사, 목적격조사 결합형 순서로 나온다. 부사 '아직'의 경우 명사 단독형이 많이 나오는 것은 부사 '바로'와 비슷하지만 자리별 빈도가 '아직'의 우측에선 우측 첫 번째 자리가 빈도가 두 번째 자리보다 비교적 많이 나타난다. 그리고 부사 '바로'의 우측 공기 문법범주가 부사격조사, 관형격조사 결합형 일반명사의 순서로 나오는 것과는 차이가 있다. 부사 '아직'은 수식의 대상이 '바로'와는 달리 용언이라고 보이는데 이 특징은 부사 '바로'의 수식 대상이 명사구로 보이는 것과는 연접문법범주의 측면에서 큰 차이라고 볼 수 있다.

[표 3-97] 부사 '아직'의 좌측 연접문법범주 – 좌측 공기 빈도순

문법범주	총 공기	좌합	좌1	좌2	좌3
NNG+JX	917	635	532	48	55
VV+EC	1,750	507	195	148	164
NNG	1,170	504	55	269	180
NNG+JKS	998	407	253	58	96
VV+ETM	902	396	1	236	159
MAJ	320	304	142	94	68
NNG+JKB	836	284	107	80	97
NNG+JKO	796	260	48	85	127
NP+JX	297	257	215	21	21
MAG	784	233	68	75	90
MM	572	218	0	123	95
NNG+JKG	478	197	2	120	75
VA+ETM	593	171	0	95	76
NNG+JKB+JX	253	168	137	18	13
NNP+JX	121	110	88	13	9

VV+EP+EC	129	108	61	30	17
VX+EC	301	98	61	21	16
NNP	165	97	1	59	37
NNB	186	92	26	29	37
VX+ETM	440	82	0	49	33

부사 '아직'의 좌측 공기 연접문법범주를 분석한다. 가장 높은 빈도의 문법범주는 일반명사의 보조사(JX) 결합형이다. 실제 자료를 보면 부사 '아직'의 좌측에 공기하는 빈도가 좌측보다 크고 통계적 유의미성이 있는 단어는 63개인데, 이중 보조사는 모두 '-은/는'으로 나타난다. 그리고 공기 자리도 좌측 첫 번째 자리에 대부분 나타나는 특징을 보인다. 이 특징은 부사 '바로'의 좌측에 가장 많이 공기하는 문법범주가 관형형 활용 동사인 것과는 큰 대조를 보인다. 보조사 '-은/는'는 의미 기능상 서술의 주제가 되는데 이와 비슷한 성격이 일반명사의 주격조사 결합형에서도 나타난다. 즉 주격조사 결합형 일반명사도 좌측 첫 번째 자리에 공기하는 빈도가 높고 다른 일반명사 굴절형보다 빈도가 높다.

부사 '아직'의 경우는 연결어미로 활용하는 동사의 빈도가 용언의 활용형 중에서 가장 높다. 그리고 이 연결어미들 대부분은 역접의 기능이 있는 '-으나, -지만'이 나타난다.

이런 특성은 부사 '아직'이 수식하는 용언의 논항이 '아직' 바로 앞에 선행하는 경우가 많고, 전술한 내용과 역접이 되는 것을 나타내는 용언이 부사 '아직'의 좌측에 공기하는 통사적 구성이 많다는 것을 보여준다.

6. 인접 공기관계 연구 요약

이 장에서는 국어 공기관계의 계량언어학적 연구 방법으로, 중심어와 일정한 공간 내에 인접하여 공기하는 단어(어절)들의 특성을 분석함으로써 중심어의 특성을 밝히기 위한 연구를 진행하였다.

이 연구에서 사용한 자료는 품사 및 일부 형태소 정보가 부착된 말뭉치(corpus)로서, 공기 단어들의 형태 품사 정보를 활용하여 매우 유용한 자료의 추출 및 정리가 가능하였다. 그리고 중심어와 공기하는 단어들 중에서 통계 기법을 이용해 일정한 기준 이상의 유의미한 연어관계에 있는 단어들을 추출하였다. 이 단어들을 각 문법 범주별로 나누어 중심어와 공기하는 분포상의 특징을 분석하여 공기 단어들의 계열관계와 중심어의 결합관계 특성을 정리하였다. 그리고 특정 단어만을 고려한 공기관계 연구뿐 아니라, 중심어와 검색공간에서 출현하는 모든 단어들의 문법범주만을 고려한 연접범주관계 연구를 통해 중심어의 결합관계를 통사적 관점에서 정리하였다.

이 연구의 계량언어학적 특징은 대규모 자료에서 효과적으로 언어학적 정보를 추출하기 위해 다양한 통계 기법을 이용한 것이다. 공기관계에서 두 단어의 공기성을 효과적으로 측정하기 위해, 여러 유의미성 검증 통계식의 특성을 파악하여 가장 적절한 검증식을 적용하였다. 그리고 검색 공간 내에서 공기하는 단어의 자리 고정성을 보기 위해서 자리값 평균과 표준편차를 이용하였다. 이렇게 추출된 공기관계는 국어학 연구에 유용한 자료가 될 뿐 아니라, 자동적으로 대규모 언어 자료를 처리하는 자연언어처리 분야에도 매우 유용한 정보를 제공할 수 있다고 생각한다.

인접 공기관계 연구의 대상은 어절 단위 공기관계를 갖는 모든 단어가 된다. 따라서 실질어휘 중심의 연구가 되는데, 본고에서는 일반명사, 동사, 형용사, 관형사, 부사에서 몇 단어를 예로 들어 논의를 진행하였다. 인접 공기관계 연구 결과에서 각 품사별로 그 특성이 다르고, 한 품사 내의 단어들 사이에서도 다른 특성이 보임을 밝혔다.

  일반명사에서는 서술성 명사 '말'과 비서술성 명사 '길'을 예로 들어 공기관계의 계량언어학적 방법의 특징을 보였다. 일반명사의 공기관계 연구에서는 좌우 각 3어절 내에 공기하는 모든 단어들을 추출하고, 이 단어들과의 통계적 유의미 공기성을 t-test를 이용하여 유의미 공기 단어들을 추출하였다. 수식 관계에서는 명사의 특성상 관형어가 좌측에 많이 공기하는 특성이 있었다. '말'의 경우 동사 '하다'가 여러 형태의 관형형으로 많이 나타나고, '길'의 경우 이동 동사들이 여러 형태의 관형형으로 나타난다. 이런 특성은 우측에서 공기하는 단어들에서도 비슷한 양상을 보인다. '말'의 좌측에 유의미하게 공기하는 체언들은 인칭대명사가 관형격조사와 결합하여 많이 나타나는 반면에, '길'에서는 그 성질이나 의미를 구체화하는 체언들이 관형격조사와 결합하여 많이 나타난다. 이 외에도 숙어적 용법으로 쓰이는 것인 '말'에서는 좀 나타나지만, '길'에서는 잘 나타나지 않는다. 연접범주관계에서는 일반명사의 특성상 좌측에는 용언의 관형형 활용 형태가 가장 많이 나타난다. 그런데 '말'에서는 일반명사가 조사결합형 중에서 부사격조사 결합형이 빈도가 제일 높은데 비하여, '길'에서는 관형격조사 결합형이 빈도가 제일 높다.

  동사는 빈도가 가장 높은 '하다'와 '가다'를 예로 들어 연구하였다. 동사는 논항을 갖는데 이 특성을 살피기 위해 조사결합형을 기준으로 공기관계를 분석하였다. '하다'의 경우 서술성 명사가 대부분 목적어가 될 수 있다. 이 중에서 가장 유의미성이 있는 단어는 '일을'이다. 이 외의 다양한 서술성 명사들이 목적어로 나오는데 이 중에선 자리 고정성이 높은 단어들이 많이 분포한다. '가다'의 경우 목적격조사 결합 명사 중에서 '길을'이 가장 유의미한 공기관계를 보인다. '하다'에 비해 자리 고정성은 낮은 편이다. 주격조사 결합형은 목적격조사 결합형과 달리 우측에 공기하는 경우가 많았다. '하다'의 경우 대부분 의미상으로 목적어에 해당하는 단어들이 많다. 반면에 '가다'는 주격조사 결합형 명사들이 좌측에 많이 나오며 의미상 주어가 많이 나타난다. 그 밖에 부사 공기관계의 특성도 정리하였다. 연접범주관계에서는 '하다'의 경우 목적격조사 결합형 일반명사가 가장 많이 공기하는데, '가다'는 연결어미로 활용하는 동사가 가장 많이 나온다.

　형용사는 '높다'와 '길다'를 예로 들어 공기관계 특성을 보았다. 주격조사 결합형 명사들은 대부분 형용사의 주어로 나타나는데 이들 단어에 의해서 각 형용사들의 의미별 사용 분포를 알 수 있다. '높다'에서는 '보통보다 크다'의 의미로 쓰이는 주어가 가장 많이 나타나는데 자리 고정성이 높다. '길다'는 주격조사 결합형에서는 '시간이 길다'의 의미로 쓰이는 것들이 많이 나오는데 반하여 우측에 공기하는 명사들은 '길이가 길다'의 의미로 쓰이는 것들이 유의미한 공기관계를 많이 보인다. 연접범주관계에서는 좌측 공기 단어들의 문법범주에서 '높다'는 주격조사 결합형 명사가 가장 빈도가 높은데 '길다'는 부사가 가장 많이 나온다. 우측 공기 단어들의 문법범주에서도 두 형용사가 차이를 보인다. '높다'의 경우 일반명사 단독형이 빈도가 가장 높은데, '길다'에서는 연결어미로 활용한 동사가 빈도가 제일 높다.

　관형사는 지시관형사 '그, 이, 저'를 대상으로 수식 대상의 분포상 특징과 차이를 연구하였다. 지시관형사의 특성상 우측 공기 단어들을 중심으로 분석했다. '그'는 시간이나 위치와 관련된 명사가 많이 분포하고 '이'는 구체명사가 주로 분포하는데 '저'는 특이하게 체언 뿐 아니라 부사 '멀리, 멀리서'를 수식한다. 연접범주관계 특징에서는 '그, 이'는 좌측에서 일반부사와 동사의 연결어미 활용형이 가장 빈도가 높은데, '저'의 경우 명사가 가장 빈도가 높다. 우측 공기 양상은 관형사의 일반적 특징으로 여러 형태의 체언을 수식하는데 공기 어절의 문법 범주별로 빈도 순서는 차이가 있다.

부사는 인접 공기관계 연구의 특성을 고려하여 성분부사인 '바로'와 '아직'을 예로 들어 연구하였다. '바로'는 의미적으로 특정 대상 지시의 기능을 강화하는 역할을 하는 특성이 강하다. 따라서 우측에 공기하는 단어들 중에는 지시성이 있는 단어들이나 위치를 나타내는 명사들이 많이 분포하는데 이는 부사로서 서술어를 수식하기보다는 체언을 수식하는 기능이 강한 특성을 보인다. '아직'이 수식하는 단어들은 대부분 용언들이 많고, 이들 단어의 의미적 특징은 부정(否定)의 의미를 갖는 것이 많다는 것이다. 연접범주관계에서는 우측 공기 단어들의 문법 범주에서 '바로'는 관형사가 가장 높은 빈도를 보이고, 부사임에도 불구하고 일반명사의 빈도가 다음으로 높다. 이와 반면에 '아직'은 동사의 연결어미 활용형이 가장 빈도가 높다.

제 4 장 구문적 공기관계 연구

공기관계 연구에서 3장에서는 연구 대상이 되는 중심어와 인접 공기하는 단어를 이용하여 연구하였다면, 4장에서는 중심어와 문법 관계에 있는 단어들과의 구문적 공기관계를 논한다. 대부분의 공기관계 연구는 1장에서 서술한 바와 같이 연어관계 연구를 중심으로 인접하여 나타나는 단어를 주 연구 대상으로 삼았다. 특히 계량적 연구에서는 국내외의 많은 연구가 대부분 인접 공기관계를 다루었다.

그런데 홍종선 외(2000)에서는 인접 공기관계뿐 아니라 중심어와 문법 관계에 있는 공기관계를 말뭉치를 이용한 실제 자료 분석 중심의 연구를 시도하였다.[73] 새로운 관점에서 공기관계를 다루었다는 점에서 매우 의의있는 연구라고 할 수 있다. 그러나 계량 언어학적 측면에서는 중심어와 문법관계에 있는 단어들을 해당 문법 범주별로 출현의 빈도만을 이용하였고, 구문적 공기관계를 통계적 방법을 통한 유의미성 검증을 하지 않은 아쉬움이 있다. 문법관계적 공기관계 단어들의 통계적 검증은 박병선(2000), 박병선·강범모(2001)에서 방법론을 중심으로 시도한 바 있으나, 통계적 방법을 이용한 연구의 소개 중심이었다.

본고에서는 중심어와 문법관계에 있는 단어들의 공기관계 유의미성 검증과 문법범주 출현 유형의 양상도 분석하고자 한다. 즉, 문법관계적 공기관계를 각 해당범주만을 고려하여 분석하는 것과 함께

---

73) 필자도 이 연구에서 자료의 수집, 가공, 처리 등에 주도적으로 참여하였다.

중심어와 문법관계에 있는 단어들의 문법 범주 출현 유형을 고려한 '연접문법범주'에 대한 분석을 한다. 2장에서 설명한 바와 같이 여기서 사용하는 자료는 문법관계 표지를 사람이 직접 부착한 것으로, 문법관계 정보의 정확성이 높은 자료라는 장점을 갖는다. 다만 모든 품사를 다루지 못하고 체언과 용언의 일부를 가공 처리한 자료라는 점이 아쉽다. 3장에서 어절단위의 공기관계 연구의 특성을 보이기 위해 여러 품사를 다루었지만 4장에서는 일반명사, 동사, 형용사만을 대상으로 하여 문법관계 단어들의 공기관계 분석을 한다.

1. 명사

본고에서 사용하는 자료에서 일반명사의 문법관계는 수식관계를 중심으로 표시하였다. 다양한 수식의 양상을 연구자가 직접 해당 용례에 표시한 것이다. 따라서 문법 정보의 정확성을 신뢰할 수 있고, 여기서 분석한 자료는 해당 일반명사의 수식 현상의 정확한 분석을 가능하게 한다. 다음은 일반명사 수식관계 표시를 위한 수식 범주의 기준이다.

⑴ 체언 대상어를 수식하는 경우

　가. Da : 순수 관형사의 경우
　나. Dv, Dvx : '용언＋관형사형어미'로 된 관형어의 경우
　다. Dn, Dnq : 명사 관형어의 경우
　라. Ds, Dsq : '명사＋--의'로 된 관형어의 경우
　마. Dr : 완전한 종결어미 '-다, -냐, -라, -자' 등으로 끝난 관형
　　　절의 경우74)

---

74) 표지에 대한 상세한 설명은 2장에서 하였다.

(1)에서 보이듯이 일반명사를 수식하는 여러 양상을 모두 포함하는 기준을 설정하여 말뭉치에서 해당 일반명사의 용례를 추출하여 (1)에서 설정한 기준에 따라 수식어를 표시하였다. 각 수식범주 별로 해당 단어를 추출하여 분석하고 통계 유의미성 검증도 하여 공기관계의 특성을 분석한다. 홍종선 외(2000)에서는 일반명사 100개를 선정하여 수식관계 표지 부착 작업을 하였다. 본고에서는 이 중에서 3장에서 다루었던 일반명사 '말'과, 통사적으로 수식어와 관계가 밀접한 일반명사 '경우'를 분석하여 인접 공기관계 연구와의 비교 및 문법 관계 표지 자료의 연구 특성을 제시하고자 한다.

1.1 구문적 공기관계 추출 및 유의미성 검증

이미 해당 일반명사의 수식관계 표시가 정확히 되어있는 자료이므로 각 수식 표지별로 단어를 추출하여, 굴절형을 고려하여 통계적 유의미성 검증을 한다.

(1) 일반명사 '말'

일반명사 '말'의 자료는, 홍종선 외(2000)에서 말뭉치 '고려대 한국어 말모둠1' 1,000만 어절에서 '말'의 용례를 추출하고 1/10으로 축소하여 '말(言)'의 의미로 쓰인 것만 대상으로 수식관계를 표시한 것이다. 일반명사 '말'의 수식 형태는 관형사(Da), 종결어미 결합 관형어(Dr), 일반명사(Dn), 고유명사(Dnq), 관형격조사 결합형 명사(Ds), 관형격조사 결합형 고유명사(Dsq), 관형사형 어미 결합 본용언(Dv), 관형사형 어미 보조용언(Dvx)이 나타난다. 다음은 각 범주별로 상위 5개를 보인 것이다.

[표 4-1] 일반명사 '말'의 수식 형태와 단어 – 각 범주별 빈도 순서

범주	빈도	범주	빈도	범주	빈도	범주	빈도	범주	빈도	범주	빈도	범주	빈도	범주	빈도
Da	123	Dn	30	Dnq	2	Dr	318	Ds	112	Dsq	32	Dv	239	Dvx	18
그	39	다음	2	스페인	1	있단	25	내	16	고르비의	1	하는	35	싶은	6
이	29	우리	2	한국	1	없단	7	그의	11	고트립의	1	한	20	있는	2
무슨	21	한마디	2			있다는	7	남의	3	관수의	1	일컫는	13	주는	2
아무	15	가지	1			한단	6	그녀의	2	김옥균의	1	할	10	내는	1
그런	7	기사	1			된단	4	나의	2	노덴스의	1	될	7	낸	1

위에서 보이는 예는 한 문장 내에서 중심어에 대해 수식관계를 갖
는 단어를 문장내 어절 거리와 상관없이 해당 표지를 붙인 것이다.
여기서 사용한 자료는 1,510개의 빈도를 보이는 일반명사 '말'의 용
례로 작업한 것이다. [표 4-1]을 보면 관형사와 용언의 종결형에 관
형형 결합형과 용언의 관형형 활용형이 다른 범주에 비해 빈도가 높
다. 다음은 범주를 고려하지 않고 모든 수식어의 빈도만을 고려하여
고빈도 5개 단어를 보인 것이다.

[표 4-2] '말'을 수식하는 단어 – 빈도순

범 주	어 절	빈 도
Da	그	39
Dv	하는	35
Da	이	29
Dr	있단	25
Da	무슨	21

[표 4-2]를 보면 최상위 빈도에는 관형사의 분포가 많다. 그러나 실제
자료에서 관형사 수식의 종류는 많지 않다. 이런 특성은 (1)에서 설명한다.

(2) 일반명사 '경우'

앞에서 제시한 일반명사 '말'과 같은 방식으로 수식 관계 표지를 각 종류별로 부착한 자료를 이용한다. 일반명사 '경우(境遇)'의 의미에는 '① 사리나 도리'와 '② 놓여 있는 조건이나 놓이게 된 형편이나 사정'이 있는데 ②의 뜻으로 쓰일 때는 대부분 관형어의 수식을 받는 특성이 있다. 일반명사 '경우'는 1,176회의 빈도를 보이는데, 이 용례에 대해 수식 관계 정보를 부착하였다. 일반명사 '경우'의 수식 형태는 관형사(Da), 일반명사(Dn), 관형격조사 결합형 일반명사(Ds), 관형격조사 결합형 고유명사(Dsq), 관형사형 어미 결합 본용언(Dv), 관형사형 어미 보조용언(Dvx)이 나타난다. 다음은 각 범주별 상위 5개 단어를 보인다.

[표 4-3] 일반명사 '경우'의 수식 형태와 단어 – 각 범주별 빈도 순서

범주	빈도	범주	빈도	범주	빈도	범주	빈도	범주	빈도	범주	빈도
Da	94	Dn	5	Ds	284	Dsq	89	Dv	609	Dvx	63
이	29	가지	2	나라의	11	일본의	9	있는	15	않을	18
이런	20	나중	1	우리의	8	미국의	4	하는	13	할	7
어떤	16	오라버니	1	대부분의	5	한국의	4	같은	12	있는	5
그런	7	우리	1	후자의	5	독일의	3	되는	10	못할	4
어느	5			나의	4	민자당의	2	없는	10	않는	4

[표 4-3]을 보면 용언의 관형형 활용형이 가장 많이 나오고 다음으로 일반명사의 관형격조사 결합형이 많이 나온다. 위의 범주들이 중복하여 '경우'를 수식하는 것이 없으므로 각 범주별 총합이 1,142로 약 97%가 관형어와 함께 일반명사 '경우'가 쓰인다. 이런 특성은 (2)에서 분석한다. 그런데 단순히 공기 단어의 빈도순만을 고려한 경우는 관형사 '이, 이런'이 가장 높게 나온다. 이런 특징은 일반명사 '말'과 유사한 것이다.

1.2 구문적 공기관계 분석

여기서는 일반명사를 수식하는 양상을 수식범주별로 나누어 그 특징을 분석하고 통계적 유의미성 검증을 통해 공기관계의 긴밀성을 분석한다. 통계적 유의미성은 기본적으로 t-test를 하였고 공기관계 구성 단어들의 상호 긴밀성을 고려하기 위해 t-score가 유의미한 것에 대해 MI(상호 정보)-test한 결과를 참조한다.

(1) 일반명사 '말'

1) Da : 순수 관형사의 경우

일반명사 '말'을 수식하는 관형사는 다음과 같다.

[표 4-4] '말'을 수식하는 관형사

범 주	빈 도
Da	124
그	39
이	29
무슨	21
아무	15
그런	7
이런	3
두	1
모든	1
무신	1
무어란	1
암	1
어떤	1
여러	1
열	1
저런	1

　[표 4-4]를 보면 관형사가 일반명사 '말'을 수식하는 경우는 123
회 나온다. 그 중에서 '그, 이, 무슨, 아무, 그런, 이런'이 주로 쓰인
다. 이 특징을 3장 인접 공기관계 분석에서 다룬 것과 비교해 보면,
[표 4-4]에서 비표준형 관형사 '무신, 무어란'를 제외하고 모두 인접
공기관계 단어로 추출된 것이다. 인접 공기관계 연구에서 추출된 관
형사는 모두 34종류로 [표 4-4]에서 보는 것보다 더 많은 목록을 보
인다. 관형사 특성상 대부분 피수식어에 바로 인접하여 나타나므로
3장에서 추출한 관형사는 대부분 일반명사 '말'을 수식하는 것으로
볼 수 있다. 그리고 인접 공기관계 분석에서 통계적 유의미성이 있
는 관형사는 모두 9개이다. 이런 점을 보면 관형사 수식 관련 문법
관계적 공기관계 연구에도 인접 공기관계 단어 추출을 통한 연구가
유효하며, 오히려 대규모 자료를 자동으로 처리하였을 때 다양한 단
어에 대한 연구가 가능하다고 생각된다. 다만 이 연구를 위해서는
대규모의 형태 분석 말뭉치가[75] 필요하다.

　[표 4-4]는 일반명사 '말'을 수식하는 관형사의 공기 빈도만을 나
타내는 것으로, 해당 단어가 전체 말뭉치에서 얼마나 출현하는지를
고려한 통계적 유의미성을 따진 것은 아니다. 여기서는 통계적 유의
미성을 공기단어가 '고려대 한국어 말모둠1'에서 출현하는 빈도와
일반명사 '말'과 공기하는 빈도를 이용하여 t-test와 MI 계산을 통해
구하였다. 그 결과 [표 4-4]에서 제시한 관형사 중에서 '무슨, 아무'
만 통계적 유의미성이 있는 공기관계인 것으로 나왔다. 3장 인접 공
기관계 연구에서 9개 관형사가 유의미한 것으로 나온 것에 비교하
면, 일부만 통계적 유의미성이 있는 것으로 나온다. 관형사 '무슨, 아

---

75) 일반적인 '품사 정보 부착 말뭉치(Part-of-speech tagged corpus)'를 말한다. 관형사
　는 굴절하지 않는 특성이 있어서, 관형사 목록이 있다면 원시 말뭉치(raw corpus)
　에서도 연구가 가능하다. 그렇지만 형태 정보가 부착된 말뭉치에서는 품사 정
　보를 이용해서 추출하는데 별도의 품사 목록을 이용하지 않고 바로 추출할 수
　있는 편리함이 있다.

무'는 각각 t-score가 5.14와 3.1로 나오고 MI-score는 각각 2.5와 2.3으로 통계적 유의미성이 있다. 이 특성은 이미 3장에서 다룬 것으로, 일반명사 '말'에 대한 관형사의 공기성과 이 관형사들에 대한 일반명사 '말'의 공기성도 큰 것으로 분석할 수 있다.

2) Dv, Dvx : '용언+관형사형 어미'로 된 관형어의 경우

일반명사 '말'을 수식하는 범주 중 용언의 관형형인 것이다. 기본형을 고려했을 경우 '하다'의 여러 활용형들이 가장 높은 빈도를 보인다. 130개의 단어가 총 257회 빈도로 나타난다. 각 단어별로 보면 대부분 빈도 1인 것들로 정확한 유의미성 검증을 하기 힘들다. 이에 비해서 3장에서 다룬 것을 보면 총 182개의 단어가 통계적으로 유의미하게 일반명사 '말'과 공기하였다. 인접 공기관계 연구에는 구문적 공기관계 연구의 관형절(Dr)에 해당되는 것도 포함한 것이지만, 연구자가 일부 자료에 직접 문법관계 정보를 부착한 것 보다 훨씬 더 많은 유의미한 단어를 추출하였다. 3장에서도 일반명사 '말'과 유의미하게 공기하는 용언의 활용형 중에서 '하다'의 여러 활용형이 전체 용언 활용형 공기관계의 1/3이 넘는 것으로 분석되었다. 대부분 의미적 관계로 보면 '하다'의 목적어 논항의 역할을 하는 '말'로 볼 수 있다. 그 이외의 용언의 활용형들도 주어, 목적어 논항의 역할을 하는 것들이 많이 분포한다.

3) Dn, Dnq : 명사 관형어의 경우

명사 관형어의 경우는 대부분 저빈도 공기관계인 단어들로 통계적 유의미성을 논하기가 힘들다. 3장의 1.2.(1).1)에서 분석한 것을 보면 명사 수식의 경우도 많은 유의미성을 갖는 단어가 있다. 관형격 조사 없이 나오는 명사의 경우에서 통계적 유의미성을 갖는 것은 80여 개에 이른다. 3장의 1.2.(1).1)을 보면 [표 4-1]에 나온 단어들 중에서는 '한마디'만이 통계적 유의미성이 있는 공기관계로 나온다. 이 장에서 이용하는 자료는 연구자가 직접 문법관계를 부착하였다는 장점은 있지만 자료의 규모가 작아서 통계 검증과 일반적인 수식 분포 양상을 분석하기는 어렵다.

4) Ds, Dsq : '명사+-의'로 된 관형어의 경우

관형격조사가 결합한 명사의 경우는 [표 4-1]에서 보이듯이 인칭 대명사가 많이 나온다. 이 특징도 3장에서 이미 분석한 내용이다. 그런데 여기서도 '내, 그의'만 공기 빈도가 통계 검증이 가능한 것이고 나머지 단어들은 모두 저빈도로 엄밀한 통계 검증을 할 수 없다. 3장에서는 인칭 대명사 '그, 나, 너'의 굴절형들이 대부분 통계적 유의미 공기관계를 보이는 것과 주로 관형격 조사와 결합하여 나타난다는 점을 분석하였다.

5) Dr : 완전한 종결어미 '-다, -냐, -라, -자' 등으로 끝난 관형절의 경우

[표 4-1]을 보면 관형절 수식이 가장 많이 나타난다. 그러나 여기서도 빈도수가 3 이상인 단어는 12개뿐이다. 이 중에서 통계적 유의미성을 갖는 것은 8개이다. 이 장에서 사용하는 자료에서는 관형어와 관형절을 분리하여 수식관계 정보를 부착하였지만 3장에서 사용한 '형태 분석 말뭉치'에서는 실제로 문장의 종결이 아닌 경우는 모두 관형형 어미로 처리하였다. 3장에서의 자료 분석은 기본적으로 자동처리를 염두에 둔 것으로 관형절의 분리는 하지 않았으나 종결어미에 관형형 어미가 결합한 형태는 예측이 가능하므로, 관형절에 의한 수식관계도 분석이 가능하다. [표 4-1]에서처럼 '있다, 없다, 하다'의 활용형들이 빈도가 높은데 통계적 유의미성도 높은 것으로 나타난다. '있다, 없다'의 경우 '말'은 주어 역할을 하고, '하다'의 경우는 '말'이 목적어 역할을 한다고 볼 수 있는데, 이런 특징은 3장에

서 다룬 동사 '하다'의 인접 공기관계 분석에서 잘 드러났다.

　수식의 경우 연구자가 직접 수식관계 정보를 부착하는 것이 한정된 자료만 가능하고 시간이 많이 요구되는 등의 어려운 점이 있다. 이에 반하여 자동 처리를 통한 인접 공기관계 분석은 정확성이 있는 형태 분석 말뭉치를 활용할 수 있다면 훨씬 효과적으로 다양한 정보를 이용하여 수식관계를 분석할 수 있게 한다.

(2) 일반명사 '경우'

　일반명사 '경우'는 '놓여 있는 조건이나 놓이게 된 형편이나 사정'의 뜻으로 쓰일 때는 대부분의 경우 관형어와 함께 쓰인다. 관형어와 함께 쓰이지 않는 경우는 모두 '경우에 따라서'의 변이형들뿐이다. 즉, '따르다'의 여러 활용형에 선행하는 경우를 제외하고는 모두 관형어와 함께 쓰이는 특징을 보인다. 여기서는 이렇게 일반명사 '경우'를 수식하는 관형어의 범주들과 그 분포에 대해서 분석한다. (1)에서 분석한 '말'에서 보이듯이 한정된 자료를 이용하여서 대부분 빈도가 낮은 단어들이 공기관계로 나타난다. 이런 특성상 통계적 유의미성 검증을 하는 것에는 많은 제한이 있다. 따라서 수식관계를 갖는 일반명사 '경우'의 유의미 공기관계 단어는 많지 않다. 이러한 이유로 여기서는 통계적 유의미 공기관계 단어에 대한 논의로 제한하기보다는 전체적인 관형어 출현 양상에 대해 분석한다.

1) 관형사 수식

[표 4-5] 일반명사 '경우' 수식 관형사

Da	106
이	29
이런	20

어떤	16
그런	7
어느	5
그	4
다른	2
이번	2
그건	1
모든	1
무슨	1
첫째	1
두번째	1
두	1
둘째	1
세번째	2

일반명사 '경우'를 수식하는 관형사는 [표 4-5]에서 보듯이 지시와 순서를 나타내는 것들이 대부분이다. 이 특성은 일반명사 '말'에서 나타난 것과도 유사한 것이지만, '아무'의 축약형 '암'이 일반명사 '경우'를 수식하지는 못한다. 그리고 '아무'의 축약형 '암'은 일반명사 '말'만 수식하며 이미 합성어처럼 쓰인다. 즉 띄어 쓰지 않고 '암말'로 굳어진 형태를 보인다. 통계적 유의미성을 갖는 것은 '이런' 하나만 보인다. 그렇지만 이 경우도 MI-score는 0.84로 통계적 유의미성이 있다고 보기 힘든데, 이것은 지시관형사 '이런'의 지시 대상이 되는 단어의 종류가 매우 다양하기 때문이라고 볼 수 있다. 즉, '경우'에 대해서 '이런'이 공기하려는 성질은 매우 강하지만 '이런'과 '경우'가 서로 같은 상호 의존성으로 공기하려는 성질이 강하다고 보기는 힘들다.

2) 용언 활용 수식

일반명사 '경우'의 관형어로 가장 많이 나타나는 형태이다. 상위 빈도에 있는 용언들은 주로 '있다, 없다, 하다'의 활용형들이 나온다. 일반명사 '말'과 비교하면 '말'의 관형어의 경우 문장종결어미가 쓰인 관형절이 가장 많은 수식형태를 보인 것과는 다른 양상을 보인다.

그리고 원래 '이러하다, 그러하다, 저러하다'에서 나온 여러 관형형 중에서 '이런, 그런, 저런'은 관형사로 굳어진 반면에 '이럴, 그럴, 저럴'은 용언의 활용형 성질이 아직 많이 남아있다고 할 수 있다. 일반명사 '경우'를 수식하는 것에는 '이럴, 그럴, 저럴'이 나오는데 일반명사 '말'을 수식하는 것은 없고 직관적으로도 어색한 표현으로 판단된다. 이런 차이점은 지시사와 결합하는 관형형 어미 '-은/는/ㄴ'과 '-을/ㄹ'의 차이에서 온다고 보인다. 관형형어미 '-을/ㄹ'이 쓰이는 환경은 '가능성에 대한 예측이나 가정'의 뜻이 강하게 표현되고 이런 관형어의 수식을 받는 체언의 분포에도 제약이 따른다. 관형형 어미에 따른 피수식어의 분포에 대한 깊은 논의는 별도의 연구가 필요하다.

용언의 관형형 활용 단어 중에서 통계적 유의미성이 있는 것은 '이럴, 않을, 특별한, 저같은, 심할, 그럴, 심한'의 순서로 7개의 단어가 있다. 유의미성이 있는 공기관계를 보이는 이들 단어들의 관형형 어미중에서 '-ㄹ'이 더 많이 분포하고, 일반명사 '경우'의 수식에 동일 용언에 대해서도 관형형 어미 '-ㄹ'과 '-은'이 모두 쓰일 수 있음이 '심하다'의 활용형들을 통해 드러난다. 이와 반면에 일반명사 '말'의 용언 관형형 수식어의 경우에 '하다, 되다, 모르다'만 '할, 될, 모를'로 활용을 하여 수식하고 나머지 116종의 단어는 모두 관형형 어미 '-은/는/ㄴ'로만 쓰였다.

3) 명사 수식

일반명사 '경우'의 명사 수식어는 '가지, 나중, 오라버니, 우리'만 나타나는데 이것만으로 그 특징을 서술하기 힘들다. 고유 명사는 단독으로 쓰여 관형어로 나오는 것은 없었다. 반면에 관형격조사와 쓰이는 명사형은 많이 나타난다. 통계적 유의미성이 있는 단어는 '후자의, 대부분의, 나라의, 외국의' 등만이 나타난다.

2. 동사

본고에서 사용하는 자료에서 동사의 문법관계는 수식관계와 필수논항을 표시하였다.[76] 특히 동사에 대한 연구는 문법관계적 공기관계 연구가 해당 동사의 구문적 특성을 분석하는데 매우 유용하게 사용된다. 다음은 동사의 수식관계와 논항관계 표시를 위한 표지 범주의 기준이다.

(1) 수식관계

　　가. Ma : 순수 부사의 경우
　　나. Mk : 형용사 어간에 부사화 접사 '-게'가 붙어 이루어진 부사
　　　　　　의 경우
　　다. Mkv : 동사 어간에 부사화 접사 '-게'가 붙어 이루어진 부사
　　　　　　의 경우

(2) 주어 관계

　　가. S : 일반적인 주어를 표시하는 경우
　　나. S1, S2, S3, … : 주어가 복수일 경우, 단순 나열을 표시하는 경우
　　다. Sa, Sb, … : 주어가 복수일 경우, 부분-전체, 사물-속성의 관
　　　　　계를 표시하는 경우

---

76) 홍종선 외(2000)에서 논항 표지 기준은 홍재성(1997) '한국어 동사 구문 사전'을
　　참조하였다.

라. Sx, Sy, … : 주어가 복수일 경우, 감정 형용사나 소유 관련
　　서술어의 주어를 표시하는 경우
마. Sq : 수량 단위명사를 표시하는 경우
바. St : 동격을 표시하는 경우
사. Sp : 수식 관계에서 의미상 주어를 표시하는 경우
아. Sum/Ski : 체언화된 주어를 표시하는 경우

(3) 목적어 관계

가. O : 목적어가 하나만 출현하거나 총칭어인 경우
나. O1, O2, … : 단순 나열
다. Oa, Ob, … : 부분과 전체
라. Oq : 목적어가 단위 명사
마. Op : 수식 관계에서의 의미상 목적어
바. Ot : 동격의 목적어
사. Oko : 인용절이 목적어인 경우
아. Oum : '-음'인 경우
자. Oki : '-기'인 경우

(4) 기타 논항

가. Cx : 기타 논항의 모든 경우

(1)-(4)에서 보이듯이 동사를 수식하는 여러 양상과 논항을 모두
포함하는 기준을 설정하여 말뭉치에서 해당 동사의 용례를 추출하
여 설정한 기준에 따라 수식어와 논항을 표시하였다. 각 수식범주와
논항범주 별로 해당 단어를 추출하여 분석하고 통계 유의미성 검증
도 하여 공기관계의 특성을 분석한다. 홍종선 외(2000)에서는 용언을
100개를 선정하여 수식관계와 논항관계 표지 부착 작업을 하였다.
본고에서는 이 중 동사 '말하다'와 '보내다'의 문법관계 표지 자료의
특성을 분석하고자 한다.

2.1 구문적 공기관계 추출 및 유의미성 검증

본고에서 다루는 동사는 모두 타동사이고 목적어 이외의 논항을 필요로 하는 것들이다. 홍종선 외(2000)에서는 홍재성 외(1997)를 기준으로 논항표지를 부착하고 이와는 별도로 수식표지를 설정하여 작업하였다. 여기서는 홍재성 외(1997)에서 다룬 내용 뿐 아니라 기타 논항 및 사전 기술 정보를 모두 담고 있는 '문형사전'을 이용하여 공기관계를 분석한다. 이 장에서 사용하는 자료는, 논항이 절(clause)일 경우 그 절의 마지막 어절에만 문법 표지를 부착하였으므로 정확한 의미관계를 분석하기는 어려운 점이 있다. 그렇지만 문법관계의 결합 양상과 공기관계의 출현 양상을 분석하는 것에는 매우 유용한 자료가 될 것이다.

여기서는 각 표지별 단어와 문법 표지 출현 양상을 추출하여, 통계적 유의미성 검증이 가능한 자료에 대해서만 유의미 공기관계를 분석한다.

(1) 동사 '말하다'

앞의 (1)에서 제시한 표지에 따라 '말하다'의 여러 문법관계적 공기관계 단어를 표시하였다. 각 표지별로 상세 표지도 부착하였는데, 우선 여기서는 각 대표 표지별로 상위의 단어를 예로 보인다.

[표 4-6] 동사 '말하다' 구문적 공기관계 – 표지별 상위 빈도 단어

S(주어류)	빈도	α(목적어류)	빈도	α(기타논항)	빈도	M(수식)	빈도
그는	68	것	45	나에게	3	다시	82
나는	38	있다고	32	그에게	2	이렇게	77
그가	22	있다	31	남에게	2	그렇게	24
내가	19	것이라고	27	아무한테도	2	솔직히	12
사람이	11	없다	18	어머니에게	2	같이	7

[표 4-6]에서 주어류와 목적어류, 수식어류는 각각 하위 세부 표지를 갖고 있고, 이에 따라 자료에는 표지가 부착되어 있다. 동사 '말하다'는 3장과 앞의 명사 부분에서 다룬 일반명사 '말'과 밀접한 관계를 갖는다고 볼 수 있는데, 관련된 내용은 2.2.(1) 분석 부분에서 자세히 다룬다.

그리고 각 문법 표지가 어떤 유형으로 나타나는지에 대한 분석도 한다. 이를 위해서 문법표지들만을 고려하여 동사 '말하다'의 논항 및 수식 문법관계를 연접범주관계적 관점에서 분석하다. 다음은 이를 위해 동사 '말하다'의 문법표지 출현양상을 상위 빈도 5개 유형을 보인 것이다.

[표 4-7] 동사 '말하다' 문법 표지 출현 유형 – 유형빈도 순서

비 율	빈 도	표지 출현 유형	
26.184	469	Oko	
20.966	359	S	
9.454	170	Ma	
9.176	165	S	Oko
8.231	148	O	

[표 4-7]에서 비율은 해당 문법 표지(들) 출현 유형이 전체 유형에서 차지하는 비율이다. 예를 들면 인용절을 목적어(Oko)로 갖고 주어, 기타논항, 수식이 나타나지 않는 유형이 전체 문법표지 출현 유형에서 26%로 1/4이 넘는다.[77] 즉, 동사 '말하다'의 실제 용례에서는 인용절 목적어만 나타나는 유형이 제일 많고 비율도 1/4이 넘는다. 이

---

77) 여기서 사용한 모든 자료는 중심어가 포함된 문장에서 출현하는 모든 논항을 표시한 것이다. 즉, 이 자료는 인접 공기관계 유형에서 검색공간을 중심어 좌우 몇 어절로 제한하여 연구한 것과는 달리, 중심어가 포함된 문장에서의 문법 범주 출현 양상을 정확히 파악할 수 있다.

문법표지 출현 유형 정보를 이용하여 동사 '말하다'의 문법 관계적
공기관계를 문법범주만을 고려하여 분석하고, 특정 문법표지 출현
유형에 나타나는 단어들을 통해 그 구문의 특성을 살펴본다.

(2) 동사 '보내다'

동사 '말하다'와 같은 방식으로 동사 '보내다'의 문법관계적 공기
관계를 분석한다. 이를 위해 각 표지별 단어 추출과 문법표지 출현
유형 추출을 한다.

다음은 동사 '보내다' 각 대표 표지별 출현 단어들 중에서 상위 5
개를 보인다.

[표 4-8] 동사 '보내다' 구문적 공기관계 – 표지별 상위 빈도 단어

S(주어)	빈도	α(목적)	빈도	α(기타)	빈도	M(수식)	빈도
나는	8	시간을	11	집으로	4	함께	3
그는	5	사람을	10	학교에도	3	그렇게	2
내가	4	편지를	9	대학에	2	멀리	2
대통령은	3	세월을	6	본사에	2	바쁘게	2
사람이	3	시절을	6	감옥에	1	빨리	2

[표 4-8]에서 주어류와 목적어류, 수식어류는 각각 하위 세부 표
지를 갖고 있고, 이에 따라 자료에는 표지가 부착되어 있다. 동사
'보내다'의 문법표지별 단어의 빈도가 대체로 낮아서 통계적 유의미
성을 분석하기가 어렵다. 이런 점을 고려하여 여기서는 동사 '보내
다'의 구문적 공기관계의 특성을 공기 단어 분포 양상 중심으로
2.2.(2)에서 다룬다.

다음은 문법표지 출현 양상을 분석하기 위해 문법표지 출현 유형
에서 상위 5개를 보인 것이다.

[표 4-9] 동사 '보내다' 문법표지 출현 유형 – 유형 빈도 순서

비 율	빈 도	표지 출현 유형		
19.303	73	S	O	
18.987	69	O		
3.481	16	S	Op	
3.481	11	S	Ce[81]	O
3.481	11	S		

동사 '말하다'에서는 문법표지가 단독형으로 나타나는 경우가 상위에 많이 분포하는데 비하여, 동사 '보내다'는 2개 이상의 문법표지가 같이 나타나며 대체로 주어 논항이 나타난다. 이 문법표지 출현 유형 정보를 이용하여 동사 '보내다'의 문법관계적 공기관계를 문법 범주만을 고려하여 분석하고, 특정 문법표지 출현 유형에 나타나는 단어들을 통해 그 구문적 특성을 살펴본다.

2.2 구문적 공기관계 분석

3장에서 다룬 인접 공기관계 연구는 두 단어의 공기관계를 품사 정보만을 이용하여 논항관계에 대한 연구를 진행했었다. 그리고 공기관계에 있는 해당 단어만을 고려했기 때문에 전체적인 문법관계 출현 유형에 대한 연구를 하기 힘들었다. 그런데 여기서 분석할 내용은 논항 및 수식 관계 정보가 연구자에 의해 직접 부착된 것이고, 연구 대상 용언이 있는 문장 전체를 고려하여 모든 문법관계를 표시한 자료이다. 따라서 문법관계에 있는 단어들과 해당 문법관계의 출현 유형에 대해서 비교적 정확한 분석이 가능하다. 서술어를 중심으

---

78) '보내다'의 경우는 기타 논항을 조사에 따라 '-로(Cr), -에게/한테(Ck), -에(Ce)'로 하위 분류하였다.

로 완전한 문장이 되기 위해서는 논항을 필요로 하는데, 여기서 다
루는 내용은 실제 언어 용례에서 논항들의 출현이 어떤 유형을 갖는
지를 객관적이고 명시적으로 분석할 수 있는 연구이다. 다만, 자료의
크기가 한정된 것이라서 통계적 유의미성 검증을 하기 힘든 점이 있
는데 이를 고려해서 연구를 진행한다.

(1) 동사 '말하다'

동사 '말하다'는 2,093개 빈도의 용례에 문법관계 표지를 부착하였
다. 동사 '말하다'는 문형사전을 보면 5개의 하위 의미와 총 8종류의
문형을 갖는다. 다음은 문형사전에서 제시하고 있는 하위 의미와 의
미별 해당 문형과 그에 대한 논항의 의미제약을 정리한 것이다.

● 〈의미①〉 생각이나 느낌을 말로 나타내다.
　　문형1　①이 ②에/에게 ③을 말하다
　　제약　　①사람명사 ②유정명사, 회사, 단체, … ③견
　　　　　해, 불만, 의견, …

　　문형2　①이 ②에/에게 동+는다고/자고/라고/냐고 말
　　　　하다
　　　　①이 ②에/에게 형+다고/냐고 말하다
　　제약　　①사람명사 ②사람명사, 회사, 단체, …

● 〈의미②〉 (어떤 말이) 어떤 일정한 뜻을 나타내다.
　　문형　　①이 ②를 말하다
　　제약　　①명사 ②명사

● 〈의미③〉 어떤 현상이 어떤 사실을 나타내 보이다.
　　문형　　①이 ②를 말하다
　　제약　　①명사 ②명사

● 〈의미④〉 책이나 기록에서 일정한 내용을 전하여 주다.

   문형 1 ①에서 [동]+는다고 말하다

           ①에서 [형]+다고 말하다

           ①에서 [명]+이라고 말하다

   제약 ① 논어, 맹자, 성서, 책, 논문, …

   문형 2 ①에서 ②를 [동]+는다고 말하다

           ①에서 ②를 [형]+다고 말하다

           ①에서 ②를 [명]+이라고 말하다

   제약 ① 논어, 맹자, 성서, 책, 논문, … ② 사랑, 충
성, 진리, …

● 〈의미⑤〉 부탁하다.

   문형 1 ①이 ②에게 ③을 말하다

   제약 ① 사람명사 ② 사람명사 ③ 일자리, 혼처, …

   문형 2 ①이 ②에게 [동]+으라고 말하다

   제약 ① 사람명사 ② 사람명사

위에 제시한 문형 정보를 이용하여 각 문법표지별로 단어의 출현 양상을 통해 동사 '말하다'의 의미와 문형의 특성을 분석한다.

1) 주어 논항

앞에 제시한 의미와 문형을 보면 주어 자리는 사람 명사인 것과 아닌 것으로 나눌 수 있는데 '말하다'가 어떤 의미로 쓰이는지 어느 정도 알 수 있다. 다음은 '말하다'의 주어로 쓰인 단어를 주어의 하위 범주별로 일부를 보인 것이다.[79]

---

79) [표 4−10]에서 보이는 각 표지별 합은 전체 공기 단어의 빈도를 합친 것이다.

[표 4-10] 동사 '말하다'의 주어 하위 범주별 단어

S_1	2	S_2	2	S	839	S_p	37	S_a	3
소머스는	1	스카치폴과	1	그는	66	그는	2	모두가	1
제1서기는	1	의장과	1	나는	38	그의	2	사람이	1
				그가	22	사람도	2	하나가	1
				내가	19	사람이	2		
				그녀는	8	고급인력이	1		

[표 4-10]에서 보인 것은 주어 자리에 나타나는 여러 주어 하위 분류 표지별로 출현한 단어들이다. 일반적인 주어로 나타나는 경우가 839회로 대부분이고, 다음으로 동사 '말하다'에 후행하여 의미상 주어로 출현하는 경우가 37회이다. 주어로 나타나는 단어들은 모든 하위 범주의 주어를 통합하여 분석하였다. 총 543종의 단어가 883회의 빈도로 주어 자리에 나타난다. 대부분이 사람명사에 해당하고 [표 4-10]에서도 예측할 수 있듯이 상위 빈도는 대부분 인칭 대명사이다. 일부 사람명사가 아닌 것들은 위의 문형사전 정보의 의미 ②와 ③에 해당하는 문형에 해당하는 것으로 볼 수 있다. 여기에는 '비유가, 사실은, 사실이, 사태가, 사상체계가' 등이 나오지만 각 단어는 빈도가 1회로 극히 일부의 예만 보인다.

주어로 나타나는 단어 중에서 부사격조사 '-에서'가 결합된 명사는 문형사전의 의미 ④로 쓰인 것으로 볼 수 있는데 여기에 해당하는 '매스컴에서, 철학에서, 기독교에서, 서양에서, 포괄모델에서'가 있다. 그런데 부사격조사 '-에서'와 결합한 명사 중에는 '일각에서, 일부에서, 학교에서'도 있는데 이들 단어들은 의미 ④로 쓰였다고 단정하기는 힘들다. 특히 의미 ④로 쓰일 경우에는 인용격조사가 있는 절을 목적어로 취하는 문형이므로 단순히 주어만으로 판단하기는 힘들다. 실제 추출된 자료를 보면 부사격조사 '-에서'가 주어로 나타

난 것이 목적어절을 갖는 경우는 '학교에서'만 나오고 이 예도 ④의 의미로 쓰인 것이 아니다. 이런 점을 보면 동사 '말하다'는 주어만으로 그 의미와 문형을 분석하는데 무리가 있다고 본다.

주어로 쓰인 단어들을 통계적 유의미성 검증을 하면 543개의 단어 중에서 불과 15개만이 유의미한 것으로 나온다. 모두 사람명사이고 인칭대명사 '그는, 그가'가 가장 유의미한 공기관계를 보인다. 그밖에 '사내가, 목사는, 대통령은, 사내는, 주인아저씨는, 누군가가, 교수는'이 있다. 3장 일반명사 '말'의 인접 공기관계 분석에서 인칭대명사 수식이 대부분 유의미성이 있었는데 동사 '말하다'에서는 인칭대명사 '그는, 그가'만이 유의미성을 보인다.

2) 목적어 논항

다음은 동사 '말하다'의 목적어 논항들의 하위 표지별 단어를 보인 것이다.

[표 4-11] 동사 '말하다'의 목적어 하위 범주별 단어 – 출현 빈도 순서

O1	16	O2	17	O3	4	O4	4	O	221	Oko	694	Op	65	Oum	17
맥주병은	1	구사와	1	기후	1	먹었는지	1	사실을	7	것''[80]	45	것은	5	있음을	5
명상서	1	권리나	1	꿈이나	1	백	1	그것을	5	있다고	32	것과	3	것임은	1
물체를	1	동물이나	1	않았는지	1	상징이나	1	무엇을	5	있다	31	것을	3	계심을	1
배경은	1	마음이나	1	적	1	자원	1	경우를	3	것이라고	27	건	2	과제임을	1
변화를	1	방울	1					그걸	3	없다	18	것이	2	근본임을	1

위의 [표 4-11]을 보면 인용절이 총 694회로 동사 '말하다'의 목적어로 가장 많이 나타난다. 목적어 자리에 나타나는 고빈도 어절들은 대부분 '어떤 사실이나 상황'에 대한 기술이 많음을 보여준다. 홍

---

80) 직접 인용절로 '-것''' 다음에 '이라고'가 붙은 형태임.

미로운 것은 통계적 유의미성이 있는[81] 단어들 중에서 최상위에 있는 것은 어떤 것에 대한 존재를 나타내는 '있다, 없다'이다. 이는 동사 '말하다'가 보문구조가 많이 나타나며 이 동사 자체가 보문동사임을 명시적으로 보여주는 증거로 볼 수 있다. 보문동사의 특성상 인용절이 많이 나타낼 수 있다.

　다음은 동사 '말하다'의 목적어로 나타나는 단어들을 t-test를 통해서 통계적 유의미성을 검증한 결과의 일부를 보인 것이다.

[표 4-12] 동사 '보내다'의 목적어 - 통계 유의미 순서

목적어 표시 단어	t-score
있다고	4.665
것이라고	4.629
것"	4.361
한다고	2.646
없다고	2.620
계획"	2.264

　[표 4-12]를 보면 통계적 유의미성이 있는 단어들 중에서 상위에 있는 것들은 모두 인용절 목적어(Oko)들이다. 앞에서 말한대로 '말하다'의 보문동사로서의 특징을 보여준다고 볼 수 있다. 이런 것은 특정 단어와의 문법 공기관계의 특징이기도 하지만 인용절이 많이 나타나는 통사적 결합관계의 특징을 잘 나타내는 것이다. 그런데 통계적 유의미성을 검증하기에는 각 단어들의 빈도가 낮은 것들이 대부분이기 때문에 유의미성을 분석하기가 어렵다. 그리고 의존명사 '것'의 여러 굴절형태도 많이 나타나는데 이것도 보문을 이루는 문형이므로 보문동사 '말하다'의 특징을 분명히 나타내는 것으로 볼 수 있다.

---

81) t-score 1.64 이상

다음은 보문동사 '말하다'의 용례에서 [표 4-12]에서 제시한 단어
들이 나타난 것을 보인 것이다.

그것을 제거하는 여덟 가지의 방법[道聖諦]이 Oko있다고
[말한다.</p>]
갖고있던 도구(道具)의 기능이 퇴화되어 버린 Oko것이라고
[말한다.</p>]
넓은 뜻으로는 어떤 현상이나 사건을 기록한 Onk것을 [말한다.]
아침(현지시각)끝낼 Oko계획"이라고   [말하고]

3) 기타 논항

기타 논항은 주어와 목적어 이외에 동사 '말하다'의 논항이 되는
것들이다. 앞에서 제시한 문형사전을 보면 이 기타 논항에는 주로
부사격조사 '-에/에게'와 결합한 명사들로 나온다. 다음은 기타 논항
으로 쓰인 단어들을 공기 빈도 순서로 일부를 보인 것이다.

[표 4-13] 동사 '말하다'의 기타 논항

기타 논항	62
나에게	3
그에게	2
남에게	2
아무한테도	2
어머니에게	2
자신에게	2
그녀에게	1
내게	1
동자승에게	1
무리에게	1

동사 '말하다'의 빈도 2,092회 용례에서 기타 논항이 나오는 것은

62회에 불과하다. 문형사전을 보면 의미 ①로 쓰이는 용례가 전체 '말하다' 사용 자료에서 95% 이상 쓰인다고 나와 있다. 의미 ①에 해당하는 기본 문형 2개 모두 부사격조사 '-에/에게'와 결합한 명사를 필수 논항으로 설정하였다. 그런데 실제 '말하다'의 사용 양상은 기타 논항이 나오는 경우가 3%에 불과하다. 이런 문형의 기준과 실제 사용 자료에서의 차이가 크다는 것을 알 수 있다.

  기타 논항으로 나타나는 단어는 빈도가 모두 저빈도이기 때문에 통계적 유의미성을 검증하는 것은 적절치 못하다. 그리고 기타 논항에 오는 조사로 '-에/에게'가 대부분인데 일부는 '-에/에게'의 구어형 '-한테'가 나타난다.

4) 수식

[표 4-14] 동사 '말하다'의 수식 – 공기 빈도 순서

순수부사 Ma	266	형용사 활용 Mk	174
다시	82	이렇게	76
솔직히	12	그렇게	24
같이	7	다르게	6
분명히	7	쉽게	4
이같이	7	어떻게	3
더	6	정확하게	3
아까	5	심드렁하게	2
앞서	5	엄격하게	2
간단히	4	자신있게	2
달리	4	좋게	2

  동사 '말하다'를 수식하는 순수부사와 용언의 연결어미 '-게' 활용형으로 나타나는 단어들이다. 순수부사의 수식의 경우가 266회로 형

용사 활용형 174회 보다 더 많이 나온다. 3장에서 일반명사 '말'의 인접 공기관계에서 유의미한 부사가 50개가 나온 것에 비하여, 동사 '말하다'를 수식하는 부사어 중에서는 '솔직히, 이같이'만이 유의미성이 있는 것으로 나온다. 수식의 공기관계를 연구하기에는 인접 공기관계 분석하는 것이 더 많은 정보를 갖고 있는 것으로 보인다. 이런 특징은 연구자가 직접 수식관계 표지를 부착하는 자료의 크기가 작아서 충분한 정보를 추출하기 힘들기 때문이다. 따라서 특히 대규모 자료를 처리하는데 인접 공기관계 분석이 더 효과적이라고 볼 수 있다.

5) 문법범주 출현 유형

동사 '말하다'의 문법범주 출현 유형은 앞에서 보인 문형사전의 여러 문형과 비교하여, 실제 자료에서 어떤 문법관계 표지들이 문형의 유형으로 나타나는지 분석한다. 동사 '말하다'가 온전한 문장을 이루기 위해서 필요로 하는 논항들을 문형사전에서 제시하고 있는데 실제 용례에서는 모든 논항이 실현되는 유형은 찾기 힘들다. 앞에서 보인 [표 4-7]에서 인용절이 목적어로서 단독으로 쓰이는 유형이 전체 유형의 1/4 이상임을 알 수 있다. 문형사전에서는 의미 ①과 ④의 문형 중에 인용절을 논항으로 갖는 것이 있는데, 다른 논항을 같이 고려해야만 정확한 문형의 구분이 가능하다. 그러나 문법표지의 출현 유형만 고려한다면 인용절 목적어만 나오는 경우와 주어만 나오는 경우가 전체 유형의 46%가 넘는다. 이런 점을 보면 필수 논항으로 생각하는 것들도 실제 언어 사용에서는 한 문장 안에 반드시 나타나야 하는 것은 아니라고 할 수 있겠다. 각 논항이 문맥을 통해 알 수 있다든지 일반적인 것을 가리키는 경우에는 대부분 생략되어, 실제 표현에서는 생략의 양상이 두드러지게 나타난다.

다음은 동사 '말하다'의 표지 출현 유형을 빈도순으로 보인 것이다.

[표 4-15] 동사 '말하다' 표지 출현 유형 - 상위 20개

비 율	빈 도	표지 출현 유형	
26.084	469	Oko	
19.966	359	S	
9.454	170	Ma	
9.176	165	S	Oko
8.231	148	O	
5.116	92	S	Mk
3.448	62	Mk	
2.558	46	S	Ma
2.002	36	S	Op
1.779	32	S	O
1.668	30	Oko	S
1.557	28	S	Cx
1.056	19	Cx	
0.667	12	Oko	Sp
0.611	11	Ma	Op
0.556	10	Oum	
0.500	9	O2	O1
0.500	9	O	Ma
0.389	7	Mk	Sp
0.333	6	S	Oum

[표 4-15]를 보면 동사 '말하다'의 표지 출현 유형에서 전술한 바와 같이 인용절 목적어 단독으로 출현한 유형과 주어가 단독으로 출현한 유형이 가장 많다. 그리고 순수부사의 수식만 있는 경우가 다음으로 많이 나오는 유형이다. 논항이 문맥에 의해 쉽게 이해할 수 있는 것들이거나 일반 주어같은 경우에는 논항이 나타나지 않는다.

순수 부사만 쓰인 경우는 해당 문장에서 논항이 전혀 나타나지 않는 것들인데, 실제 용례를 보면 단순히 말하는 행위를 나타내는 것이나 접속부사처럼 문두에서 문장부사처럼 쓰이는 '다시 말하면' 같은 것들이 여기에 속한다.

동사 '말하다'의 용례 2,093회 중에서 아무 문법 표지도 나타나지 않거나 수식 관계만 나타나는 것이 527회로, 약 25% 정도에서 동사 '말하다'는 논항이 나타나지 않는다. 이런 유형은 대부분 접속부사처럼 쓰이는 '말하자면'이 문두에 나오는 경우이다. 이런 점을 보면 특정 굴절형을 고려한 공기관계 연구가 필요하다는 것을 알 수 있다.

전체 출현 유형 65개 중에서 주어가 포함된 것은 39개 종류의 유형이다. 빈도는 전체 출현 유형의 48% 정도이다.

다음은 주어가 나타나는 표지 출현 유형이다.

[표 4-16] 동사 '말하다' 주어 출현 표지 유형

전체내 비율	유형 빈도	주어 출현 표지 유형	
19.966	359	S	
9.176	165	S	Oko
5.116	92	S	Mk
2.558	46	S	Ma
2.002	36	S	Op
1.779	32	S	O
1.668	30	Oko	S
1.557	28	S	Cx
0.667	12	Oko	Sp
0.389	7	Mk	Sp
0.333	6	S	Oum
0.333	6	O	S
0.333	6	O	Sp

0.278	5	S	O	Ma
0.166	3	Ma	S	
0.111	2	S2	S1	Oko
0.111	2	S	Cx	Ma
0.111	2	S	Cx	Mk
0.111	2	S	Ma	O
0.111	2	S	Ma	Op
0.111	2	S	O	Mk
0.111	2	S	Oko	Ma
0.111	2	S	Sq	
0.111	2	Mk	S	

[표 4-16]을 보면 주어가 포함된 표지 출현 유형에서 주어 단독으로 나오는 경우가 가장 많다. 다른 문법관계 표지들 중에서 목적어와 같이 나오는 경우가 가장 많고, 주어가 목적어 기타 논항 모두와 함께 나오는 경우는 2회에 불과하다. 기타 논항에는 말하는 대상 즉, 청자를 나타낸 것으로 볼 수 있는데, 전체적으로 기타 논항이 적게 나오는 것은 청자나 독자를 이미 전제하는 경우가 많기 때문이라고 볼 수 있다. 이런 경우 일반적인 사람이 모두 발화된 문장을 수용하는 대상이 된다. 따라서 기타 논항은 생략되는 경우가 많다.

다음은 목적어가 포함된 표지 출현 유형에서 빈도 2 이상을 보인 것이다.

[표 4-17] 동사 '말하다' 목적어 포함 문법 표지 유형

비 율	빈 도	목적어 포함 표지 유형	
26.084	469	Oko	
9.176	165	S	Oko

8.231	148	O			
2.002	36	S	Op		
1.779	32	S	O		
1.668	30	Oko	S		
0.667	12	Oko	Sp		
0.611	11	Ma	Op		
0.556	10	Oum			
0.500	9	O2	O1		
0.500	9	O	Ma		
0.333	6	S	Oum		
0.333	6	O	S		
0.333	6	O	Sp		
0.278	5	S	O	Ma	
0.166	3	Oko	Ma		
0.166	3	O4	O3	O2	O1
0.111	2	S2	S1	Oko	
0.111	2	S	Ma	O	
0.111	2	S	Ma	Op	
0.111	2	S	O	Mk	
0.111	2	S	Oko	Ma	
0.111	2	Oko	Cx		
0.111	2	Oko	Mk		
0.111	2	Ma	O		
0.111	2	Cx	O		

　　동사 '말하다'의 목적어 표지를 포함하는 유형은 전체 65개 유형 중에서 45개 유형으로 가장 많은 종류이다. 목적어가 포함된 유형의 빈도는 전체 빈도의 55%가 넘는다. 앞에서 설명한 주어 포함 유형과 비교해 보면, 목적어 포함 유형이 더 많은 종류가 더 높은 빈도로 쓰임을 알

수 있다. 특히 인용절 목적어 단독으로 나타나는 유형이 전체 유형 빈도의 1/4 이상 쓰이는 것과 명사 전성어미 '-음'(Oum)도 목적어로 나오는 것을 보면, 동사 '말하다'의 보문 동사로서의 특징을 잘 나타낸다.

　목적어가 포함된 유형들을 분석해 보면, 전술한 바와 같이 인용절 목적어 단독 유형이 가장 많고, 주어와 함께 쓰인 인용절 목적어가 그 다음으로 많이 쓰인다. [표 4−17]을 보면 주어와 함께 쓰이는 목적어 유형은 인용절 목적어와 명사 전성어미 '-음'이 쓰인 것이 일반 목적어가 주어와 함께 쓰인 것보다 많이 나타난다. 그리고 일반 목적어인 경우 단독으로 쓰이거나 부사와 같이 쓰이는 유형의 종류가 주어와 같이 나타나는 일반 목적어 유형의 종류보다 많다. 그런데 전체적으로 목적어가 기타 논항과 함께 쓰이는 경우는 매우 드물다.

(2) 동사 '보내다'

　동사 '보내다'의 용례의 빈도는 336회이다. 이 자료에도 역시 문법 관계 표지를 부착하였다. 동사 '보내다'는 문형사전을 보면 9개의 의미와 8개의 문형이 나타난다. 다음은 문형사전에서 '보내다'의 하위 의미와 문형을 보인 것이다.

- 〈의미①〉 일정한 곳으로 이동하게 하다.
- 〈의미②〉 (소식, 내용 따위가) 전달되게 하다.
- 〈의미③〉 신분을 가지게 하다.
- 〈의미④〉 참가시키다.
- 〈의미⑤〉 (갈채, 웃음 따위의) 동작이나 표정을 짓다.
- 〈의미⑥〉 떠나게 하다.
- 〈의미⑦〉 죽어서 이별하다.
- 〈의미⑧〉 (시간, 나날, 방학 따위의) 일정한 시간 동안 생활하다.
- 〈의미⑨〉 결혼을 하게 하다.

| ①이 ②를 ③에/에게 보내다①②③④ |
| ①이 ②를 ③으로 보내다①③ |
| ①이 ②에게 ③을 보내다⑤ |
| ①이 ②를 보내다⑥⑦⑧ |
| ①이 ②와 ③을 보내다⑧ |
| ①이 ②를 ③을 보내다⑨ |
| ①이 ②를 ③으로 ④를 보내다⑨ |
| ①이 ②를 ③에/에게 ④를 보내다⑨ |

참조 : 문형 옆의 번호는 의미 번호임

동사 '보내다'는 기타 논항 표지를 조사에 따라 하위 분류하였다. 부사격조사 '-에게/한테'는 Ck, '-에'는 Ce, '-으로'는 Cr, 그밖에 것들은 Cx로 표지를 정하여 해당 논항을 표시하였다. 위에 제시한 문형 정보를 이용하여 각 문법표지별로 단어의 출현 양상을 통해 동사 '보내다'의 의미와 문형의 특성을 분석한다.

1) 주어 논항

문형사전에서는 동사 '보내다'의 주어자리에는 모두 사람명사가 오는 것으로 의미제약을 보인다. 따라서 주어만으로는 '보내다'의 하위 의미나 문형을 구별하기는 어렵다. 여기서는 동사 '보내다'의 주어들이 어떤 유형으로 나타나는지를 중심으로 분석한다.

[표 4-18] 동사 '보내다'의 주어 하위 범주별 단어

S_1	5	S_2	5	S	158	S_p	12	S_t	2
나는	1	너하고	1	나는	7	관.	1	선덕여왕(善德女王)은	1
나하고는	1	영달이와	1	그는	5	국민들은	1	자신도	1
언론이	1	영화인과	1	내가	4	노조는	1		
전대협이	1	전민련과	1	대통령은	3	미국에서는	1		
제어기가	1	프로세서나	1	어머니는	3	박씨는	1		

[표 4-18]에서 보인 것은 주어 자리에 나타나는 여러 주어 하위 분류 표지별 출현 단어들이다. 동사 '보내다'의 336개 문장 용례에서 주어가 나타나는 것은 175개로 약 52%정도가 주어로 나타난다. 여기서 S1와 S2는 한 문장에 동시에 나타나는 것이고, St는 동격 주어를 표시한 것으로 이미 다른 범주의 주어와 함께 나타나는 것이다. 따라서 주어가 나타나는 문장의 수는 이를 모두 고려해서 구한 것이다. 대부분이 일반 주어가 나온다. 문형사전에서 제시하고 있는 주어 자리의 의미제약에서 주어는 모두 사람명사가 오는 것으로 되어있는데, 실제 자료에서는 '벨은, 생물이, 온라인은, 제어기가, 프로세서나' 등이 나온다. 이런 주어는 일련의 절차를 갖는 것에서 그 절차를 시작하거나 움직이게 하는 동력을 가리키는 것으로 볼 수 있다. 그리고 주어들 중에서 단체 주어도 많이 등장한다. 예를 들어 '교육계에선, 미국에서, 전대협에서' 등이 나오는데 조사 '-에서'가 주격으로 쓰이는 좋은 예이다.

2) 목적어 논항

다음은 동사 '보내다'의 목적어 논항의 하위 표지별 단어를 보인 것이다.

[표 4-19] 동사 '보내다'의 목적어 하위 범주별 단어 - 출현 빈도 순서

O1	7	O2	7	O3	1	O	248	Oa	2	Ob	1	Op	33	Oq	9
년을	1	백50일쯤을	1	년을	1	시간을	10	시집	1	딸을	1	서한에서	2	명을	2
대학을	1	아들과	1			사람을	9	시집을	1			신호를	2	되	1
딸들을	1	중고등학교	1			편지를	9					전화통지문	2	가지를	1
박수를	1	책자와	1			세월을	6					돈을	1	밤을	1
신문기사	1	탄성과	1			시절을	6					사람들이	1	사람을	1
음성정보를	1	하루	1			나날을	5					사람에게	1	섬	1

위의 [표 4-19]를 보면 앞에서 분석한 동사 '말하다'와는 다른 양상을 보인다. 동사 '말하다'에서는 목적어 자리에 인용절 목적어가 가장 많이 나온 반면에 동사 '보내다'에서는 인용절 목적어가 나타나지 않고 일반 목적어의 빈도가 가장 높다. 문형 사전을 보면 '일정한 시간 동안 생활하다'의 의미 ⑧로 쓰이는 문형의 목적어에 해당하는 명사들은 '시간, 세월, 평생, 날' 등이 있는데, [표 4-19]를 보면 여기에 해당하는 단어들이 여러 목적어 범주에서 높은 빈도를 보인다. 빈도가 5 이상인 단어들만을 대상으로 t-test를 통해 통계적 유의미성을 검증해 보면 '시간을, 사람을, 편지를, 신호를, 나날을, 미소를, 세월을, 하루'의 총 8개의 단어가 유의미한 공기관계를 갖는다. 이 중에서 의미 ⑧의 목적어에 해당되는 것이 '시간을, 나날을, 세월을, 하루'로 4개이다. 전체 목적어를 대상으로 보면 의미 ⑧의 문형에 해당하는 것으로 보이는 것이 50여 개로 가장 많고, 의미 ②(소식, 내용 등를 전달하다)로 쓰인 예가 42개, ①(일정한 곳으로 이동하다)의 의미로 쓰인 것이 30개로 나타난다. 그렇지만 의미 ⑧ 이외의 의미로 쓰일 가능성이 있는 단어들이 70개 이상 나오므로 목적어만으로는 어떤 의미의 문형으로 쓰였다고 판단하기는 힘들다.

3) 기타 논항

기타 논항은 주어와 목적어 이외에 모든 논항이다. 동사 '보내다'의 경우에는 기타 논항을 부사격조사 '-에게/한테(Ck)', '-로(Cr)', '-에(Ce)', '기타(Cx)'의 결합형에 따라 구분하여 표지를 부착하였다. 정확한 의미와 문형상의 분포를 위해서 이들 부사격조사와 결합한 명사들을 분석한다. 다음은 기타 논항의 하위 표지별 단어를 보인 것이다.

[표 4-20] 동사 '보내다'의 기타 논항 하위 범주별 단어 – 출현 빈도 순서

α_e	51	α_k	31	α_r	26	α_x	14
대학에	2	나한테	2	집으로	4	학교에도	2
본사에	2	대통령에게	2	감옥으로	1	고등학교까지	1
감옥에	1	남편에게	1	공관으로	1	곳에다	1
개혁노선에	1	그들에게	1	광주로	1	과거나	1
곳에	1	꽃잎에게	1	국회로	1	대학교까지	1

　부사격조사 결합형별로 보면 부사격조사 '-에'가 결합한 명사들이 동사 '보내다'의 논항으로 51회 출현하여 가장 많이 나오고 다음으로 부사격조사 '-에게/한테' 결합형이 31회 나온다. 기타 논항 전체적으로 특정 단어가 빈도가 높은 것이 보이지 않고 모두 저빈도 단어들이기 때문에 통계적으로 유의미성을 검증하는 것은 적합지 않다.

　전체 기타 논항으로 쓰인 단어들의 분포를 보면 사람 명사는 29개의 단어가 31회 빈도를 보이고, 단체를 나타내는 것은 19개 단어가 20회 나타나고, 학교 관련 명사가 9개 단어로 12회 빈도를 보이고, 어떤 장소를 나타내는 단어가 15개로 빈도가 18회이고, 지명이 빈도 1인 단어가 19개 나타나며, 추상명사가 12개 단어가 12회 나타난다. 그밖에 명사 '감옥'이 2회, '저승'이 1회 나온다. 기타 논항만으로 정확하게 어떤 의미의 문형으로 쓰였는지 알기 힘들고 다른 논항과 해당 단어를 같이 고려해야 정확한 분석이 가능하다. 실제 자료를 보면 학교 관련 단어들은 대부분 의미 ③ '신분을 가지게 하다'로 쓰인 것들이고, '저승으로'는 의미 ⑦ '죽어서 이별하다'로 쓰인 것이다. 그런데 문형사전을 보면 의미 ⑦의 문형에는 기타 논항이 제시되어 있지 않다.

4) 수식

[표 4-21] 동사 '보내다'의 수식 - 공기 빈도 순서

Ma	20	Mk	12
함께	3	그렇게	2
멀리	2	바쁘게	2
빨리	2	가볍게	1
그냥	1	대담하게	1
긴급히	1	수월하게	1

동사 '보내다'를 수식하는 단어들은 순수부사가 16개 단어 20회 빈도로 나타나고, 연결어미 '-게'로 활용하는 형용사가 10개 단어 12회 빈도를 보인다. 순수 부사 중 정도부사가 나타나지 않는다. 그러나 너무 한정된 단어만 나타나므로 동사 '보내다'를 수식하는 단어의 전반적인 양상이라 보기 힘들다.

5) 문법범주 출현 유형

동사 '보내다'의 문법범주 출현 유형은 앞에서 보인 문형사전의 여러 문형과 비교하여, 실제 자료에서 어떤 문법관계 표지들이 문형의 유형으로 나타나는지 분석한다. 앞에서 분석한 동사 '말하다'에서는 모든 논항이 실현된 것은 매우 드물었다. 그러나 동사 '보내다'는 비교적 주어, 목적어, 기타 논항이 함께 출현하는 유형이 많이 보인다.

다음은 동사 '보내다'의 표지 출현 유형을 빈도순으로 보인 것이다.

[표 4-22] 동사 '보내다' 표지 출현 유형 - 상위 20개

비 율	빈 도	표지 출현 유형	
19.303	61	S	O
18.987	60	O	
3.481	11	S	Op

3.481	11	S	Ce	O
3.481	11	S		
2.848	9	O	Ce	
2.531	8	O	Cr	
2.215	7	S	O	Ce
2.215	7	S	Ck	O
1.898	6	Ce	O	
1.898	6	O	Sp	
1.582	5	Op		
1.582	5	O	Ck	
1.582	5	S	O	Ck
1.582	5	S	Ck	Op
1.265	4	Ce		
1.265	4	O	Oq	
1.265	4	S	O	Cr
1.265	4	S	O	Cx
1.265	4	S	O	Ma

　[표 4-22]를 보면 주어(S)와 목적어(O)가 함께 쓰인 유형이 가장 많이 나오고, 이와 비슷하게 목적어만 쓰인 유형이 나온다. 앞에서 제시한 문형사전의 의미 ⑥, ⑦, ⑧의 문형은 기타 논항 없이 주어와 목적어만이 필수 논항으로 제시되어 있다. 그러나 단순히 문법표지의 유형만으로 특정 의미를 갖는 문형으로 쓰였다고 보기는 힘들다. 동사 '말하다'와 비교하였을 때 특정 표지가 단독으로 나오는 경우가 적다. 그리고 다른 문법 표지가 단독으로 쓰인 것보다는 목적어가 단독으로 쓰인 유형의 빈도가 훨씬 높고, 상위 빈도의 문법 표지 출현 유형에 목적어가 나타나는 점은 동사 '보내다'의 논항 중에서 목적어가 가장 많이 나타나는 특징을 보인다.

동사 '보내다'의 용례에서 아무 논항도 나타나지 않거나 수식 문법표지만 나타나는 경우는 총 336개 용례에서 24개이다. 이는 약 7% 정도로 동사 '말하다'가 아무 논항도 안 나타나는 경우가 25%이었던 것에 비해 매우 적은 비율임을 알 수 있다. 이 점은 동사 '보내다'는 문맥이나 일반 주어 등에 의한 논항 생략 현상이 별로 일어나지 않는다는 것을 보여준다.

동사 '보내다'의 표지 출현 유형 중에서 약 93%가 목적어 논항이 포함된 것이다. 이에 비해서 주어 논항이 포함된 것은 전체 유형의 53%로 나타난다. 그리고 동사 '말하다'의 목적어 포함 표지 출현 유형이 55%인 것과 비교해도 큰 차이를 보인다. 따라서 동사 '보내다'의 목적어 논항 표지의 출현율이 아주 높다고 볼 수 있는데, 특정 논항의 출현율에 의해서도 동사의 특징을 분석할 수 있는 중요한 기준이 된다고 볼 수 있다.

기타 논항이 포함된 유형은 전체의 35%가 넘는데 동사 '말하다'에 비해 높은 편이다. 기타 논항 중에서는 부사격조사 '-에'가 결합한 유형이 15개 유형으로 가장 많은 유형에서 나타난다. 그리고 기타 논항만 나타나는 유형의 경우 기타 논항에 사람명사가 보이지 않는다.

3. 형용사

본고에서 사용하는 자료에서 형용사의 문법관계는 수식관계와 주어를 표시하였다. 형용사 대한 연구도 문법관계적 공기관계 연구가 해당 형용사의 구문적 특성을 분석하는데 매우 유용하다. 다음은 형용사의 수식관계와 주어 관계 표시를 위한 표지 범주의 기준이다.

(1) 수식관계

　　가. Ma : 순수 부사의 경우
　　나. Mk : 형용사 어간에 부사화 접사 '-게'가 붙어 이루어진 부
　　　　사의 경우
　　다. Mkv : 동사 어간에 부사화 접사 '-게'가 붙어 이루어진 부사
　　　　의 경우

(2) 주어 관계

　　가. S : 일반적인 주어를 표시하는 경우
　　나. S1, S2, S3, … : 주어가 복수일 경우, 단순 나열을 표시하는
　　　　경우
　　다. Sa, Sb,… : 주어가 복수일 경우, 부분 전체, 사물 속성의 관
　　　　계를 표시하는 경우
　　라. Sx, Sy, … : 주어가 복수일 경우, 감정 형용사나 소유 관련
　　　　서술어의 주어를 표시하는 경우
　　마. Sq : 수량 단위명사를 표시하는 경우
　　바. St : 동격을 표시하는 경우
　　사. Sp : 수식 관계에서 의미상 주어를 표시하는 경우
　　아. Sum / Ski : 체언화된 주어를 표시하는 경우

　여기서 사용하는 표지는 앞에서 분석한 동사에 사용한 것과 동일한 것으로 형용사 수식의 여러 양상과 주어 논항의 여러 유형을 분석하기 위한 기준을 설정, 말뭉치에서 해당 형용사의 용례를 추출하여 설정한 기준에 따라 수식어와 주어를 표시하였다. 각 수식범주와 주어 하위 범주 별로 해당 단어를 추출하여 분석하고 통계 유의미성 검증까지 하여 공기관계의 특성을 분석한다. 본고에서는 3장에서 다루었던 형용사 '높다'를 분석하여 인접 공기관계 연구와 비교 분석하고, '새롭다'의 문법관계 표지 자료의 연구 특성을 분석하고자 한다.

3.1 구문적 공기관계 추출 및 유의미성 검증

본고에서 다루는 형용사도 '문형사전'을 참조하여 공기관계의 특성을 분석한다. 여기서는 각 표지별 단어와 문법 표지 출현 양상을 추출하여, 통계적 유의미성 검증이 가능한 자료에 대해서만 유의미 공기관계를 분석한다.

(1) 형용사 '높다'

다음은 빈도수 376회의 용례를 갖는 형용사 '높다'의 문법 공기관계를 갖는 단어들을 추출하여 각 대표 표지별로 상위 빈도 5개를 예로 보인 것이다.

[표 4-23] 형용사 '높다' 문법 공기관계 – 표지별 상위 빈도

M	100	S	373
가장	21	가능성이	21
더	14	곳에	6
훨씬	7	이름이	4
매우	5	수준	4
꽤	3	사망률이	4

형용사는 앞에서 본 동사와는 달리 논항은 기본적으로 주어만 나타난다. 형용사 '높다'는 376회의 빈도를 보이는 용례에서 주어가 있는 것은 358회로[82] 95% 이상의 형용사 '높다' 용례에 주어가 나타난다. 그리고 형용사가 이중 주어를 갖는 특징이 있는데, 홍종선 외(2000)에서 가공한 자료는 이를 모두 고려하여 표지를 단 것으로 문형상의 특징을 분명히 분석할 수 있다. 3.2.(1)에서 문형사전의 정보를 이용하여 형용사 '높다'의 의미와 문형의 분포를 문법 공기관계를 이용하여 분석한다.

---

82) 한 문장에 주어가 두 개 이상일 경우를 모두 고려한 것이다.

(2) 형용사 '새롭다'

형용사 '새롭다'의 용례는 빈도가 564회로 나타난다. 다음은 '새롭다'의 문법관계 표지별로 상위 단어 5개를 보인 것이다.

[표 4-24] 형용사 '새롭다' 문법 공기관계 – 표지별 상위 빈도

M	18	S	509
전혀	5	버전의	6
더	2	것을	5
아주	2	것이	5
완전히	2	시대의	5
가장	1	형태의	5

[표 4-24]를 보면 형용사 '새롭다'는 수식의 문법관계 단어는 매우 적다. 반면에 '새롭다'의 용례에서도 주어가 나타나는 것이 506회로 전체 문장의 90%에 주어가 나타난다. 동사와는 많이 다른 형용사의 특징으로 볼 수 있는데, 3.2.(2)에서 문형사전의 정보를 이용하여 형용사 '새롭다'의 의미와 문형의 분포를 문법 공기관계를 이용하여 분석한다.

3.2 구문적 공기관계 분석

(1) 형용사 '높다'

1) 주어

[표 4-25] 형용사 '높다'의 주어 하위 범주별 단어 – 빈도 순서

S1	4	S2	4	S	185	Sa	32	Sb	11	Sp	137
권위가	1	강도와	1	가능성이	20	수준	2	그녀는	1	곳에	6

덕이	1	전염률과	1	강도	4	악명	2	그는	1	가치를	2
빈도는	1	품위와	1	이름이	4	가능성이	1	김세진은	1	고개의	2
폐사율이	1	학문이나	1	사망률이	3	가치가	1	득점확률은	1	벼슬을	2
				수준이	3	게	1	서녕은	1	음을	2

형용사 '높다'의 주어는 일반 주어가 185회로 가장 많이 나타나고, 형용사에 후행하는 주어가 다음으로 많이 나타난다. 3장에서 분석한 형용사 '높다'의 주격조사 결합형 명사의 분포와 비교해 보면, 연구자가 직접 주어 표시를 한 경우에서 주어로 나오는 단어의 종류와 빈도가 매우 적다. 정확한 주어 논항 표지의 장점은 있지만, 직접 처리하는 자료의 규모가 한정되어 있으므로 다양한 분포상의 특징과 통계적 유의미성 검증에는 많은 어려움이 따른다. 그리고 자료의 규모의 확대해서 연구할 경우, 작은 크기의 자료에선 주어 논항 빈도가 비슷하던 단어가 큰 차이를 보일 수 있다. 따라서 공기관계 분석을 위해서는 자동 추출과 대규모 자료 처리가 가능한 인접 공기관계 연구가 더 효율적일 수 있다.

그렇지만 여기서 다루는 자료는 주어 논항의 여러 실현 양상과 그 분포적 특성을 분석하기에는 적합한 것이다. [표 4-25]을 보면 형용사 '높다'의 주어가 일반적인 주어로 나타나는 것 이외에 다양한 주어 논항 분포를 보이는데, 특히 통사적으로는 수식이지만 의미적으로는 주어 관계인 형용사 후행 주어(Sp)의 빈도도 높다는 것을 알 수 있다. 인접 공기관계 연구에서도 한정된 범주에 이러한 내용을 포함하여 연구할 수 있다. 예를 들어 인접 공기관계 연구에서 형용사 '높다'의 바로 우측 첫 번째 자리에 공기하는 명사들을 의미상 주어로 간주하고 연구할 수도 있다. 그러나 이중 주어 출현 양상은 인접 공기관계 연구에서는 분석하기가 힘들다. [표 4-26]에서 보면 S, Sp, S1, S2, Sa는 모두 '높다'의 직접적인 서술 대상이 되지만, Sb는 Sa가 포함된 서술절의 주어가 되기 때문에 '높다'의 직접 서술 대상이 되지는 않는다. Sb에 해당되는 단어는 사람명사가 대부분이다. 이런 특성을 고려하여 인접 공기관계 연구를 한다면 중심어와의 자리 거리와 명사 범주의 특성을 이용하여 이중 주어의 분포를 고찰할 수 있다고 본다. 다만 여기에 해당하는 단어의 분포가 많지 않아 일반적인 양상으로 단정하기는 어렵다.

주어 중에서 통계적 유의미성이 있는 것은 11개가 있다. 가장 유의미성이 있는 것은 '가능성이'인데 이 결과는 3장의 결과와 일치한다. 다만 자료 규모의 차이 때문에 통계 유의미 수치에서 좀 차이가 난다. 그밖에는 '수준이, 사망률이, 강도, 이름이, 악명, 지체, 지대' 등이 있다. 문형사전에서 보인 의미 '보통을 넘어 있다'에 해당하는 것들이 대부분이고, '세상에 널리 알려져 있다'의 의미에 '이름이, 악명'이 있다. 그밖에 '물리적 거리가 길다', '성질이 강하다' 등의 의미로 쓰인 것은 통계적 유의미성이 있는 단어가 없다. 이는 실제로 공기관계의 유의미성이 적다기보다는 자료의 크기가 작아서 적절한 통계 검증을 하지 못한 결과로, 3장의 분석에서는 의미별로 분포의 큰 차이는 있지만 많은 종류의 주어로 쓰인 단어가 통계 유의미성이 있는 것으로 분석되었다.

형용사 '높다'는 이중 주어가 출현하고, 매우 높은 비율의 주어 출현 양상을 보이는 것을 알 수 있다. 이런 특징은 앞에서 분석한 동사들과는 매우 다른 양상이다.

2) 수식

[표 4-26] 형용사 '높다'의 수식 관계

Ma	92	Mk	8
가장	21	지나치게	2
더	14	심하게	1

훨씬	7	엄청나게	1
매우	5	유의하게	1
꽤	3	이렇게	1

[표 4-26]에서 형용사 '높다'를 수식하는 부사는 대부분 정도부사들이다. 상대적으로 형용사 활용형 수식의 빈도는 매우 낮다. 이런 특징은 앞서 분석한 동사의 특성과는 다른 것으로 형용사를 다른 형용사가 활용하여 수식하는 동사에 비해 상대적으로 적다고 볼 수 있다. 이런 특성은 3장에서 분석한 동사와 형용사의 연접문법범주에서도 보이는 것이다. 그리고 형용사 활용형 수식도 대부분 정도를 나타내는 것이 특징이다. 통계적 유의미성이 있는 것은 '가장, 훨씬, 더'의 순서로 유의미성이 있다고 나오는데, 이것도 3장에서 분석한 것과 동일한 것이고, 인접 공기관계 연구에서는 더 많은 단어들이 유의미한 공기관계를 보인다.

(2) 형용사 '새롭다'

1) 주어

[표 4-27] 형용사 '새롭다'의 주어 하위 범주별 출현 단어 - 빈도 순서

S1	2	S2	2	S	16	Sp	488	St	1
실험을	1	장치와	1	기억이	2	버전의	6	자체가	1
조명이	1	탐구와	1	가	1	것을	5		
				감회가	1	것이	5		
				광고는	1	시대의	5		
				뜻이	1	형태의	5		

형용사 '새롭다'는 형용사 '높다'와는 달리 이중 주어가 나타나지

않는다. 그리고 [표 4-27]을 보면 형용사 후행 주어(Sp)가 다른 범주에 비해 훨씬 높은 빈도로 많이 쓰이는 것을 알 수 있다. 후행 주어(Sp)의 경우 명사들이 목적격조사와 결합한 것이 가장 많고, 다음으로 관형격조사나 주격조사의 결합형이 많이 쓰인다. 통사적으로 형용사 '새롭다'의 수식을 받지만 의미적으로 주어가 되는 형태가 형용사 '새롭다'의 주어 분포에서 가장 높은 부분을 차지한다. 이런 특성은 인접 공기관계 연구로는 정확히 분석하기 힘든 내용으로 문법 공기관계 연구의 장점으로 볼 수 있다.

문형사전에서 제시하는 '새롭다'의 의미는 주어만으로 구별하기가 상당히 어렵다. 의미 ① '지금까지 있은 적이 없다'와 ② '지금까지의 것과 다르다'로 쓰이는 경우가 대부분의 분포를 보인다고 문형사전에서 제시하였는데, 주어만으로 이 두 의미를 구별하기는 힘들고, 문맥을 반드시 고려해야 가능할 것으로 보인다. 그리고 대부분의 단어가 저빈도이기 때문에 통계적 유의미성을 검증하기도 어렵다. 형용사 '새롭다'의 주어가 피수식의 형태로 우측에 많이 나타나는 특성을 고려하여, 대량의 자료 처리가 가능한 인접 공기관계 연구에서 우측 자리에 나타나는 명사들의 분포를 연구한다면 좀더 다양하고 의미가 있는 분석이 가능하다고 생각한다.

2) 수식

[표 4-28] 형용사 '새롭다'의 수식 관계

Ma	18
전혀	5
더	2
아주	2
완전히	2
가장	1

그때그때	1
더욱	1
비교적	1
언제나	1
얼마나	1
좀	1

　형용사 '새롭다'를 수식하는 것은 순수 부사뿐이고, 그 빈도도 매우 적다. 이런 특성은 형용사 '높다'와 다른 것으로, 특히 동사와 비교하면 매우 다른 양상을 보이는 점이다. 그렇지만 이런 결과는 여기서 사용한 자료 형용사 '새롭다'의 용례의 크기가 작아서 나타나는 것이지, 형용사 '새롭다'의 문법 공기관계의 일반적 특성으로 보기는 힘들다. 수식 관계도 대규모의 자료를 이용하여 인접 공기관계 연구를 한다면 좀 더 많은 언어학적 특성을 분석할 수 있다고 생각한다.

4. 구문적 공기관계 연구 요약

　이 장에서는 문법관계 표지가 달려있는 자료를 바탕으로 중심어와 통사적으로 공기하는 단어들의 특성을 분석하였다. 그렇지만 고빈도 일반명사 100개와 본용언 100개만을 대상으로 구축된 자료이므로 앞서 연구한 인접 공기관계 연구에서 다룬 여러 문법 범주와는 달리 일반명사와 동사, 형용사만을 대상으로 하였다. 그리고 일반명사는 수식관계 정보만 있고, 본용언에 대해서도 일정한 기준으로 제시한 논항과 수식관계 정보만이 있는 자료를 이용하였다. 그러나 부착한 문법관계 정보들은 다양한 하위 분류 기준을 설정하여, 연구자가 직접 작업한 것으로 정확성이 높다는 장점이 있다. 특히 이 자료에서 본용언의 논항 정보는 단순히 각 논항별 정리에 그치는 것이 아니라, 여러 논항이 동시에 어떤 유형으로 나타나는지 볼 수 있다는 장점이 있다.

일반명사에서는 3장에서 다룬 '말'과 수식관계에 의존성이 큰 '경우'를 이용하여 논의를 진행하였다. '말'의 수식을 담당하는 여러 문법 범주 각각에 대한 분포 양상을 살피고 일부 단어들은 통계적 유의미성 검증도 하였다. '경우'의 용례에서는 대부분 관형어와 함께 쓰이는 특성을 볼 수 있었다. 그런데 이런 결과들은 3장에서 다룬 내용들과 큰 차이를 보이지 않았고, 오히려 사람이 직접 작업한 한정된 자료에서 추출되는 단어들의 수도 적어서 적절한 통계 검증을 하기 어려웠다. 인접 공기관계 연구에서 관형어의 다양한 문법 범주를 정확히 구별할 수 있는 기준만 설정한다면, 대규모 자료를 자동적으로 처리하여 많은 정보를 이용할 수 있다는 장점이 더 크다. 수식에 관련하여서는 용언도 이와 비슷한 상황이다.

그러나 동사와 형용사에 대한 연구의 경우, 논항의 출현 유형이나 유형별 분포를 파악하는 연구에선 4장에서 이용한 자료가 아주 효과적이었다. 인접 공기관계 연구는 기본적으로 두 단어(어절)만을 대상으로 하는 것이기 때문에 전체적인 논항 출현 양상을 파악하기는 힘들다.

동사는 '말하다'와 '보내다'를 예로 하여 그 특성을 정리하였다. '말하다'의 논항 출현 양상을 통해 보문 동사의 특징이 명시적으로 나타난다. 인용절 목적어 논항이 현저하게 많이 쓰인다. 논항들의 문법 범주 출현 유형에서는 인용절 목적어 논항만이 단독으로 나타나는 문형의 빈도가 제일 높다. '보내다'는 주어 및 목적어 논항 이외의 기타 논항이 '말하다'에 비해 상대적으로 많이 나타난다. 그리고 논항들의 문법 범주 출현 유형에서는 주어와 목적어가 동시에 나타나는 경우가 가장 빈도가 높았다. 동사들은 전체적으로 한 문장에서 주어가 나타나지 않는 경우가 많이 있고, 다른 논항들도 생략되는 경우가 많이 있다.

형용사는 '새롭다'와 3장에서 다룬 '높다'를 이용하여 주어 논항을 중심으로 특성을 정리하였다. '높다'는 이중 주어가 나타나는데 비해 '새롭다'는 나타나지 않는다. 그리고 '새롭다'는 의미상 주어가 '새롭다'의 수식을 받는 형태로 후행하는 비율이 아주 높다. 그리고 형용사는 동사에 비해서 주어 논항이 나타나는 비율이 매우 높다. '높다'의 경우 용례에서 95% 이상에서 주어가 나타나고 '새롭다'도 90% 이상이 주어가 나타난다. 이런 특성은 3장에서와 같은 인접 공기관계 연구에서는 밝히기 어려운 특성이다.

제5장 군집 공기관계 연구

앞에서 다룬 공기관계 연구 방법은 중심어와 공기관계에 있는 개별 단어들을 중심어와의 관계를 중심으로 분석하는 것이었다. 3장에서는 중심어와 인접하여 공기하는 단어(어절)들을 대상으로 계량언어학적 특성을 분석하고 그 언어학적 특성을 연구하는 방법을 모색하였고, 4장에서는 중심어와 주어, 목적어 등 문법관계를 갖는 단어들을 대상으로 공기관계 연구 방법을 정리하였다.

5장에서는 중심어와 한 문장 내에서 공기하는 단어(어절)들을 추출하여, 그 공기 단어들 사이의 상관성을 이용하여 단어들의 군집성을 분석한다. 그리고 단어들이 군집하는 성질에 영향을 주는 요인을 분석하여 해당 중심어와의 공기관계 특성을 연구하고자 한다.

중심어와 공기하는 단어들은 기본적으로 중심어와 의미 통사적으로 관련이 있는 단어들이다. 따라서 공기하는 단어들 사이에 중심어를 기준으로 일정한 관련이 있는데, 이런 기본적인 공통점에 의해 공기 단어들이 군집하는 성질이 생긴다. 그 공통점들 중에서 특별히 어떤 특정한 의미로 쓰이는 경우에 군집하는 단어들이 나타나는데, 이 특성에 의해 중심어의 특정 의미와 관련된 공기 단어들의 특징을 분석할 수 있다.

이 연구에서 공기하는 단어들 사이의 상관성과 군집성을 분석하기 위하여 고급 통계기법인 인자 분석(factor analysis)을 이용한다. 인자 분석에 관한 설명은 이미 2장에서 하였다. 인자 분석을 통해서 공기관계를 연구할 때는, 인자 분석에 의해 추출된 단어들과 중심어와의 직접적인 공기관계보다는 중심어의 어떤 의미적 특성이 어떤 공기관계 유형을 보이는지에 초점을 두고 연구해야 한다. Biber(1993)에서도 인자 분석에 의해 추출된 단어들이 직접적으로 중심어와 공기관계에 있어 특징이 나타난 것을 본 것이 아니라, 인자 분석에 의해 추출된 단어들의 공기 유형(co-occurrence pattern)의 특성을 해석하여 중심어의 의미적 특성을 보고자 한 것이다. 이 방법은 직관적 연구 방법과는 매우 다른 계량언어학적 접근 방법으로, 대규모 자료를 이용한 연구에서 자동적으로 단어의 의미적 특성을 밝히는데 효과적인 것이다.

앞에서 다룬 공기관계 연구방법들은 각각 그 특성이 있었다. 이 특성들과 인자 분석을 이용한 연구방법의 특성을 비교 분석하기 위해서, 인자 분석 기법의 특징을 고려하여 일반명사, 동사, 형용사에서 단어들의 공기관계를 분석한다.

1. 일반명사

일반명사의 공기관계 연구는 인접 공기관계 연구에서 많은 정보가 추출되었고, 대규모 자료 사용에 장점이 있음을 3장과 4장에서 살펴보았다. 여기서는 일반명사 중에서 '병'과 '사고'를 예로 들어 각 단어의 공기 단어를 추출한다. 그 공기 단어들 사이의 상관성에 의한 군집성을 이용하여 해당 일반명사의 특징을 분석한다. 이 두 명사를 선택한 이유는 인자 분석의 특성을 잘 보이기 위함이다. 중심어의 의미특성을 공기하는 단어들의 군집을 통해 밝히는 인자 분석 기법을 국어학에서 최초로 시도하는 것이므로, 형태가 같은 단어로서 비교적 다른 의미로 쓰이는 특징이 잘 나타난다고 생각되는 일반명사 '병'과 '사고'를 통해 인자 분석을 통한 새로운 공기관계 연구의 특징을 보이고자 한다.

1.1 인자 분석

인자 분석의 특성상 조사 파일의 수보다 인자 분석 대상이 되는 변수의[83] 수가 적어야 적절한 분석이 이루어진다. 이를 위해 각 단어별로 공기하는 단어들 중에서 인자 분석 대상 공기단어 수를 조정하였다.

(1) 일반명사 '병'

일반명사 '병'과 한 문장에서 공기하는 단어들을 추출하여 인자 분석이 가능하게 하기 위해 공기 단어들 중에서 빈도 6이상의 것들을 대상으로 인자 분석을 하였다.[84] 일반명사 '병'과 공기하는 단어들을 총 299개의 파일에서 각 해당 단어의 빈도를 추출하고, 이 빈도 정보를 이용하여 단어들 상호간의 상관성을 구한다. 이렇게 구해진 상관성에 의해 단어들의 군집이 이루어지는데, 군집을 하게 하는 원인인 인자에 대한 분석이 '인자 분석'이 된다. 이 인자들 중에서 일반명사 '병'의 의미 구별과 관련된 것을 중심으로 1.2.(1)에서 설명한다.

인자 분석은 2장에서 설명한 바와 같이 복잡한 처리과정을 하게 되고 그 결과에 대한 분석을 위해선 통계 처리용 프로그램을 이용해야 하는데, 본고에서는 앞에서 설명한 SPSS 프로그램을 이용하였다. SPSS를 이용하여 추출된 결과의 분석을 쉽게 하기 위해서 엑셀 프로그램으로 변환하였다. 다음은 일반명사 '병'의 공기어 출현빈도를 기

---

83) 여기서는 공기하는 단어들이 된다.

84) 인자 분석을 위해 사용한 파일의 수가 299개인데, 공기 단어의 수가 299개 이하일 때만 정상적인 인자 분석이 가능하다.

반으로 행한 인자 분석 결과를 인자 9를 기준으로 정렬한 것의 일부를 보인 것이다.

[표 5-1] 일반명사 '병'의 공기단어를 이용한 인자 분석 결과 예

공기 단어	인자 5	인자 6	인자 7	인자 8	인자 9
병이	−0.010	0.125	0.013	−0.107	0.348
병은	−0.144	0.157	−0.205	0.054	0.345
앓는	−0.239	−0.061	−0.074	0.139	0.334
또	−0.050	−0.182	0.187	0.027	0.297
깊은	0.040	−0.036	−0.222	−0.115	0.276
것을	0.138	−0.080	0.092	0.008	0.267
말했다.	0.188	0.038	0.166	0.250	0.265
앓고	−0.098	0.137	−0.246	0.087	0.257
빈	−0.015	0.052	−0.236	0.037	0.247
없고,	−0.051	−0.151	−0.074	0.011	0.246
아버지는	0.091	−0.337	0.058	0.171	0.243
걸리면	0.147	0.219	−0.201	−0.032	0.227

[표 5-1]은 인자 9에 의해 군집한 단어들이 해당 인자에 군집하고자 하는 성질이 강한 순서로 정렬된 예를 보인 것이다. 인자 9에 의해 군집하고자 하는 성질의 정도를 나타낸 것이 표에서 보이는 숫자이다. 이를 인자부하값이라고 한다. 이 인자부하 값은 연구에 따라 유의미한 임계치를 설정하여, 그 임계치[85] 이상의 단어들에 대한 분석이 이루어진다.

일반적인 인자 분석에서는 인자 1이 임계치 이상의 단어가 가장

---

85) 강범모 외(1998, 2000)와 강범모(1999)에서는 임계치를 0.35로 보았으나, 각 연구의 특성에 따라 조정이 가능하다. 본고에서도 기본적으로 0.35를 유의미 인자부하 임계치로 본다. 그러나 하위 인자들을 분석할 경우는 0.2를 기준으로 분석한다.

많이 있고, 따라서 가장 군집성을 크게 하는 인자로 나타난다. 그런데 '인자'에 대한 해석을 하다보면 해당 중심어의 의미와 관련된 것보다는 일반명사로서 갖는 일반적 특성이나 특정한 언어학적 해석이 어려운 결과들이 나온다. 이런 점을 고려하여 본고에서는 해당 중심어의 의미를 중심으로 언어학적 특성이 분명한 인자들을 대상으로 설명하고자 한다.

앞의 [표 5-1]을 보면 인자 9는 '질병'의 의미로 쓰이는 '병(病)'과 관련된 단어들이 상위 인자부하값을 갖는다. 즉 일반명사 '병'이 질병의 의미로 쓰이는 경우에는 '병이, 앓는, 앓고, 걸리는' 등의 단어와 공기하려는 특성이 있다고 해석할 수 있다. 이런 방법으로 일반명사 '병'의 공기관계 특성을 인자 분석을 통해 1.2.(1)에서 설명한다.

(2) 일반명사 '사고'

일반명사 '사고'는 적절한 인자 분석을 위해서, 공기 빈도 9 이상의 단어들을 대상으로 인자 분석을 하였다. 다음은 일반명사 '사고'의 인자 분석 결과를 인자 5를 기준으로 정렬한 것의 일부를 예로 보인 것이다.

[표 5-2] 일반명사 '사고'의 공기단어를 이용한 인자 분석 결과 예

공기 단어	인자 5	인자 6	인자 7	인자 8	인자 9	인자 10
서울	0.450	0.100	0.076	−0.029	0.078	0.020
사고	0.411	−0.060	0.252	0.005	−0.016	0.109
교통	0.381	−0.480	0.363	−0.330	−0.059	0.166
숨지고	0.376	0.258	0.166	0.111	0.193	0.032
1백	0.369	0.105	0.058	−0.122	0.018	0.001
차량	0.368	−0.515	0.247	−0.326	−0.093	0.149
사고는	0.363	0.186	0.090	0.013	−0.023	0.047

1천	0.339	0.067	−0.077	−0.071	0.036	−0.037
도로	0.331	−0.199	0.303	−0.180	−0.073	0.002
또	0.323	0.029	−0.363	0.012	0.134	0.091

[표 5−2]를 보면 인자 5에 의해 군집한 단어들은 일반명사 '사고'의 의미 중에서 '뜻 밖에 일어난 불행한 일'의 의미로 쓰인 것과 관련이 있다고 볼 수 있다. 그 중에서도 교통사고와 관련된 단어가 많이 있다. 흥미로운 점은 조사한 자료에서 '교통사고'와 관련된 의미로 쓰이는 '사고'와 공기하려는 성질이 가장 강한 것이 고유명사 '서울'로 나타난다는 것이다. 이런 특징은 일반적인 언어 사용 양상이라기보다는 본고에서 사용한 자료의 장르 특징이 나타난 것으로 보인다. 일반명사 '사고'의 인자 분석 결과는 언어학적 특성이 잘 나타나는 인자를 대상으로 1.2.(2)에서 설명한다.

1.2 인자 분석을 이용한 공기관계 분석

인자 분석을 통해 나타난 결과들 중에서 언어학적 특성이 잘 드러나는 것들을 대상으로 중심어의 특성을 분석한다. 그런데 인자 분석 결과에서 인자 1에 의해 유의미하게 군집하는 단어의 수가 가장 많다. 해당 중심어와 공기하는 단어들 사이의 상관성을 여러 가지 측면에서 고려할 수 있는데, 가장 많은 단어들이 공통적으로 갖는 상관성에 의해 인자 1이 추출되어 단어들이 군집하게 된다. 그런데 상위 인자에 의해 공기하는 단어들의 군집성이 중심어의 어떤 특성에 의한 것인지 군집한 단어들만 보는 경우에는 의미 통사적 특징이 분명치 않을 경우도 있다는 것이다. 이런 경우는 직관적으로 이해하기는 힘들지만, 실제 용례를 보면 상위 인자에 의해 군집한 단어들이 특정 의미와 관련하여 공기하는 단어들이 된다. 따라서 중심어와 공기하는 단어들 사이의 군집성을 가장 잘 드러내 보이는 상위 인자는 중심어의 특징을 분석하는데 필요한 정보이므로 용례 확인과 함께 그 언어학적 특성을 분석하여야 한다.

그리고 비록 상위 인자는 아니지만 군집한 단어들의 특정한 의미나 통사적인 특징이 잘 드러나는 인자의 경우는, 해당 인자에 의해 군집하는 단어들의 특성을 분석하고자 한다. 중심어의 어떤 특성이 인자가 되어 공기 단어들이 군집하는 요인이 되는지 분석하여, 중심어의 언어학적 특성과 그 특성을 나타내는 공기 단어들이 어떤 분포를 보이는지 살펴본다.

(1) 일반명사 '병'

일반명사 '병'과 공기하는 단어들 사이의 상관성을 이용하여 인자분석을 하였다. 가장 군집성이 강한 인자 1과 인자 2를 통해 일반명사 '병'의 특성을 분석한다. 다음은 인자 1과 인자 2를 통해 군집한 단어들을 각 해당 인자의 인자부하값 순서로 일부를 보인 것이다.

[표 5-3] 일반명사 '병' 인자 분석 – 인자 1, 2 일부

인자 1		인자 2	
그렇게	0.735	수	0.778
말을	0.733	것이다.	0.744
다	0.732	것은	0.741
무슨	0.727	것이	0.695
있었다.	0.724	할	0.634
내가	0.696	없다.	0.630
않았다.	0.693	가지	0.602
것	0.676	어떤	0.591
혼자	0.667	되는	0.574
그런	0.658	한다.	0.570

못	0.658	그것은	0.565
하고	0.654	아니라	0.565
안	0.629	모든	0.562
너무	0.620	수도	0.560
그냥	0.613	그것을	0.549
생각을	0.610	된다.	0.542
그	0.610	하는	0.520
마음이	0.600	바로	0.493
꼭	0.599	다른	0.452
전에	0.596	우리는	0.449

[표 5-3]을 보면 인자 1과 인자 2에 의해서 군집한 단어들은 일반명사 '병'의 의미적 특성과 직접적인 관련이 있다고 보기는 힘들다. 그러나 실제 용례를 찾아보면 대체로 '질병'의 의미로 쓰인 '병'이 나타나는 문장에서 많이 공기하는 특성을 보인다. 즉 인자 1과 인자 2는 일반명사 '병'의 용례에서 '질병'의 의미로 쓰이는 '병'과 공기하는 단어들이다. 이런 현상은 직관적인 해석은 매우 힘들지만, 실제 용례를 통해 확인해 보면 조사한 자료에서는 '질병'의 의미로 쓰인 '병'이 나오는 문장들이 대부분이다. '21세기 세종계획 - 국어 기초 자료 구축'분과에서 2001년에 구축한 150만 어절 규모의 어휘 의미 분석 말뭉치에서 확인한 결과 '병(病)'으로 쓰이는 것이 242회이고, '병(甁)'으로 쓰이는 것이 168회이다. 즉 '병(病)'으로 쓰인 경우가 '병(甁)'로 쓰인 경우보다 1.8배 많지만, 두 가지 경우가 모두 비슷한 분포로 쓰이는 것이 확인된다. 따라서 대부분 질병의 의미로 쓰였다는 것은 의미가 있다.

인자 1의 경우 인자부하값이 통계적 유의미치인 0.35 이상인 단어는 77개이다. 이들 단어의 목록을 보면 '죽을, 든' 등이 보이는데 이런 단어들은 일반명사 '병'이 '질병'의 의미로 쓰일 때, 직관적으로도 공기할 가능성이 높은 단어들로 볼 수 있고 실제 자료에서도 확인할 수 있다.

인자 2의 경우에도 '질병'으로 쓰이는 일반명사 '병'과 공기하는 단어들임을 용례를 통해 확인할 수 있다. 그러나 인자 1을 기준으로 했을 경우 인자 2에 의해 군집한 단어들의 인자부하값은 아주 낮다. 여기서 '질병'의 의미로 쓰인 일반명사 '병'이 또 다른 특성에 의해 구별되고, 이 구별된 특성이 인자 1과 인자 2를 구분하게 된다고 해석해야 한다.

인자 2에 의해 군집한 단어들 중에서 통계적 유의미 값을 갖는 단어는 39개이다. 인자 2에 의한 군집에 들어갈 가능성이 가장 큰 의존명사 '수'는 통사적 특성상 바로 뒤에 '있다. 없다'의 존재사가 많이 나온다. 실제로 인자 2에는 이들 단어가 포함되어 있다. 흥미로운 것은 '있다'의 과거 서술로 볼 수 있는 '있었다'는 인자 1에 의해 군집하는데 비하여, 표에서는 제시하지 않았지만 부정형(不定形)인 '있다'만이 인자 2에 통계적 유의미 값을 갖는다는 것이다. 이런 점은 한영균(2002)에서 지적한 바와 같이 공기관계 연구에서 단어의 굴절형을 고려하는 것이 필요하다는 것을 보여준다.

다음은 인자 1과 인자 2에 의해 군집한 단어들이 쓰인 예를 '형태 분석 말뭉치'에서 추출한 것이다.

<pre>
(1) 4BT_0020062430   병   병 / NNG
    4BT_0020062440   간호를   간호 / NNG＋를 / JKO
    4BT_0020062450   하다가   하 / VV＋다가 / EC
    4BT_0020062460   상태가   상태 / NNG＋가 / JKS
    4BT_0020062470   몹시   몹시 / MAG
    4BT_0020062480   좋지   좋 / VA＋지 / EC
    4BT_0020062490   않다는   않 / VX＋다는 / ETM
    4BT_0020062500   걸   것 / NNB＋ㄹ / JKO
    4BT_0020062510   깨닫고   깨닫 / VV＋고 / EC
</pre>

<pre>
      4BT_0020062520   그렇게   그렇 / VA+게 / EC
      4BT_0020062530   말했다.   말하 / VV+았 / EP+다 / EF+. / SF

  (2) 2BT_0720026010   글에   글 / NNG+에 / JKB
      2BT_0720026020   공들이다   공들이 / VV+다 / EC
      2BT_0720026030   병이   병 / NNG+이 / JKS
      2BT_0720026040   들어   들 / VV+어 / EC
      2BT_0720026050   이미   이미 / MAG
      2BT_0720026060   지을   짓 / VV+을 / ETM
      2BT_0720026070   수는   수 / NNB+는 / JX
      2BT_0720026080   없고,   없 / VA+고 / EC+, / SP
</pre>

인자 분석 기법에서 상위 인자부터 차례로 해석해 가다가 어떤 인자에서 최상위 변수의[86] 인자부하 값이 상위 인자에 비해 급격히 낮아지면 인자의 특성이 매우 약하기 때문에 보통 분석을 하지 않는다. 일반명사 '병'의 경우는 인자 3에서 그런 현상이 나온다. 따라서 인자 분석에 의해 일반명사 '병'의 특성을 잘 보여주는 것은, '질병'의 의미로 쓰이는 것에 의해 군집된 공기 단어의 출현 유형이다. 다음으로 인자의 군집성이 상위 인자에 비해 많이 낮기는 하지만 직관적으로 일반명사 '병'의 특정 의미적 특성과 관련이 있다고 보이는 하위 인자에 대해서도 그 특성을 보고자 한다.

일반명사 '병'의 인자 분석 결과에서 인자 9에 의해 군집하는 단어들은 다음과 같다.

[표 5-4] 일반명사 '병' 인자 분석 결과 – 인자 9 기준

공기 단어	인자 9
병이	0.348
병은	0.345
앓는	0.334

---

86) 여기서는 단어이다.

또	0.297
깊은	0.276
것을	0.267
말했다.	0.265
앓고	0.257
빈	0.247
없고,	0.246
아버지는	0.243
걸리면	0.227
그것은	0.225
병을	0.218
환자의	0.213
것이	0.213
이상	0.210
그것을	0.207
것으로	0.207
걸릴	0.198
마음의	0.196

　[표 5-4]을 보면 일반명사 '병'과 공기하는 단어들 중에서 인자 9에 의해 군집된 단어들과 그 인자부하값을 알 수 있다. [표 5-4]의 단어들 목록을 보면 대체로 '질병'과 관련된 일반명사 '병'의 의미와 연관지을 수 있는 단어들이 많다. 보통 인자 분석에서 인자부하값이 0.3 이상인 것들이 통계적으로 유의미한 변수(여기서는 공기 단어)가 된다고 보고 연구를 한다. 이 기준을 적용시켜 보면 '병이, 병은, 앓는' 만이 해당된다. 그리고 인자 9의 성질이 일반명사 '병'의 '질병'의 의미 하나에만 해당한다고 보기는 힘들다. 여러 성질이 복합적으로 내재되어 있는 것 중에서 의미 '질병'의 쓰임과 관련이 크다고 해석하는 것이 더 바람직한 방법이다. 그렇지만 인자 분석을 이용한 일반

명사 '병'과 공기하는 단어들의 군집에 대한 분석은 단순히 중심어에 대한 공기관계만이 아니라 공기하는 단어들 사이의 상관성도 함께 분석할 수 있다는 점에서 의의가 있다. 실제로 [표 5-4]에 나타나는 단어들을 일반명사 '병'의 용례에서 검색해 보면 위에 제시한 단어들이 주로 '질병'의 의미로 쓰인 '병'과 공기하는 것을 확인할 수 있다. 그러나 일부 단어는 직접적인 관련이 없이 인자 9에 의해 군집된 것이 포함되는데, 예를 들면 '빈' 같은 경우는 '무엇을 담는 용기'로 의미로 쓰인 '병'과 공기하는 성질이 더 강하다. 따라서 특정 인자에 의해 군집하는 단어들을 개별적으로 고려하기보다는 군집 단어 목록 전체를 고려하는 것이 더 타당한 연구 방법이라고 할 수 있다.

[표 5-4]에서 '질병'의 의미로 쓰인 '병'과 직접적으로 관련이 있다고 볼 수 있는 단어는 '앓는, 앓고, 걸리면, 환자의, 걸릴'이다. 여기서는 인자부하값 0.2를 기준으로 목록을 추출한 것인데, 이 중에서 질병'의 의미로 쓰인 '병'과 직접적으로 관련된 단어들이 많이 있고, 직관적으로 분명히 판단하기 힘든 단어들도 실제 용례를 보면 관련된 것들이 대부분임을 확인할 수 있다. 예를 들어 '깊은'과 '말했다'가 나오는 문장을 보이면 다음과 같다.

<pre>
(3) 4BT_B450218600   마음이   마음 / NNG + 이 / JKS
    4BT_B450218610   약한   약하 / VA + ㄴ / ETM
    4BT_B450218620   사람에겐   사람 / NNG + 에게 / JKB + ㄴ / JX
    4BT_B450218630   깊은   깊 / VA + 은 / ETM
    4BT_B450218640   마음의   마음 / NNG + 의 / JKG
    4BT_B450218650   병이   병 / NNG + 이 / JKC
    4BT_B450218660   되는   되 / VV + 는 / ETM
    4BT_B450218670   수가   수 / NNB + 가 / JKS
    4BT_B450218680   있다.   있 / VV + 다 / EF + . / SF
</pre>

다음은 인자 6에 의해 군집한 단어들이다.

[표 5-5] 일반명사 '병' 인자 분석 결과 - 인자 6 기준

공기 단어	인자 6
후	0.393
적이	0.352
때도	0.343
마시고	0.335
그녀는	0.309
술을	0.308
이상	0.292
때	0.290
병을	0.273
했다.	0.272
술	0.265
나면	0.262
한다.	0.258
약	0.256
인해	0.249
특히	0.244
집어넣어	0.235
있다는	0.232
마신	0.231

[표 5-5]를 보면 인자 6은 '담는 용기'의 의미로 쓰이는 '병'과 관련된 것으로 보인다. 이 의미와 직접적으로 관련된 것으로 보이는 것은 '마시고, 술을, 술, 마신' 등이다. [표 5-3]과 비교해 보면 명사 '병'의 굴절형들 중에서 '병이, 병은'은 '질병'의 의미로 쓰인 '병'과 관련이 크고, 이에 대조적으로 '병을'은 '담는 용기'의 의미로 쓰인 '병'과 관련이 있는 것으로 나온다. 이 점은 공기관계 연구에서 단어의 굴절형을 고려한 분석의 필요성을 보여준다. 그 외의 단어 '후,

적이, 때도, 이상' 등이 쓰인 예를 보면 '담는 용기'의 의미로 쓰인 '병'과 공기하는 경우가 많음을 보여 준다.

(2) 일반명사 '사고'

일반명사 '사고'의 인자 분석 결과에서 인자 1과 인자 2에 의해 군집하는 단어들은 '사고'의 특정 의미와 직접적인 관련이 없는 것들이다. 이것은 일반명사 '사고'의 의미적 특성 이외의 다른 특성과 관련된 원인에 의해 단어들이 군집한 것으로 볼 수 있다.

[표 5-6] 일반명사 '사고' 인자 분석 – 인자 1, 2 일부

인자 1		인자 2	
그	0.705	수	0.720
어떤	0.612	이러한	0.707
그것이	0.597	대한	0.698
하는	0.589	있다.	0.685
되는	0.577	중요한	0.658
그리고	0.556	따라서	0.658
그런	0.556	하나의	0.609
어느	0.552	것은	0.581
더	0.539	우리의	0.574
그것은	0.539	특히	0.574
사람은	0.532	것이다.	0.565
그렇게	0.530	단순한	0.551
없는	0.527	아니다.	0.544
우리가	0.524	때문이다.	0.544
있을	0.518	새로운	0.540

[표 5-6]을 보면 일반명사 '사고'의 인자 분석 결과, 인자 1과 인

자 2에 의해 군집된 단어들은 '사고'의 의미적 특성보다는 다른 특성에 의해 군집된 단어들로 보인다. 본고는 인자 분석을 이용해 중심어의 의미 특성 분석을 중심으로 분석한다. 이 목적에 맞는 인자들을 중심으로 논의를 진행한다.

다음은 인자 5에 의해 군집된 단어들로 '사고(事故)', 즉 '뜻밖에 일어난 불행한 일'의 의미와 관련된 것이다.

[표 5-7] 일반명사 '사고' 인자 분석 결과 – 인자 5 기준

공기 단어	인자 5
서울	0.450
사고	0.411
교통	0.381
숨지고	0.376
1백	0.369
차량	0.368
사고는	0.363
1천	0.339
도로	0.331
또	0.323
사람이	0.321
중	0.315
많이	0.307
지하철	0.303
조사	0.302
14일	0.299
생각하는	0.297
낸	0.294

일반명사 '사고'의 의미 중에서 '뜻밖에 일어난 불행한 일'의 의미

로 쓰인 것과 관련된 인자에 의해 군집한 단어들을 [표 5-7]에서 보인다. 특히 교통사고와 관련된 단어들이 많이 보인다. 이 점을 고려하면 '뜻밖에 일어난 불행한 일'의 의미로 쓰이는 '사고'의 의미가 잘 드러나는 공기 단어들은 교통사고와 관련된 단어들이 군집성이 높다고 볼 수 있다. [표 5-7]을 보면 '뜻밖에 일어난 불행한 일'의 '사고'와 직접적인 의미 연관성이 있는 것으로 보이는 것은 '숨지고'가 있고, 특히 교통사고와 관련지어 보면 '교통, 차량, 도로, 지하철'이 큰 의미 연관성이 있다고 보인다. 위에서 수치가 있는 공기단어들은 특정 사고의 보고 형식의 글에 쓰인 것으로 보이고 이런 글에서의 '뜻밖에 일어난 불행한 일'의 '사고'와 관련된 단어의 군집성이 크다고 생각한다. 그리고 동사 '낸'은 '사고'와 공기하는 단어로서 '뜻밖에 일어난 불행한 일'의 의미로 쓰일 경우에 주로 공기하는 단어인데 인자 5에 의한 군집 단어 목록에 있다는 점은 인자 5의 특성을 잘 보여주는 근거로 보인다. 그런데 동사 '내다'의 여러 활용형 중에서 관형형 활용을 한 '낸'만이 나타나는 것은 앞서 언급한 보고 형식의 글의 특성과 관련된 것으로 생각한다.

다음은 '사고(思考)' 의미로 쓰인 인자와 관련된 것이다.

[표 5-8] 일반명사 '사고' 인자 분석 결과 – 인자 30 기준

공기 단어	인자 30
합리적	0.284
사고는	0.269
논리적인	0.266
방식의	0.252
논리적	0.244
명분론적	0.240
창의적	0.224

[표 5-8]을 보면 인자 30에 의해서 '생각하고 궁리함'의 의미로 쓰이는 '사고(思考)'와 관련된 단어들이 군집한 것을 알 수 있다. 통계적 관점에서 엄밀히 보자면 인자 30은 크게 유의미한 것은 되지 않는다. 또한 일반적으로 인자 분석에서 통계적 유의미 임계치인 0.35보다도 낮은 인자부하값을 갖는 단어들만이 군집한다. 그럼에도 불구하고 인자 30에 의해 군집된 단어들을 임계치를 0.2로 했을 경우에 나오는 단어들이 '사고(思考)'와 아주 깊은 관련이 있는 단어들이므로 해석할 가치가 있다고 생각한다.

'사고(思考)'의 의미와 관련된 인자에 의해 군집된 단어들은 대부분 한자 접미사 '-적(的)'이나 관형격 조사 '-의'가 결합하여 관형어로 쓰이는 한자어로 된 추상명사들이다. 이런 현상은 일반 언어학적 특성으로 볼 수도 있지만, 좀 더 엄밀히 말한다면 조사한 전체 자료에 한정하여 '사고(思考)'의 의미로 쓰이는 '사고'와 관련된 공기 단어들이다. 그러나 하위 인자일수록 인자에 의한 단어들의 군집성이 상대적으로 약하기 때문에 일반적 언어 특성으로 해석하기는 어려운 점이 있다.

2. 동사

동사의 공기관계 연구도 인접 공기관계 연구에서 많은 정보를 추출하여 그 특성을 분석하였다. 여기서도 앞의 명사 부분에서 택한 인자 분석 방법을 이용하여 동사 '쓰다, 타다'의 공기관계 특성을 분석한다. 이 두 단어를 선택한 이유도 앞에서 설명한 명사와 마찬가지로, 비교적 다의 성격이 강한 단어들로 인자 분석의 특성을 잘 보여주기 위해서이다.

2.1 인자 분석

적절한 인자 분석을 위해서 동사 '쓰다, 타다'의 공기 단어를 추출한 뒤에 동사 '쓰다'는 공기 빈도 32회 이상의 단어를, 동사 '타다'는 공기 빈도 9 이상의 단어를 대상으로 인자 분석을 하였다.

(1) 동사 '쓰다'

동사 '쓰다'와 공기하는 단어 중에서 공기 빈도가 32 이상인 것들만을 대상으로 인자 분석을 하였다. 이는 여기서 사용하는 파일의 개수가 299개인데 이보다 작은 수의 변수들만으로 인자 분석을 할 수 있기 때문이다. 다음은 동사 '쓰다'의 인자 분석 결과 중에서 인자 3을 기준으로 정렬하여 단어들의 일부를 보인 것이다.

[표 5-9] 동사 '쓰다'의 공기단어를 이용한 인자 분석 결과 예

	인자 1	인자 2	인자 3	인자 4	인자 5
많이	0.258	0.014	0.562	−0.094	0.127
써	0.215	0.251	0.543	0.428	−0.032
글을	0.210	0.316	0.512	0.551	−0.116
보자.	0.134	0.328	0.511	0.501	−0.040
글이	0.141	0.328	0.494	0.524	−0.085
써야	0.173	0.258	0.473	0.481	0.037
쓸	0.204	0.201	0.460	0.515	−0.065
쓴	0.235	0.210	0.437	0.462	−0.195
잘	0.573	0.087	0.429	−0.078	0.112
일기를	0.232	0.062	0.422	0.335	0.017
쓰면	0.243	0.157	0.408	0.307	−0.020
좋은	0.315	0.222	0.406	0.101	0.042
쓰는	0.083	0.135	0.394	0.413	0.053

[표 5-9]에서 보이는 것은 인자 3에 의해 군집한 단어들을 인자 부하값의 순서로 보인 것이다. 그리고 인자 3을 기준으로 했을 때 군집하는 단어들이 다른 인자에서는 인자 3에서 갖는 인자부하값 보다 낮다는 것을 알 수 있다. 이 점은 해당 단어들이 인자 3에서 보이는 동사 '쓰다'의 특정 의미와 관련이 있을 때 주로 군집하는 단어라고 해석할 수 있다. 인자 3은 '글 쓰다'의 의미와 관련된 단어들이 많이 보인다. 그런데 '쓰다'의 여러 활용형태가 다양하게 보이는데 이것은 실제 용례에서 복문의 형태로 많이 나타나기 때문임을 알 수 있다. 2.2.(1)에서 동사 '쓰다'의 인자 분석 결과에 대해 상위인자에 대한 분석과 의미 특징이 잘 나타나는 인자를 중심으로 설명한다.

(2) 동사 '타다'

동사 '타다'는 적절한 인자 분석을 위해서 공기 빈도 9 이상의 공기 단어들을 대상으로 인자 분석을 하였다. 다음은 동사 '타다'의 인자 분석 결과에서 인자 5를 기준으로 군집한 단어들을 일부 보인 것이다.

[표 5-10] 동사 '타다'의 공기단어를 이용한 인자 분석 결과 예

	인자 4	인자 5	인자 6	인자 7
배	0.233	0.417	−0.137	0.242
배에	0.186	0.413	−0.119	0.241
하여	0.426	0.408	−0.110	−0.217
배를	0.153	0.388	−0.182	0.189
물에	0.465	0.342	0.0006	−0.051
된	−0.067	0.334	−0.045	−0.079
했다.	−0.030	0.308	0.321	−0.042
새벽	0.010	0.300	0.181	0.086
내리는	0.139	0.292	−0.005	−0.150

밤	−0.094	0.276	0.103	0.010
보트를	0.073	0.276	−0.011	0.241
배가	0.133	0.271	−0.210	0.217

[표 5−10]에서 보이는 것은 인자 5에 의해 군집한 단어들을 인자 부하값의 순서로 보인 것이다. 해당 단어들이 인자 5에서 보이는 동사 '타다'의 특정 의미와 관련이 있을 때 주로 군집하는 단어로 해석할 수 있다. 인자 5는 '탈 것을 타다'의 의미와 관련된 단어들로 특히 수상 교통과 관련된 단어들이 많이 보인다. 2.2.(2)에서 동사 '타다'의 인자 분석 결과를 상위인자에 대한 분석과 의미 특징이 잘 나타나는 인자를 중심으로 설명한다.

2.2 인자 분석을 이용한 공기관계 분석

동사의 인자 분석에서도 기본적으로 각 동사의 인자 분석 결과에서 인자 1과 인자 2가 가장 유의미한 것들이다. 그러나 앞의 명사 부분에서 보았듯이 본고에서는 중심어의 의미 통사적인 특징을 중심으로 공기 단어의 분포를 분석하는데 직접적으로 관련짓기 어려운 결과들이 많이 나타난다. 이럴 경우 하위 인자에서 중심어의 특정한 의미와 직접적인 관련이 있는 단어들을 중심으로 설명한다.

(1) 동사 '쓰다'

동사 '쓰다'와 공기하는 단어들 사이의 상관성을 이용하여 인자 분석을 하였다. 가장 군집성이 강한 것은 인자 1과 인자 2이고 인자 3부터 군집 단어의 최상위 인자부하값이 급격히 줄어든다. 인자 분석의 기법만을 엄밀히 고려한다면 인자 1, 2를 중심으로 특성을 논

해야 하지만 언어 연구의 특성상 하위 인자라 하더라도 동사 '쓰다'
의 의미 특성이 잘 드러나는 것을 중심으로 설명한다.

　다음은 동사 '쓰다'의 인자 분석 결과 중에서 인자 1과 인자 2에
의해 군집한 단어들의 일부를 보인 것이다.

[표 5-11] 동사 '쓰다' 인자 분석 - 인자 1, 2 일부

인자1		인자2	
그렇게	0.751	수	0.795
다	0.739	것이다.	0.734
무슨	0.736	것은	0.728
말을	0.716	아니다.	0.714
내가	0.707	것이	0.713
있었다.	0.696	할	0.652
좀	0.695	때문이다.	0.645
없었다.	0.693	없다.	0.636
것	0.684	된다.	0.604
그런	0.682	이러한	0.600
그때	0.672	어떤	0.589
않았다.	0.672	한다.	0.583
못	0.670	않는다.	0.580
말이	0.665	우리가	0.574
하고	0.646	가지	0.569
나도	0.644	따라서	0.569
정말	0.642	즉	0.560
안	0.641	되는	0.556
앉아	0.627	수도	0.550
너무	0.627	그것은	0.544

　동사 '쓰다'의 인자 분석 결과에서 인자 1과 인자 2는 '쓰다'의 의
미적 특성과는 관련이 없는 것으로 보인다. 실제 용례에서 확인해

봐도 '쓰다'의 특정 의미와 관련된 군집 현상은 아니다.

동사 '쓰다'의 의미적 특성과 관련된 인자는 인자 3부터 나온다. 하위 인자로 갈수록 유의미 인자부하값을 갖는 단어들의 수가 적은데, 필요할 경우에는 유의미 인자부하 값을 0.2까지 확대하여 해당 단어들을 분석한다. 다음은 동사 '쓰다'의 '글을 쓰다(write)'의 의미로 쓰인 인자들과, 각 해당 인자들에 의해 군집한 단어들을 보인 것이다.

[표 5-12] 동사 '쓰다'의 '글을 쓰다(write)'의미 관련 인자

인자 3		인자 4		인자 7	
많이	0.562	읽고	0.582	책	0.684
써	0.543	글을	0.551	책을	0.619
글을	0.512	글이	0.524	쓰는	0.556
보자.	0.511	쓸	0.515	별로	0.484
글이	0.494	보자.	0.501	읽고	0.455
써야	0.473	써야	0.481	전혀	0.440
쓸	0.460	쓴	0.462	가장	0.412
쓴	0.437	책	0.458	하지	0.408
잘	0.429	책을	0.449	또	0.398
일기를	0.422	써	0.428	것으로	0.370
쓰면	0.408	기사를	0.420	크게	0.362
좋은	0.406	쓰는	0.413	않는	0.356
쓰는	0.394	글의	0.404	때	0.322
보고	0.361	내용을	0.369	위해	0.321
만든	0.351	쓰기	0.364	하여	0.312

[표 5-12]에서 보인 인자들에 의해 군집한 단어들은 대부분 동사 '쓰다'의 '글을 쓰다'의 의미로 쓰이는 의미 특성과 관련된 것이다. 위에 제시한 인자들에 의해 군집한 단어들의 목록은 중복된 것들이 많다. 그런데 인자 3의 '써, 글을, 써야, 쓸, 쓴'은 인자 4에서도 나타

나는 목록이고, 인자 7의 '책, 책을, 쓰는, 읽고'도 인자 4에서 나타나는 목록이다. 즉 인자 4는 인자 3과 인자 7의 특성이 모두 있는 인자로 볼 수 있다. [표 5-12]에서 인자 3과 인자 7에는 상위 인자부하 값을 갖는 단어에 부사들이 나타나는데, 이들 부사들은 '글을 쓰다(write)'의 의미로 쓰이는 동사 '쓰다'가 나타나는 용례에 많이 쓰이기도 하지만 다른 의미인 '사용하다. 몸에 착용하다'의 의미로 쓰이는 동사 '쓰다'와도 공기하는 경우도 있다. 반면에 인자 4에 나타나는 단어들은 대부분이 '글을 쓰다(write)'의 의미로 쓰이는 동사 '쓰다'와 공기하는 단어들이다. 이런 점들을 보면 인자 4가 동사 '쓰다'의 의미적 특성을 가장 잘 나타내는 것으로, 인자 4에 의해 군집하는 단어들은 동사 '쓰다'가 '글을 쓰다'의 의미로 쓰이는 환경에서 공기하려는 성질이 크다고 볼 수 있다.

다음은 동사 '쓰다'가 '글을 쓰다'의 의미 이외에 쓰인 것들과 관련된 인자들을 각 인자별로 군집한 단어들의 인자부하값 순서로, 일부를 보인 것이다.

[표 5-13] 동사 '쓰다'의 '힘을 들이거나 쏟다' 의미 관련 인자

인자 8		인자 9		인자 12		인자 14	
많은	0.333	하지	0.432	해도	0.334	것이었다.	0.398
많이	0.322	신경을	0.341	있는	0.309	힘을	0.339
자주	0.320	있는	0.337	있는	0.309	기를	0.299
나를	0.310	않고	0.328	안간힘을	0.305	정말	0.230
신경을	0.308	있던	0.316	된	0.295	된다.	0.220
만든	0.308	후	0.311	놓은	0.292	통해	0.214
너무	0.298	흰	0.302	것이었다.	0.265	마음을	0.212
만들어	0.293	때문에	0.301	게	0.263	채	0.207
된	0.287	자신의	0.289	것처럼	0.218	있었다.	0.196

앞에서 [표 5-12]에 보인 것들과는 다른 의미 용법을 가지고 사전에서도 표제항이 다른 동사 '쓰다'와 관련된 인자들이 [표 5-13]에서 보인다. 대부분이 하위 인자들로 통계적 유의미성은 크지 않지만, 동사 '쓰다'의 특정 의미와 관련된 용법의 환경에서 공기하는 단어들의 분포를 분석하기 위해서 보인 것이다. [표 5-13]에서 보이는 인자들은 '힘을 들이거나 쏟다'의 의미로 쓰이는 '쓰다'와 관련된 것이다. 그런데 해당 단어들을 보면 '쓰다'의 여러 의미에서 사용되는 단어들이 많이 포함되어 있다. 예를 들어 인자 8에서 부사 '많이'의 경우는 [표 5-12]의 인자 3에서도 나온 것이다.

인자 분석을 통해 동사 '쓰다'를 분석한 결과 '글을 쓰다'의 의미로 쓰인 '쓰다'와 관련된 인자들이 군집성이 강하고 다른 의미로 쓰인 것은 그렇지 못했다. 그리고 특히 인자 4가 '글을 쓰다'의 의미와 관련된 인자의 특성을 가장 잘 나타냈다. 여러 가지 인자들을 전체적으로 고려했을 경우, 동사 '쓰다'의 의미 특성은 잘 드러나지 않는 편으로 보인다.

(2) 동사 '타다'

동사 '타다'와 공기하는 단어들 사이의 상관성을 이용하여 인자 분석을 하였다. 앞서 분석한 동사 '쓰다'와 마찬가지로 가장 군집성이 강한 것은 인자 1과 인자 2이이다. 여기서도 인자 분석의 기법만을 엄밀히 고려한다면 인자 1, 2를 중심으로 특성을 논해야 하지만 언어 연구의 특성상 하위 인자라 하더라도 동사 '타다'의 의미 특성이 잘 드러난다면, 그것을 중심으로 설명한다.

다음은 동사 '타다'의 인자 분석 결과 중에서 인자 1과 인자 2에 의해 군집한 단어들을 일부 보인 것이다.

[표 5-14] 동사 '타다' 인자 분석 – 인자 1, 2 일부

인자 1		인자 2	
무슨	0.759	것은	0.756
좀	0.743	수	0.755
다	0.740	것이다.	0.708
있었다.	0.739	할	0.677
말을	0.731	것이	0.671
그렇게	0.729	어떤	0.653
없었다.	0.715	있을	0.625
하고	0.708	우리가	0.622
갑자기	0.705	되는	0.585
것	0.698	그것을	0.580
못	0.695	하는	0.574
내가	0.689	아니라	0.544
같았다.	0.679	없는	0.518
손을	0.662	바로	0.507
소리를	0.661	다른	0.501
안	0.660	그	0.492
가서	0.645	있는	0.491
얼굴이	0.644	그러나	0.48
그냥	0.639	우리는	0.474
꼭	0.632	있다는	0.458

동사 '타다'의 인자 분석 결과에서도 동사 '쓰다'의 인자 분석 결과와 마찬가지로 인자 1과 인자 2에서는 특정 의미 특성과 관련된 단어들이 군집하지 않았다.

동사 '타다'가 교통기관과 관련된 의미로 쓰이는 예를 보인다.

[표 5-15] 동사 '타다'의 교통기관 관련 인자

인자 5		인자 7	
배	0.417	나의	0.380
배에	0.413	정도	0.371
하여	0.408	나와	0.302
배를	0.388	자전거를	0.299
물에	0.342	나는	0.296
된	0.334	기차를	0.296
했다.	0.308	많이	0.285
새벽	0.300	향했다.	0.277
내리는	0.292	다른	0.268
밤	0.276	모두	0.257
보트를	0.276	지하철을	0.245
배가	0.271	배	0.242
한	0.266	배에	0.241
처음	0.253	보트를	0.241
타는	0.242	갔다.	0.241

[표 5-15]에서 보인 인자들과 군집한 단어들은 '탈것에 몸을 얹다'의 의미로 쓰인 '타다'와 관련된 것들이다. 특히 인자 5에서 여러 탈것 중에서 물위에서 타는 것과 관련된 단어가 많다. 그리고 '하여'의 경우 동사 '타다'와 직접적 의미 관련성은 있지 않지만 용례를 보면 '하다'의 활용형 '하여'가 나타나는 문장은 대부분 '탈것에 몸을 얹다'의 의미로 쓰인 '타다'가 있는 것들이다. 다음은 그 예를 보인 것이다.

(4) 2BT_1230087900   "백마를   " / SS + 백마 / NNG + 를 / JKO
    2BT_1230087910   탄   타 / VV + ㄴ / ETM
    2BT_1230087920   왕자가   왕자 / NNG + 가 / JKS

2BT_1230087930	오지	오 / VV＋지 / EC
2BT_1230087940	않는다	않 / VX＋는다 / EC
2BT_1230087950	하여	하 / VV＋아 / EC

　위와 같은 예는 직관적으로 생각하기 힘든 공기 현상이다. 인자 분석의 결과들을 항상 일반적 언어현상으로 단정하기는 힘들지만, 최소한 분석 대상이 되는 자료의 특성이라고 정리할 수는 있다.

　다시 말하면, 인자 분석을 통해 중심어의 의미적 특성을 주요 성질로 갖는 인자에 의해 군집하는 단어들이 정렬을 하게 된다. 이렇게 정렬된 단어들은 중심어가 특정한 의미로 쓰이는 문장에 주로 나타나는 단어가 된다. 그런데 이 단어들이 직접적으로 중심어의 특정 의미와 관련된 것이 아닐 수 있음이 앞에서 보인 예 (4)처럼 나타나게 된다. 그런데 이런 인자 분석의 결과는 조사한 자료가 전체 언어의 사용 양상을 대상으로 하는 것이 아니기 때문에 일반적인 언어학적 특징으로 정리하기 힘들다. 그러나 인자 분석 대상이 되는 자료에 대해서는, 인자 분석의 결과들이 대상 자료에 한해서 중심어의 특정한 의미 사용 환경을 예측할 수 있는 자료로 활용하는 데는 유용할 것이다. 따라서 다양한 종류의 규모가 큰 언어자료를 이용하여 인자 분석을 한다면 좀 더 일반적인 공기관계의 특성을 분석할 수 있을 것이다.

　인자 7은 인자 5에 비해서 군집하는 단어들에 다양한 교통기관이 나온다. 그렇지만 인자부하값이 통계적으로 유의미성을 신뢰하기 힘들고 교통기관과 직접 관련이 없는 단어들의 쓰임은 탈것과 관련되지 않은 의미의 '타다'와도 공기하는 경우에서도 보인다.

　앞에서 설명한 동사 '쓰다'와 '타다'의 다양한 의미의 쓰임에 대해, 비교적 여러 의미의 차이가 잘 드러난다고 보고 인자 분석을 했다. 그런데 해당 동사들과 공기하는 단어들의 상관성을 통해서는 그 특징이 잘 드러나지 않았다. 이런 양상은 실제 대규모 자료를 처리함

에 있어 직관을 중심으로 만드는 규칙 적용의 한계성과 관련지어 볼
문제로 생각된다.

3. 형용사

형용사의 공기관계 연구도 인접 공기관계 연구와 문법 공기관계
연구에서 다룬 내용과 비교하여 그 특징을 보이고자 한다. 여기서는
3장에서 다룬 형용사 '높다, 길다'를 이용하여 인자 분석에 의한 공
기관계 특성을 살피고자 한다.

3.1 인자 분석

적절한 인자 분석을 위해서 형용사 '높다, 길다'와 공기하는 단어
들을 추출하여 인자 분석을 한다.

(1) 형용사 '높다'

형용사 '높다'와 한 문장에서 공기하는 단어들 중에서 공기 빈도
11 이상인 것들을 대상으로 인자 분석을 하였다. 다음은 형용사 '높
다'의 인자 분석 결과에 대해 인자 1을 기준으로 군집한 단어들을
인자부하값 순서로 일부 예만 보인 것이다.

[표 5-16] 형용사 '높다' 인자 분석 결과 예 – 인자 1 기준

	인자 1	인자 2	인자 3	인자 4	인자 5
등	0.7619	−0.295	0.103	0.065	−0.055
현재	0.675	−0.164	0.042	−0.031	0.221

	인자1	인자2	인자3	인자4	인자5
및	0.674	−0.057	−0.066	−0.142	0.158
것으로	0.671	−0.146	0.052	−0.009	0.337
등을	0.653	−0.164	−0.190	−0.147	−0.046
경우	0.651	−0.040	0.074	0.024	0.189
최근	0.649	−0.160	0.147	0.055	0.067
지난	0.638	−0.298	0.297	−0.056	−0.149
/	0.631	−0.415	0.096	−0.079	0.059
위해	0.598	−0.064	0.158	0.150	0.161

[표 5−16]을 보면 인자 1에 의해 군집한 단어들은 형용사 '높다'
와 직접적인 관련이 없어 보이는 단어들이 대부분이다. 그렇지만 이
단어들은 객관적 사실을 서술할 때 사용하는 단어들이 많이 보이는
데, 이런 문체적 특징은 형용사 '높다'와 한 문장에서 공기하는 단어
들과의 관계의 한 특성을 나타내는 것으로 볼 수 있다. 좀더 자세한
인자 분석에 의한 공기관계 특성을 (1)에서 설명한다.

(2) 형용사 '길다'

형용사 '길다'와 한 문장에서 공기하는 단어들 중에서 공기 빈도
8 이상인 것들을 대상으로 인자 분석 하였다. 다음은 형용사 '길다'
의 인자 분석 결과를 인자 1을 기준으로 군집한 단어들의 인자부하
값 순서로 일부 예를 보인 것이다.

[표 5−17] 형용사 '길다' 인자 분석 결과 예 − 인자 1 기준

	인자1	인자2	인자3	인자4	인자5
있었다.	0.787	−0.066	−0.146	0.239	−0.006
말을	0.758	0.012	−0.132	0.093	−0.087
무슨	0.754	−0.022	−0.161	−0.083	−0.092
앉아	0.746	−0.145	−0.055	0.300	0.216

않았다.	0.735	−0.131	−0.169	0.052	0.069
갑자기	0.728	−0.138	−0.075	−0.052	−0.029
좀	0.717	−0.073	−0.080	−0.101	0.099
앞에	0.716	0.019	−0.088	0.163	0.064
그렇게	0.715	0.103	−0.141	−0.115	0.002

[표 5−17]에서도 인자 1에 의해 군집한 단어들은 형용사 '길다'와 직접적인 관련이 없어 보이는 단어들이 대부분이다. 그러나 앞서 언급한 바와 같이 [표 5−17]에서 인자 1에 의해 군집하는 단어들은 형용사 '길다'가 쓰이는 문장의 어떤 특성에 의한 것이다. 인자 분석에 의한 공기관계 특성은 3.2.(1)에서 설명한다.

3.2 인자 분석을 이용한 공기관계 분석

형용사의 인자 분석도 기본적으로 각 형용사의 인자 분석 결과에서 인자 1과 인자 2가 가장 유의미한 것들이다. 그러나 앞의 명사와 동사 부분에서 보았듯이 중심어의 의미 통사적인 특징을 중심으로 공기 단어의 분포를 분석하는데 직접적으로 관련짓기 어려운 결과들이 많이 나타난다. 심지어는 인자 분석의 결과가 연구 대상인 형용사의 의미적 특성을 분명히 나타내는 것을 찾기 힘들 때도 있다. 상위 인자를 중심으로 인자 분석 결과를 분석하고, 하위 인자에서도 중심어의 특정한 의미와 직접적인 관련이 있는 것은 해당 인자에 의해 군집한 공기 단어들의 특성을 살핀다.

(1) 형용사 '높다'

형용사 '높다'와 공기하는 단어들 사이의 상관성을 이용하여 인자 분석을 하였다. 가장 군집성이 강한 것은 인자 1과 인자 2이고 인자

3부터 군집 단어의 최상위 인자부하값이 급격히 줄어든다. 인자 분석의 기법만을 엄밀히 고려하여 인자 1, 2를 중심으로 특성을 논한다.

다음은 형용사 '높다'의 인자 분석 결과 중에서 인자 1과 인자 2에 의해 군집한 단어들을 일부 보인 것이다.

[표 5-18] 형용사 '높다' 인자 분석 결과 – 인자 1, 2 예

인자 1		인자 2	
등	0.761	수	0.818
현재	0.675	것은	0.746
및	0.674	것이다.	0.737
것으로	0.671	이러한	0.706
등을	0.653	것이	0.674
경우	0.651	때문이다.	0.663
최근	0.649	할	0.655
지난	0.638	우리의	0.654
위해	0.598	따라서	0.652
등의	0.560	없다.	0.615
이후	0.560	인간의	0.600
이들	0.554	아니라	0.591
1백	0.548	볼	0.589
대해	0.541	이것은	0.581
이에	0.541	즉	0.568

3장에서 형용사 '높다'의 인접 공기관계 연구 결과, '높다'의 의미 중에서 '일정한 수준보다 크다'의 의미로 쓰이는 경우에 유의미한 공기관계를 갖는 단어가 많이 나타나는 것으로 나타난다. [표 5-18]에서 보면 형용사 '높다'의 직접적인 논항에 해당하는 것으로 보이는 단어는 분명하게 드러나지 않는다. 그런데 실제 용례를 찾아보면 인자 1과 인자 2에 제시된 단어들은 대부분 '일정 수준보다 크다'의

의미로 쓰이는 경우의 예문이 대부분이다. 그러나 이 현상은 반드시 인자가 그러한 의미와 관련된 것이라고 보기는 힘들다. 왜냐하면 실제 용례에서 그러한 의미로 쓰이는 것이 가장 많기 때문이다. 따라서 여기서 보이는 인자는 형용사 '높다'의 의미 특성과 관련된 것이라기보다는 문체적 특징과 관련된 것으로 보인다. 특히 형용사 '높다'의 인자 분석 결과에서 특이한 점은 인자 2가 인자 1보다 군집성을 더 강하게 보인다는 것이다. 인자 2에 의해 군집하는 단어들의 용례를 보면 대부분 수필의 성격이 큰 글에서 많이 나온다. 즉 객관적 사실에 대한 서술보다는 자신의 생각을 옮기는 글에서 많이 나오는 특성을 갖는다. 반면에 인자 1은 객관적 사실을 기술하는 문장에서 많이 나오는 단어들이 군집한다. 그렇지만 형용사 '높다'의 의미적 특성을 고려한다면, 뚜렷한 차이가 나지는 않는다.

형용사 '높다'의 인자 분석 결과에서는 하위 인자에서도 '높다'의 의미 특성에 따른 차이를 보여주는 것이 나타나지 않는다. 이것은 형용사 '높다'와 공기하는 단어들의 상관성이 '높다'의 의미적 특성과 관련이 크지 않기 때문으로 보인다. 그리고 실제 언어 사용 자료에서 '높다'의 여러 의미가 다양하게 쓰이지 않고 '일반 수준보다 크다'의 의미로 쓰이는 경우가 분포상 다른 의미인 '아래에서 위까지의 길이가 길거나 벌어진 사이가 크다', '세상에 널리 알려져 있다', '매우 강하다', '(소리가) 가늘고 날카롭다' 등의 쓰임과 차이가 크기 때문으로 생각한다. 따라서 형용사 '높다'에 대한 공기 단어들의 상관성을 이용한 인자 분석은, 실제 자료 처리에서 의미적 특성과 관련한 연구에 직접적인 관련이 있다고 보기 힘들다.

(2) 형용사 '길다'

형용사 '길다'와 공기하는 단어들 사이의 상관성을 이용하여 인자 분석을 하였다. 앞서 분석한 형용사 '높다'와 마찬가지로 가장 군집성이 강한 것은 인자 1과 인자 2이이다. 여기서도 인자 분석의 기법만을 엄밀히 고려한다면 인자 1, 2를 중심으로 특성을 논해야 하지만 언어 연구의 특성상 하위 인자라 하더라도 형용사 '길다'의 의미 특성이 잘 드러나는 것까지 포함하여 분석한다.

다음은 형용사 '길다'의 인자 분석 결과 중에서 인자 1과 인자 2에 의해 군집한 단어들을 일부 보인 것이다.

[표 5-19] 형용사 '길다' 인자 분석 결과 – 인자 1, 2 예

인자 1		인자 2	
있었다.	0.787	것은	0.759
말을	0.758	수	0.754
무슨	0.754	것이다.	0.740
앉아	0.746	아니다.	0.727
않았다.	0.735	것이	0.710
갑자기	0.728	그것이	0.704
좀	0.717	어떤	0.653
앞에	0.716	할	0.649
그렇게	0.715	되는	0.620
그때	0.713	없다.	0.617
같았다.	0.708	그것은	0.615
내가	0.687	때문이다.	0.584
고개를	0.681	수도	0.583
소리를	0.676	하는	0.581
것	0.671	이러한	0.569

형용사 '길다'의 인자 분석 결과에서 인자 1과 인자 2는 '길다'의 의미 특성과 직접적으로 관련이 없다. 여기서도 문체적 특성이 보이는데, 인자 1에 의해 군집한 단어들 중에서는 용언의 과거형이 많이 보인다. 용례를 보면 인자 1은 '어떤 상황이나 사물, 사람을 묘사'하

는 글에 많이 나타난다. 인자 2는 '어떤 것에 대한 논리적 기술'과 관련된 용례에 많이 나타난다. 다음은 인자 1과 인자 2로 정렬된 단어가 나타나는 예를 보인 것이다.

(5) 인자 1

4BT_B450335470	들리지	들리 / VV + 지 / EC	
4BT_B450335480	않는	않 / VX + 는 / ETM	
4BT_B450335490	긴	길 / VA + ㄴ / ETM	
4BT_B450335500	흐느낌이	흐느끼 / VV + ㅁ / ETN + 이 / JKS	
4BT_B450335510	있었다.	있 / VV + 었 / EP + 다 / EF + . / SF	

(6) 인자 2

2BT_1170023640	있느냐	있 / VV + 느냐 / EC
2BT_1170023650	없느냐	없 / VA + 느냐 / EC
2BT_1170023660	하는	하 / VV + 는 / ETM
2BT_1170023670	것은	것 / NNB + 은 / JX
2BT_1170023680	그	그 / MM
2BT_1170023690	빛의	빛 / NNG + 의 / JKG
2BT_1170023700	파장의	파장 / NNG + 의 / JKG
2BT_1170023710	길고	길 / VA + 고 / EC
2BT_1170023720	짧음에	짧 / VA + 음 / ETN + 에 / JKB
2BT_1170023730	좌우된다.	좌우되 / VV + ㄴ다 / EF + . / SF

3장의 인접 공기관계 연구에서 형용사 '길다'는 '(물체의 한 쪽 끝에서 다른 쪽까지의) 두 끝이 멀리 떨어져 있다'의 의미로 쓰이는 경우가 가장 많았고, 다음으로 '시간이 오래다'의 의미로 쓰이는 경우에 유의미한 공기단어가 많이 분포하였다. 이렇게 형용사 '길다'의 의미 특성의 차이를 보여주는 인자가 통계적으로 유의미성이 높은 인자 1과 인자 2에는 해당하지 않는다. 그렇지만 하위 인자에서 형용사 '길다'의 의미적 특성을 보여주는 것이 있다. 다음은 3장에서도 보았듯이 '두 끝이 멀리 떨어져 있다'의 의미로 쓰일 때의 '길다'와 관련된 인자 3을 보인 것이다.

[표 5-20] 형용사 '길다' 인자 분석 – 인자 3

인자 3	
모양의	0.642
길이는	0.624
가늘고	0.605
잎은	0.600
길이가	0.555
만든	0.542
여러	0.520
털이	0.499
년	0.482
하여	0.480
짧고	0.461
뻗어	0.459
많이	0.455
넓은	0.449
몸은	0.398
생긴	0.389
꽃이	0.386
끝이	0.366
꼬리는	0.359
때	0.357

[표 5-20]을 보면 '(물체의 한 쪽 끝에서 다른 쪽까지의) 두 끝이 멀리 떨어져 있다'의 의미로 쓰이는 형용사 '길다'의 의미 특성을 보이는 인자 3을 기준으로 군집한 단어들이 제시되어 있다. 인자 3에 의해 군집한 단어들은 '길다'의 대상이 되는 명사들이 많고 '길이가'와 같은 단어는 3장에서 다룬 인접 공기관계 단어 연구에서도 통계적 유의미성이 있는 단어였다. 그렇지만 인자 분석을 통한 연구에서는 특

정한 단어가 중심어와 어떤 유의미 관계를 갖느냐 보다는, 중심어의 어떤 특성에 의해 공기 단어들의 상관성이 높아지는가에 대한 관심이 주 대상이 된다. 이런 점에서 [표 5-20]에서 제시한 단어들은 형용사 '길다'의 '(물체의 한 쪽 끝에서 다른 쪽까지의) 두 끝이 멀리 떨어져 있다'라는 의미 특성에 의해 군집한 것이고, 즉 이것은 [표 5-20]에서 제시한 단어들이 많이 나타날수록 이 의미로 쓰이는 '길다'의 특성이 잘 드러난다고 볼 수 있다.

다음은 '(한 때에서 다음의 한 때까지의) 시간이 오래다'의 의미로 쓰인 '길다'의 의미 특성과 관련된 인자 6을 보인 것이다.

[표 5-21] 형용사 '길다' 인자 분석 – 인자 6

인자 6	
상당히	0.434
가지고	0.402
시간이	0.399
많이	0.395
조금	0.368
다른	0.355
이는	0.313
때문에	0.296
여러	0.278
그리고	0.276
아주	0.271
매우	0.270
더	0.266
시간	0.253
나는	0.244
점점	0.242
많은	0.238

되었다.	0.235
나의	0.222
모두	0.221

하위 인자로 갈수록 해당 인자에 의해 군집하는 단어들이 그 인자의 특성을 반영하는 성질이 약해진다. 따라서 [표 5-21]에서 제시된 단어들이 쓰인 용례를 확인해 보면 '시간이 오래다'의 의미로 쓰이는 '길다'와 공기하는 경우가 많지만, 그렇지 않은 경우도 있다. 3장에서 보인 특성을 보면 '시간이 길다'의 의미로 쓰이는 경우 주격조사 결합형 명사들이 유의미한 공기관계를 갖는 것이 많았다. 다른 방향에서 공기관계의 특성을 보는 인자 분석이기 때문에 3장에서 보인 것과는 다른 양상을 보인다. 인자 6으로 군집한 단어들 중에서 부사 '상당히'는 인접 공기관계 연구에서도 통계적 유의미성이 있었는데, 단순히 중심어와 유의미한 공기관계가 있다는 사실만을 알 수 있었다. 그렇지만 인자 분석을 통해서 '시간이 길다'의 의미로 쓰이는 '길다'와 공기하는 특성이 있음을 알 수 있다. 예를 들면 다음과 같은 구성이 예문에 많이 나타난다.

(7) 2BT_1250125000   그가   그/NP+가/JKS
    2BT_1250125010   말한   말하/VV+ㄴ/ETM
    2BT_1250125020   상당히   상당히/MAG
    2BT_1250125030   긴   길/VA+ㄴ/ETM
    2BT_1250125040   시간이라는   시간/NNG+이/VCP+라는/ETM
    2BT_1250125050   게   것/NNB+이/JKS

그렇지만 이런 특성이 형용사 '길다'의 '시간이 오래다'의 의미와 공기하는 가능성이 좀 크다는 것이지, 반드시 그런 것은 아니다. 즉 다른 뜻으로 쓰이는 '길다'와도 공기하는 경우는 있다. 그러나 상위 인자에서 이런 특성이 나왔다면 그 가능성이 훨씬 높아진다.

인자 분석의 특성상, 중심어와 공기하는 단어들이 특정한 의미로 쓰일 때의 문체적 특징이 분명할 경우에 인자 분석에 의한 공기관계 연구의 특징이 잘 드러난다. 이런 점을 고려하여 직관적으로 동음어나 다의어의 특성이 잘 드러난다고 판단되는 단어를 대상으로 명사와 동사, 형용사에서 연구를 진행하였다. 그러나 직관과는 매우 다른 양상이 실제 언어 사용 자료의 특징으로 나타났는데, 인자 분석에 의해 중심어와 공기하는 단어들의 의미적 상관성을 분석하기 어려웠다. 즉 중심어가 특정한 의미로 쓰이는 경우에, 그 의미와 관련이 많은 단어들이 공기하는 현상의 특징이 잘 드러나리라고 생각하였지만 실제 언어 사용 자료의 양상은 매우 다르다는 것을 알 수 있었다. 이런 특징은 대규모 자료 처리에서 반드시 고려해야 할 사항이다. 직관에 의존한 규칙의 도출보다는, 언어의 객관적 특성을 변수로 하여 특성 분포의 여러 양상을 객관적으로 정리할 필요가 있다.

4. 군집 공기관계 연구 요약

5장에서는 중심어와 한 문장 내에서 공기하는 단어(어절)들을 추출하여, 그 공기 단어들 사이의 상관성에 의한 군집 현상을 이용하여 해당 중심어와의 공기관계 특성을 연구하였다.

중심어와 공기하는 단어들은 기본적으로 중심어와 의미 통사적으로 관련이 있는 단어들이다. 따라서 공기하는 단어들 사이에 중심어를 기준으로 일정한 관련이 있는데, 이런 기본적인 공통점에 의해 공기 단어들이 군집하는 성질이 생긴다. 그 공통점들 중에서 특별히 어떤 특정한 의미로 쓰이는 경우에 군집하는 단어들이 나타나는데, 이 특성에 의해 중심어의 특정 의미와 관련된 공기 단어들의 특징을 분석하였다.

이 연구에서 공기하는 단어들 사이의 상관성과 군집성을 분석하기 위하여 고급 통계기법인 인자 분석(factor analysis)을 이용하였는데, 이 방법은 직관적 연구 방법과는 매우 다른 계량언어학적 접근 방법으로, 대규모 자료를 이용한 연구에서 자동적으로 단어의 의미적 특성을 밝히는데 효과적인 것이다. 어휘의 의미적 특성을 정리하는데 인자 분석을 이용하는 것은 국어학에서 처음 있는 시도로서, 연구의 특징을 정확히 이해하고 적용하기 위해 일부 단어를 예로 연구를 진행하였다.

앞에서 다룬 공기관계 연구방법들과 인자 분석을 이용한 연구방법의 특성을 비교하기 위해 일반명사 '병, 사고', 동사 '쓰다, 타다', 형용사에서 '높다, 길다'의 공기관계를 연구하였다. 부사, 관형사, 의존명사 등은 동음이의어나 다의어의 특징이 잘 나타나지 않고 나타난다 하더라도 의미별로 쓰이는 분포에 차이가 크게 나므로[87] 인자 분석을 통한 공기관계 연구 특성에 적합하지 않다고 판단하여 논의에서 제외하였다.

앞에서 다룬 인접 공기관계 연구와 문법관계적 공기관계 연구와는 달리, 자료의 처리와 분석 과정에서 연구자가 개입하는 것이 별로 없다. 일정한 기준을 설정하여 추출된 자료들을 인자 분석을 위한 통계 프로그램에서 자동적으로 처리한 결과에 대한 해석만을 하게 된다.

일반명사 '병'과 '사고'의 인자 분석 결과는 '병'의 경우 비교적 통계적으로 유의미한 결과가 나왔다. '병(病)'의 의미로 쓰이는 일반명사 '병'이 나타나는 문장에 자주 출현하는 단어들이 인자 분석에 의해 정렬되었다. 이렇게 정렬된 단어들은 직관적으로 '병(病)'과 의미적 관련성을 생각할 수 있는 단어들도 포함되어 있지만 그렇지 않은

---

87) 하나의 의미로만 쓰이는 경우가 대부분이다.

단어들도 있다. 그러나 실제 용례에서 확인하면 대부분 특정 의미로 쓰인 문장에 주로 나타나는 단어들이다. 이런 특성은 언어 전체 양상을 모두 보여준다고 하기는 좀 힘들지만, 본고에서 이용한 자료로 제한하여 생각한다면 일반명사 '병'이 '병(病)'의 의미로 쓰이는 환경을 분석하는 것에는 매우 유용한 결과이다. 이와 반면에 일반명사 '사고'의 의미별 문장 환경의 특징은 인자 분석에서 잘 나타나지 않았다.

동사 '타다, 쓰다'와 형용사 '높다, 길다'의 인자 분석 결과에서는 인자 분석 기법의 특성에서 통계적 유의미성이 큰 인자 1과 인자 2에서 해당 중심어의 의미적 특성을 보여주는 해석을 하기 힘든 단어들이 나타난다. 그렇지만 일부 하위 인자에서는 중심어의 특정한 의미 특성이 나타나는 결과들이 나왔다. '타다'의 경우는 '탈것에 몸을 얹다'의 의미로 쓰이는 환경에서 나타나는 단어들이 주로 군집하였다. '쓰다'에서는 '글을 쓰다'의 의미 특성이 잘 드러나는 환경을 보여주는 단어들이 군집하였다. 형용사 '높다'에서는 '보통보다 크다'의 의미로 나타나는 특성이 잘 보여졌고, '길다'에서는 '두 끝이 멀리 떨어져 있다'의 의미로 쓰이는 특성이 잘 드러났다.

인자 분석을 이용하여 단어의 의미특성과 관련된 공기관계 연구를 하였을 때, 중심어의 여러 의미들 중에서 특정 의미로 쓰이는 경우에서 한 의미만이 잘 분석되었고, 다른 의미의 특성을 보여주는 공기관계 특성은 파악하기 힘들었다. 이런 점은 여러 의미가 있는 단어에서, 특정한 의미로 쓰일 때만 공기 단어들의 상관성이 높다는 것으로 볼 수 있다.

제6장 연구 방법별 비교 고찰

여기서는 본 논문에서 다룬 공기관계 연구의 계량언어학적 방법들을 비교한다. 각 연구 방법마다 사용한 말뭉치의 성격이 다르고, 이에 따라 추출하는 언어학적 정보도 다른 것들이다. 그리고 각 연구 방법별로 비슷한 성격의 언어학적 특성을 고찰하는 부분도 있지만, 각각 중점적으로 분석하는 공기관계의 연구 대상이 차이가 난다. 이런 각 연구 방법별 특징과 차이점들을 종합적으로 정리하기 위해서, 동사 '쓰다'를 예로 들어 비교해 본다.

1. 연구 방법별 사용 말뭉치 비교와 자료 처리의 비교

동사 '쓰다'는 표준국어대사전에 6개의 표제어가 있다. 그리고 '21세기 세종계획'에서 2001년에 구축한 150만 어절 규모의 의미 분석 말뭉치를 이용해서 실제 언어 사용 양상을 보면, 동사 '쓰다'는 'write'의 의미로 사용되는 경우가 1,111회로 가장 많고, 'use'의 의미로 사용되는 것이 1,021회로 비슷한 빈도를 보인다. 다음으로 'put on'의 의미로 사용되는 경우가 130회 나타난다. 그리고 나머지 의미로 쓰이는 경우는 3회 미만의 빈도를 보인다.

공기관계의 계량적 접근 방법들 중에서, 인접 공기관계 연구와 군집 공기관계 연구는 형태분석 말뭉치를 이용하였다. 그리고 구문적 공기관계 연구를 위해서는 문법 관계 표지가 부착된 말뭉치를 이용하였다. 크게 보면 성격이 좀 다른, 두 종류의 말뭉치를 이용하여 연구를 진행하였다.

앞에서 설명한 동사 '쓰다'와 같은 동음어의 경우 형태분석 말뭉치에서는 구별이 되지 않았기 때문에, 앞장에서 예로 든 단어들은 말뭉치에서 동음어의 특징이 잘 나타나지 않는 것들을 중심으로 논의를 전개하였다. 이 논문에서 사용한 형태 분석 말뭉치는 동음어의 구별이 되지 않은 것이기 때문에, 동음어의 특징을 고려하여 연구를 진행한 것이다. 그렇지만 현재 '21세기 세종계획'을 통해, 기존에 구축한 형태 분석 말뭉치의 동음어 구별 작업이 진행 중이므로, 이 논문에서 전개한 계량적 연구 방법이 충분히 활용될 수 있다고 본다.

다음은 연구 방법별로 사용한 말뭉치의 특성을 표로 보인 것이다.

[표 6-1] 각 공기관계 연구 방법별 사용 말뭉치 비교

	인접 공기관계 연구		구문적 공기관계 연구		군집 공기관계 연구	
	중심어	공기 단어	중심어	공기 단어	중심어	공기 단어
품사구별	○	○	○	×	○	×
동음어구별	△	×	○	×	×	×
굴절형고려	×	○	×	○	×	○

위의 [표 6-1]을 보면 인접 공기관계 연구에서 중심어의 동음어 구별이, 어느 정도 된 것으로 간주하였음을 나타낸다. 앞서 언급한 바와 같이 이 논문에서는 동음어의 특성이 말뭉치에서 잘 드러나지 않는 것을 중심으로 예를 선정하여 논의를 진행하였고,[88] 동음어 구

---

88) 예를 들어 명사 '말'의 경우, 2001년에 구축한 의미 분석 말뭉치에서 '말(言)'의 의미로 쓰인 것인 7386회이고 '말(馬)'의 의미로 쓰인 것인 135회이다. 그리고

별이 된 어휘 의미 분석 말뭉치를89) 계속 구축해 나가는 것을 고려
한 것이다. 본 논문에서는 중심어만 동음어를 고려하여 예를 선정하
였고, 공기 단어의 경우는 엄밀히 고려하지 못한 점이 있다. 그러나
어휘 분석 말뭉치가 구축되면 이런 문제는 모두 해결될 것이다. 그
리고 본 논문에서도 중심어의 동음어 특성을 고려하여 진행한 결과,
결과적으로 공기어들의 동음어는 크게 문제가 되지 않았다. 따라서
논의 전개에는 큰 무리가 없었다.

　인접 공기관계 연구와는 달리 구문적 공기관계 연구는, 원시 말뭉
치(raw corpus)에 중심어와 구문적 관련이 있는 단어(어절)에 구문 정보
표지를 부착한 말뭉치를 이용하였다. 이 연구에서 사용한 자료는 연
구자가 직접 동음어 문제를 고려하여 작업한 것으로 동음어로 인한
문제는 야기되지 않는다. 그리고 앞서 언급한 바와 같이 현재 '21세
기 세종계획' 등에서 구문 분석 말뭉치가 대규모로 구축된다면 본
논문에서 전개한 공기관계의 계량적 연구를 바로 활용할 수 있다.

　군집 공기관계 연구에서는 기본적으로 형태 분석 말뭉치를 이용
한다는 점에서는 인접 공기관계 연구와 같다. 그렇지만 인접 공기관
계 연구에서는 550만 어절 규모의 형태 분석 말뭉치를 모두 합친 상
태에서 연구를 진행하였다. 반면 군집 공기관계 연구에서 사용한 통
계 기법인 인자 분석의 적절한 사용을 위해서, 550만 형태 분석 말
뭉치의 원본 자료를 고려하여 299개의 파일로 나누어 사용하였다.

　각 연구 방법별로 이용한 말뭉치와 그 사용에는 차이가 있다. 그
런데 공기관계는 기본적으로 중심어와 한 문장에서 공기하는 단어
들만을 대상으로 연구하였다. 이 특성은 모든 연구에 적용한 기준이
다. 따라서 인접 공기관계 연구에서는 중심어를 기준으로 검색공간

공기관계 추출에서 유의미한 것에는 '말(馬)'의 의미로 쓰인 것과 관련된 것으
로 보이는 것은 나타나지 않았다.

89) '21세기 세종계획'에서 구축한 형태 분석 말뭉치에 동음어 구별을 한 것의 명칭
을 2002년부터 '어휘 의미 분석 말뭉치'로 정하였다.

이 문장 단위를 벗어나는 경우에는, 검색 공간에 출현하는 단어를 연구 대상으로 삼지 않았다. 구문적 공기관계에서도 한 문장 내에서의 문법 관계만을 고려한 것이기 때문에, 소위 필수 논항이라 할지라도 실제로 생략되는 경우가 많이 있었다. 군집 공기관계 연구에서도 중심어와 한 문장에서 공기하는 단어들만을 대상으로 연구를 진행하였다.

1.1 인접 공기관계 연구

이렇게 공기관계의 계량적 연구 방법별로 사용 말뭉치와 그 성격은 차이를 보인다. 이제 각 연구 방법별로 추출하는 공기관계와 그 언어학적 정보의 특성을 비교해 본다. 우선 인접 공기관계 연구에서는 중심어인 동사 '쓰다'와 좌우 3어절 이내에 인접하는 단어들을 추출하고, 이 자료를 가공하여 유의미한 공기관계를 추출한다. 그리고 이 검색공간[90] 내의 단어들에서 문법 범주만을 추출하여 연접범주관계 연구를 위한 자료를 정리한다. 앞서 밝힌 바와 같이 인접 공기관계 연구에서 사용하는 형태 분석 말뭉치는 동음어 구별이 되지 않은 것이고, 3장의 논의에서는 이를 고려하여 연구를 진행하였다. 그렇지만 여기서는 연구 방법별 비교를 위해 동음어 '쓰다'를 이용하여 논의를 해 나간다. 다음은 동사 '쓰다'와 검색공간 내에서 공기하는 단어들을 빈도 순서로 일부 예를 보인 것이다.

[표 6-2] 동사 '쓰다'와 공기하는 단어 – 공기 빈도 순서

공기 단어	분석	공기 빈도	좌공기 빈도	우공기 빈도
글을	글 / NNG＋을 / JKO	419	381	38
수	수 / NNB	296	44	252

---

90) 여기서는 동사 '쓰다'의 좌우 각각 3어절 이내에서 인접하는 단어들이 된다.

그	그 / MM	256	116	140
신경을	신경 / NNG＋을 / JKO	223	221	2
이	이 / MM	212	151	61
시를	시 / NNG＋를 / JKO	188	169	19
한	한 / MM	170	104	66
잘	잘 / MAG	162	130	32
있는	있 / VX＋는 / ETM	159	20	139
것을	것 / NNB＋을 / JKO	150	62	88

위의 [표 6-2]에서 보이는 것과 같이, 동사 '쓰다'와 인접하여 쓰이는 단어들을 검색공간 내에서 출현하는 빈도순으로 추출하고, 각 공기 단어들이 550만 어절 규모의 형태 분석 말뭉치 전체에서 출현하는 빈도를 고려하여 통계적 유의미성을 측정한다. 여기서도 인접 공기관계 연구에서 주로 사용한 t-test를 이용하여 통계적 유의미성 순서로 공기 단어들을 정렬하였다. 다음은 통계적 유의미 순서로 정렬한 공기 단어들의 일부 예를 보인 것이다.

[표 6-3] 동사 '쓰다'와 공기하는 단어 - 통계 유의미 순서

공기 단어	전체 빈도	공기 빈도	t-score
글을	846	419	20.080
신경을	301	223	14.743
시를	582	188	13.311
애를	277	116	10.528
편지를	351	114	10.367
소설을	240	94	9.462
말을	3,905	143	8.882
돈을	1,286	96	8.561
악을	96	73	8.438
잘	5,824	162	8.418

위의 [표 6-3]을 [표 6-2]와 비교해 보면, 동사 '쓰다'와 공기하는 단어들의 경우 단순 공기 빈도만을 고려했을 경우와 통계적 유의미성을 고려했을 경우의 목록이, 정렬 순서에서 차이가 남을 알 수 있다. 인접 공기관계 연구에서는 기본적으로 [표 6-3]에서 보이는 바와 같이 통계적 유의미성이 있는 공기관계를 추출하고, 이를 분석하는 것을 목표로 하였다. 이렇게 정렬된 공기관계의 언어학적 분석은 다음 절에서 다른 연구 방법과 비교하며 설명한다.

앞에서 서술한 내용들은 인접 공기관계 연구에서 해당 공기 단어들의 어휘적 특성을 중심으로 연구하기 위해 추출되었고, 또한 통계적 유의미성을 분석하는 연어관계(collocation)적 접근이라 할 수 있다. 이와는 좀 다른 관점으로 공기관계를 연구하기 위해, 중심어와 공기하는 단어들의 문법 범주만을 고려하는 연접범주관계(colligation)적 접근을 위해 공기 문법 범주들을 추출한다. 다음은 공기 문법 범주들을 일부 예로 보인 것이다.

[표 6-4] 동사 '쓰다'와 공기하는 단어들의 문법 범주 – 공기 빈도 순서

문법 범주	공기 빈도	좌공기 빈도	우공기 빈도
NNG(일반명사)+JKO(목적격조사)	5,307	4,093	1,214
VV(본동사)+EC(연결어미)	3,614	2,183	1,431
MAG(일반부사)	3,152	2,128	1,024
NNG(일반명사)	3,030	1,786	1,244
NNG(일반명사)+JKB(부사격조사)	2,540	1,697	843

[표 6-4]에서 보이듯이 고빈도 인접 공기 문법 범주들은 대부분 동사 '쓰다'의 좌측에 공기하는 경우가 많다. 특히 동사 '쓰다'의 목적어로 볼 수 있는 일반명사의 목적격조사 결합형의 범주가 빈도도 가장 높고, 좌측 공기 현상의 특징도 크다.

이와 같이 인접 공기관계 연구에서는 [표 6-3]과 [표 6-4]에서 제시하는 공기관계 현상들을 바탕으로 여러 측면에서 해당 중심어의 언어학적 특성을 분석한다. 이에 대한 논의는 다음 절에서 다루겠다.

1.2 구문적 공기관계

구문적 공기관계 연구에 사용한 말뭉치에서는, 이미 중심어 '쓰다'의 수식 관계나 논항 관계를 갖는 단어들이 표시되어 있다. 이 표지를 활용하여 각 범주별로 또는 함께 나타나는 범주들의 유형별로 추출하여 구문적 공기관계를 분석한다. 다음은 각 문법 범주 대표형별로 공기하는 단어들을 빈도 순서로 일부 예를 보인 것이다.

[표 6-5] 동사 '쓰다'의 문법 범주별 공기 단어 – 범주별 공기 단어 빈도순

수식어류	빈 도	목적어류	빈 도	주어류	빈 도	기타 논항	빈 도
많이	13	신경을	28	그는	8	데	8
못	9	애를	24	나는	6	머리에	3
안	7	말을	18	우리는	6	뜻으로	2
이렇게	4	돈을	17	내가	5	살림에	1
더	4	안경을	8	사람들이	5	건강에	1

[표 6-5]에서는 동사 '쓰다'와 구문적 관계를 갖는 단어들 중에서 문법 범주별로 일부 고빈도 단어들을 보인 것이다. 각 문법 범주별로 하위 범주를 갖는데 여기서는 하위 범주들을 고려하지 않고 해당 범주들의 상위 범주만을 고려하여 공기 단어들을 제시한 것이다. 인접 공기관계 연구에서 다루는 자료와 비교하면, 중심어와의 문법적 관계가 공기 단어에 비교적 정확하게 부착되어 있지만 해당 공기 단

어들의 빈도가 대체로 낮다. 이런 저빈도 자료로는 적절한 통계적 유의미성을 검증하기 어렵다.

이와 같이 문법 관계 표지 부착 말뭉치를 이용하여 추출하는 공기 관계는 저빈도로 공기하는 단어들이 많아 통계 검증에는 문제가 있을 수 있다. 그렇지만 여러 문법 범주들이 동시에 어떤 유형으로 나타나는지를 알 수 있다. 이는 해당 중심어의 구문 구조적 특징을 분석하는 면에 있어서는 매우 유용한 자료를 제공한다. 다음은 동사 '쓰다'의 구문 구조적 특징을 알 수 있는 문법 범주 출현 유형을 일부 제시한 것이다.

[표 6-6] 동사 '쓰다'와 공기하는 문법 범주 출현 유형

유형 빈도	문법 범주 출현 유형
200	O(목적어)
107	S(주어) O(목적어)
40	O(목적어) Sp(주어 - 후행)
31	S(주어) Op(목적어 - 후행)
30	Op(목적어 - 후행)
27	O(목적어) Ma(일반부사)
17	S(주어)

[표 6-6]을 보면 동사 '쓰다'는 목적어만 나타나는 경우가 가장 많다. 이 현상은 이미 4장에서 다룬 구문적 공기관계 연구에서 논의한 동사의 특성과 일치한다. 이렇게 구문 구조를 파악할 수 있는 연구는 공기관계를 이용하여 중심어의 구문적 결합관계 특성을 분석하는데 매우 유용하다. 이런 특징은 인접 공기관계 연구가 중심어와 공기하는 개별적 단어와의 관계를 중심으로 연구하는 것과 대조를 보인다.

1.3 군집 공기관계 연구

군집 공기관계 연구는 중심어와 공기하는 단어들을 대상으로, 인자 분석을 통하여 군집하는 공기 단어들을 이용하여 중심어의 어휘의미적 특성을 밝히는 것이다. 이 연구는 공기 단어들 사이에 상관성이 있고, 이 상관성을 갖게 하는 것이 중심어의 어휘의미적 특성임을 밝히는 것이다. 이 연구에서는 중심어와 한 문장에서 공기하는 모든 단어를 대상으로 일정 빈도91) 이상의 것들을 인자 분석을 한다. 인자 분석에 대한 설명은 2장과 5장에서 하였으므로 여기서 다시 설명하지는 않는다.

인접 공기관계 연구에서와 같이 [표 6-2]와 같은 공기 단어들을 추출하여 빈도 30이상의 공기 단어들만을 대상으로 인자 분석을 한다. 인자 분석은 동음어의 의미 구별을 위한 공기 단어들의 특성을 밝히는데 유용한 연구이다. 다음은 동사 '쓰다'와 공기하는 단어들을 대상으로 인자 분석을 한 결과에서 인자 1을 인자부하 크기 순서로 일부 예를 보인 것이다.

[표 6-7] 동사 '쓰다' 인자 분석 결과 - 인자 1

인자 1	인자 점수
무슨	0.992
좀	0.959
못	0.943
손을	0.93
말을	0.908
한번	0.904

---

91) 중심어의 빈도를 고려하고, 적절한 인자 분석을 적용하기 위해서 공기 단어들의 빈도를 고려하여 인자 분석 대상이 되는 공기 단어를 선별한다. 여기서 예로 든 동사 '쓰다'의 인자 분석에는 30회 이상 공기하는 단어들을 대상으로 하였다.

누가	0.85
그렇게	0.848
전에	0.84
다	0.829

인자 분석의 특성상 인자 1이 통계적으로 가장 유의미한 것이고, 일반적으로 인자 1에 의해 군집하는 단어들의 수도 가장 많다. 그런데 실제 공기관계 연구에서는 중심어의 어휘의미적 특성보다는 중심어의 어휘의미적 특성 이외의 언어학적 특성에 의해 군집하는 경우가 많다.[92] 그리고 [표 6-7]에서 보이는 군집 공기 단어들은 단순히 중심어와의 관계만을 직접 고려하는 것보다, 해당 군집 공기 단어들이 실제 용례에서 쓰일 때 중심어의 어떤 언어학적 특성들이 나타나는지를 확인할 필요가 있다. 즉 인자 분석에 의해 군집한 공기 단어들이, 중심어의 어휘의미적 특성을 직접적으로 나타낸다기 보다는, 중심어가 특정 어휘의미로 쓰이는 경우에 주로 나타나는 단어들의 공기 유형을 나타내는 것이다. 이러한 성질은 다음 절에서 이루어질 실제 분석 부분에서 다른 연구 방법과 비교하여 설명한다.

인자 분석을 이용한 군집 공기관계 연구는, 직관적으로 분석하기 힘든 공기 유형을 분석하는 데에 매우 유용한 것이다. 통계학적으로는 인자 1과 인자 2가 가장 유의미한 결과를 보이지만 본 연구에서는 중심어의 어휘의미적 특성을 밝히는 공기관계에 초점을 두어 논의를 진행하였다. 따라서 하위 인자들 중에서 논문의 목적에 더 적합한 것들을 중심으로 군집 공기관계 분석을 한다.

---

92) 예를 들면 해당 중심어의 품사적 특징이 나타나는데, 동사의 경우 부사어들이 군집하는 경우가 있다.

2. 연구 방법별 공기관계 분석의 비교

앞 절에서 보인 바와 같이 공기관계 계량적 연구 방법별로 사용 말뭉치와 활용 방법상의 차이가 있다. 각 연구 방법별로 중점적으로 다루는 공기관계 내용도 차이가 난다. 여기서는 공기관계 분석에서 각 연구 방법별로 어떤 특성이 있고 어떻게 차이가 있는지 설명한다. 각 연구 방법과 분석은 앞에서 서술한 3, 4, 5장에서 자세히 다루고 있으므로, 여기서는 각 연구 방법의 특징을 나타내는 것들을 중심으로 각 연구 방법을 비교한다.

2.1 인접 공기관계 연구

앞 절에서 보인 바와 같이, 인접 공기관계 연구에서는 중심어와 일정 거리 안에 공기하는 모든 단어들을 추출하여 연구한다. 동사 '쓰다'는 말뭉치에서 'use'의 의미로 사용되는 경우와 'write'의 의미로 사용되는 경우가 비슷하게 나타나는 동음어이다. 말뭉치에서 이 의미들 이외에 동사 '쓰다'의 기타 의미들로 사용되는 경우는 많지 않다. 중심어와 인접 공기하는 단어들 중에서 동사 '쓰다'의 목적어 논항 역할을 하는 공기 단어들을 분석해 보면 동사 '쓰다'의 의미 구별을 중심으로 공기관계를 연구할 수 있다고 본다. 따라서 여기서는 이 점에 초점을 두어 인접 공기관계 연구 특징을 설명한다. 다음은 동사 '쓰다'와 좌우 3어절 이내에서 공기하는 단어들 중에서 체언이 목적격조사와 결합한 형태를 추출하고 통계적 유의미성이 있는 단어들의 일부 예를 보인 것이다.

[표 6-8] 동사 '쓰다'의 인접 공기관계 – 목적어 논항

공기 단어	전체 빈도	공기 빈도	t-score
글을	846	419	20.080
신경을	301	223	14.743
시를	582	188	13.311
애를	277	116	10.528
편지를	351	114	10.367
소설을	240	94	9.462
말을	3,905	143	8.882
돈을	1,286	96	8.561
악을	96	73	8.438
일기를	95	56	7.363

[표 6-8]을 보면 동사 '쓰다'의 목적어 역할을 하는 것으로 볼 수 있는 공기 단어들이 공기관계의 통계적 유의미성 순서로 정렬되어 있다. 동사 '쓰다'가 'write'의 의미로 사용될 때의 목적어에 해당하는 공기 단어에는 '글을, 시를, 편지를, 소설을, 일기를'이 있고, 'use'의 의미로 사용되는 것의 목적어에 해당하는 공기 단어로는 '신경을, 애를, 말을, 악을'이 있다. [표 6-8]에서 보이지는 않았지만 '안경을, 모자를'도 통계적 유의미성이 매우 높은 동사 '쓰다'의 공기 단어로 나타난다.

공기관계 연구의 목적이 동음어 구별을 위한 것이라면 이런 공기 단어들을 이용하여 중심어의 의미 구별을 할 수 있다. 그렇지만 특정 어휘의 결합 관계와 계열 관계를 중심으로 연구하고자 한다면 동음어 구별이 필수적이다. 본 논문에서 인접 공기관계 연구는 동음어 구별을 위한 것이라기보다는, 중심어의 결합 관계와 공기 단어들의 계열 관계에 더 중점을 두어 논의하였다. 따라서 본 논문에서 다룬 인접 공기관계 연구 방법은 동음어 구별이 된 말뭉치를 이용한다면

좀 더 유용한 연구가 될 수 있다.

그리고 검색 공간에서 중심어와 공기하는 단어들의 빈도 정보뿐 아니라, 공기 단어들의 자리 정보도 공기관계 연구에 매우 중요한 부분이다. 어떤 단어가 중심어와 특정 위치에서 주로 공기한다면, 이 공기관계는 '굳어진 연어관계(rigid collocation)'으로 볼 수 있다. 이 굳어진 연어관계는 검색 공간 내에서 출현하는 공기 단어의 위치 정보를 이용하여 분석할 수 있다. 이 것을 위해 본 논문에서는 대규모 자료에서 효율적으로 중심어와 공기 단어와의 자리 고정성을 구하기 위해, 공기 단어의 자리값 평균과 표준편차를 이용하였다. 다음은 [표 6-8]에서 보인 공기 단어들의 자리 고정성을 고려하기 위해 자리값 평균과 표준편차를 보인 것이다.

[표 6-9] 동사 '쓰다'와 공기하는 단어의 자리 고정성 – 통계적 유의미 순서

어 절	총 합	좌 합	우 합	자리값 평균	표준편차
글을	419	381	38	−0.856	0.970
신경을	223	221	2	−1.089	0.512
시를	188	169	19	−0.904	0.976
애를	116	115	1	−1.017	0.437
편지를	114	102	12	−0.815	0.927
소설을	94	92	2	−1.063	0.601
말을	143	113	30	−0.685	1.737
돈을	96	88	8	−1.437	1.185
악을	73	72	1	−1	0.288
일기를	56	49	7	−0.875	1.221

[표 6-9]에서는 [표 6-8]에서 보인 단어들의 자리 고정성을 보인 것이다. 대부분 중심어 '쓰다'의 좌측에 공기하는 경우가 많고, 이 점은 자리값 평균이 대부분 음수임에서 잘 알 수 있다. 그리고 자리

값 평균이 대부분 −1 값 주변에 위치한다. 이것은 유의미한 목적격조사와 결합한 명사들이 중심어 '쓰다'의 바로 좌측 첫째 자리에 공기하려는 경향이 있다고 볼 수 있다. 그러나 자리 고정성을 좀 더 정확하게 분석하기 위해선, 표준편차를 이용하여 자리 고정성을 따져 보아야 한다. '악을'의 경우 중심어의 좌측 첫 번째 자리에 고정되어 나타나는 경향이 매우 크다는 것을 알 수 있다. 자리값 평균이 −1(좌측 첫 번째 자리)이고 표준편차도 매우 낮게 나타난다. 이 점은 '악을 쓰다'의 형태가 매우 굳어진 것으로 볼 수 있는 근거가 된다. 이렇게 통계적 기법을 이용하여 공기관계에 있는 단어들의 공기 유의미성과 공기 단어 자리 고정성을 분석할 수 있다. 이런 계량적 연구 방법은 많은 부분을 자동적으로 처리하여, 대규모 자료를 효율적으로 활용한 공기관계 연구를 할 수 있게 한다.

여기서는 인접 공기관계 연구 특성을 다른 연구 방법과 비교하기 위해서, 목적격조사 결합 명사들만을 예로 들어 설명하였지만, 형태 분석 말뭉치의 품사/형태소 정보를 활용하여 수식 관계나 여러 논항 관계를 공기 현상을 통해 분석할 수 있다. 예를 들어 수식관계는 '쓰다'의 좌측에 인접하여 공기하는 부사나 부사형어미와 결합한 용언 등을 고찰하여 분석할 수 있다. 이렇게 다양한 공기관계 특성이 3장에서 다루어졌다.

지금까지 설명한 인접 공기관계는 연어관계적 접근이었다. 이와는 대조적으로 중심어와 검색공간에서 공기하는 단어의 문법 범주만을 고려하여, 통사적 결합 관계를 분석하는 연접범주관계적 접근도 인접 공기관계 연구에 필요하다. 다음은 동사 '쓰다'와 인접하여 공기하는 단어들을 문법 범주만을 고려하여 출현 빈도 순서로 보인 것이다. 앞 절의 [표 6−4]를 좀 더 확대한 것이다.

[표 6-10] 동사 '쓰다'의 연접범주관계 – 연접 범주 출현 빈도 순서

문법범주	공기 빈도	좌공기 빈도	우공기 빈도
NNG(일반명사)+JKO(목적격조사)	5,307	4,093	1,214
VV(본동사)+EC(연결어미)	3,614	2,183	1,431
MAG(일반부사)	3,152	2,128	1,024
NNG(일반명사)	3,030	1,786	1,244
NNG(일반명사)+JKB(부사격조사)	2,540	1,697	843
VV(본동사)+ETM(관형형어미)	1,964	831	1,133
NNG(일반명사)+JX(보조사)	1,519	810	709
MM(관형사)	1,223	711	512
NNG(일반명사)+JKS(주격조사)	1,140	456	684
VA(본형용사)+ETM(관형형어미)	1,124	580	544

[표 6-10]을 보면 동사 '쓰다'와 인접하는 단어(어절)의 문법범주로는 목적격조사와 결합한 일반명사가 가장 많이 나온다. 그리고 공기 위치를 보면 좌측에 공기하는 경우가 많다. 이는 동사 '쓰다'의 목적어에 해당하는 것들이 인접 공기하는 경우가 많기 때문이라고 볼 수 있다. 이런 연접범주관계의 특성은 다른 품사와의 비교나, 한 품사 내의 다른 단어와의 비교를 통해 변별하는 특징을 분석하여, 연구 대상 중심어의 통사적 결합 관계를 연구한다. 이런 내용은 이미 3장에서 좀 더 자세하게 다루었다.

2.2 구문적 공기관계 연구

구문적 공기관계 연구에서는 동사 '쓰다'의 수식 관계와 논항 관계에 있는 단어들을 추출하여 분석한다. 중심어와 공기 단어의 두 단어 쌍만을 고려한 인접 공기관계 연구와는 달리, 구문적 공기관계 연구는 다양한 구문적 특성을 분석할 수 있다는 점이 크게 다르다.

구문적 공기관계 연구에서 사용한 말뭉치는, 문법 관계를 갖는 해당 단어에 직접 자세한 문법 관계 정보가 부착되어 있다. 따라서 주어나 목적어의 병렬 구조라든지,[93] 여러 논항의 동시 출현 유형을 파악할 수 있다. 그리고 형태 분석 말뭉치와는 달리, 별도의 작업 없이 바로 연구 대상 문법 범주 정보를 활용할 수 있다. 그렇지만 본 연구에서 사용한 말뭉치는 연구자가 직접 작업한 것으로 규모가 작은 것이다. 이런 이유로 추출된 여러 문법 범주별 공기 단어들의 통계적 유의미성을 검증하기 어려운 점이 있었다. 이런 문제는 현재 구축하고 있는 구문 분석 말뭉치가 대규모로 확보된다면 충분히 해결될 수 있다고 본다.

다음은 동사 '쓰다'의 목적어를 하위 범주별로 보인 것이다.

[표 6-11] 동사 '쓰다'의 목적어 하위 범주별 공기 단어 – 출현 빈도 순서

Oα(목적어)		Oα(후행목적어)		Oα(수량 목적어)	
신경을	28	말을	4	가지를	1
애를	24	말	2	명을	1
돈을	16	것과	1	푼을	1
말을	14	것을	1	하나를	1

[표 6-11]은 각 목적어 하위 범주별로 출현하는 단어들의 예를 보인 것이다. 표에서 보이는 바와 같이 각 범주별로 공기 단어들의 빈도가 비교적 낮아서 통계적 유의미성을 검증하기 어렵다. 그리고 여기서 사용한 말뭉치는 동사 '쓰다'에서 'use'의 의미로 사용한 것만을 대상으로 문법 관계 표지를 부착한 자료이다. 따라서 동음어 문제는 발생하지 않는다.

---

93) 여기서 병렬 구조는, 예를 들어 주어가 2개 이상 대등하게 연결될 경우 두 단어를 모두 '쓰다'의 주어로 표시하는 것을 말한다. (예: S2철수와 S1영희가 이 O물건을 쓴다)

인접 공기관계 연구와 비교해 보면, 동사 '쓰다'의 목적어 역할을 하는 다양한 유형의 단어들을 직접 추출하여 분석할 수 있는 장점이 있다. 목적격조사가 결합하지 않은 체언들도 실제 목적어 역할을 하는 것이면 모두 분석 대상이 된다. 일반 목적어(O)로 나타나는 단어들은 인접 공기관계 연구와 비교해 보면 상위 빈도 목록이 매우 유사하다. 그러나 앞서 언급한 바와 같이 상대적으로 소규모의 말뭉치에서 추출한 자료이기 때문에 통계적 유의미성을 검증하기는 어렵다.

동사 '쓰다'의 목적어 이외의 문법 관계 단어들은 빈도가 더 낮다. 이러한 점은 통계적 유의미성 검증 문제는 있지만, 구문적 공기관계 연구는 문법 범주별로 다양한 출현 유형을 분석할 수 있는 장점이 있다. 특히 여러 문법범주들의 동시 출현 양상을 통해, 실제 말뭉치에서 연구 대상 중심어의 구문 구조적 특징을 분석할 수 있다. 다음은 동사 '쓰다'의 문법범주들 출현 유형을 보인 것이다. 앞에서 보인 [표 6-6]과 동일한 것이다.

[표 6-12] 동사 '쓰다'와 공기하는 문법범주 출현 유형

유형 빈도	문법범주 출현 유형
200	O(목적어)
107	S(주어) O(목적어)
40	O(목적어) Sp(주어 - 후행)
31	S(주어) Op(목적어 - 후행)
30	Op(목적어 - 후행)
27	O(목적어) Ma(일반부사)
17	S(주어)

[표 6-12]를 보면 동사 '쓰다'는 목적어만 단독으로 나오는 구문 구조가 가장 많이 나타난다. 그리고 전체 구문 구조 특징을 보면 주어가 생략된 형태가 많이 나타나는데, 이는 4장에서 예로 든 동사들

의 특징과 유사한 현상이다.[94] 이런 구문 구조적 특징은 구문적 공기관계 연구에서만 가능한 것으로 중심어의 구문 구조적 특징을 분석하는 연구에 매우 유용하다고 생각한다.

2.3 군집 공기관계 연구

군집 공기관계 연구를 위해서는 인자 분석을 한다. 자세한 방법론과 그 내용은 5장에서 다루었다. 우선 동사 '쓰다'와 한 문장에서 공기하는 단어들 중에서 빈도 30 이상인 것들을 대상으로 인자 분석을 하였다. 인자 분석은 공기 단어들이 동사 '쓰다'의 어떤 언어학적 특성으로 인해 군집하는데, 이렇게 군집하는 공기 단어들의 상관성을 이용하여 그 언어학적 특징을 밝혀내기 위한 것이다. 따라서 인자 분석에 의해 정렬된 공기 단어들을 이용하여, 어떤 언어학적 특성이 공기 단어들을 군집하게 하는지 분석하는 것이 군집 공기관계 연구이다. 여기서는 동사 '쓰다'의 어휘의미적 특성과 관련된 인자만을 대상으로, 한 인자를 예로 들어 군집 공기관계 연구 방법의 특징을 설명한다. 다음은 동사 '쓰다'의 의미 중에서 'write'로 사용되는 것과 관련 있는 인자와, 그 인자에 의해 정렬된 단어를 일부 예로 든 것이다.

[표 6-13] 동사 '쓰다' 인자 분석

인자 5	인자 점수
소설	0.796
소설을	0.756
작가	0.721
작품을	0.616
소설도	0.574

---

94) 구문적 공기관계 연구의 자세한 논의는 4장 참조.

소설로	0.555
장편을	0.473

　동사 '쓰다'의 공기 단어들을 인자 분석한 결과, 동음어를 구별하는데 유용한 여러 인자가 추출되었다. 그 중에서 대표적인 것을 하나 예로 보인 것이 [표 6-13]이다. 이 장의 첫 부분에서 동사 '쓰다'가 동음어로서, 주로 'write'의 의미로 사용되는 경우와 'use'의 의미로 사용되는 경우가 대부분이라고 언급하였다. 그 중에서 'write'의 의미로 사용되는 경우에 주로 공기하는 단어들이 [표 6-13]에서 나타난다. 그런데 '쓰다'의 'write'의 의미로 사용되는 경우에도 다의성이 있다. 표준국어대사전을 보면 'write'의 의미를 단순히 '글씨를 쓰다'의 의미와 '일정한 형식의 글을 쓰다'의 의미로 나누었다. [표 6-13]에서 보이는 인자 5는 후자의 의미로 사용될 때, 공기하는 단어들이다. 직관적으로 어떤 단어의 특정 어휘와 어울려 사용될 단어들을 막연히 생각해 내는 것과는 달리, 인자 분석을 통해서는 실제 연구 대상 자료에서 어떤 단어가 특정 의미로 사용되는 경우에 공기하는 단어들을 추출할 수 있다.

　여기서 든 예는 동음어 구별뿐 아니라 다의성 구별도 된 경우를 보인 것이다. 그리고 [표 6-13]에서 보이는 바와 같이, 인자 5에 의해 정렬된 단어들도 직관적으로 동사 '쓰다'의 특정 의미와 관련된 것으로 생각하기 쉬운 것들이다. 그런데 실제 인자 분석 결과들 중에는 5장에서도 설명한 바와 같이, 직관적으로는 쉽게 중심어의 어휘의미적 특성을 파악하기 힘든 단어도 나온다. 그러나 이런 단어들도 실제 용례를 통해 확인해 보면, 중심어가 특정 의미로 사용되는 경우에 출현하는 단어임을 알 수 있었다. 이런 특징은 직관과 차이가 있으므로, 공기 단어와 중심어의 언어학적 관련성을 직접 분석하기는 어렵다. 그렇지만 고정된 어떤 자료를 이용하여, 단어의 어휘의미적 특성에 따른 공기 현상을 연구하는 것에는 매우 유용한 방법으로 생각한다.

인자 분석을 이용한 군집 공기관계 연구 방법은 중심어의 어휘의 미적 특성을 고려한 공기관계 연구에 매우 유용하고, 특히 직관적으로 파악하기 힘든 공기 현상의 유형을 파악하는 것에 적합한 방법이다. 그런데 이 연구는 계량적 접근 방법을 많이 다룬 영어를 중심으로 한 인구어 연구에서도 잘 알려지지 않은 것이다. 따라서 이 연구 방법을 국어 연구에 전면적으로 사용하기 위해서는 인자 분석의 어휘의미론적 연구를 위한 좀 더 많은 연구가 요구된다.

제7장 결 론

한국어 공기관계의 계량언어학적 연구는 대규모 언어 사용 자료에서 통계적 기법을 이용하여 유의미한 공기관계 단어들을 추출하고 그 특성을 정리한 것이다. 이 연구는 정보화 시대에서 언어 자원을 효율적으로 활용하는데 필요한 여러 계량적 접근 방법과 그 결과를 활용한 한국어 연구 방법은 공기관계 연구를 중심으로 제시하고 예를 들어 설명한 것이다. 본고에서 다룬 방법론과 예를 통해 정리된 각 범주별 특성을 살려 대규모 자료를 분석한다면 좀더 실증적이고 객관적이며 유용한 공기관계 정보를 밝혀낼 수 있다고 기대한다.

1. 내용 요약

1.1 지금까지 언어 연구에 사용한 여러 통계 기법을 국어 연구에 적절하기 사용하기 위해서 모의실험을 통한 검증을 하였다. 주로 인구어 연구에 사용한 여러 통계 기법을 정확히 이해하고 국어 연구에 적절하게 활용하기 위해, 공기관계 연구와 관련된 통계 기법을 중심으로 그 특징을 분석 정리하였다. 그리고 대규모 자료를 효과적으로 처리하여 국어 공기관계 특성을 밝히기 위한 적절한 통계 방법들도 설정하였다. 또한 공기관계의 유의미성을 검증하기 위한 주요 통계

식들의 특징을 국어 자료를 이용하여 정리하였다. 이와 함께 공기관계 연구에서 공기 단어들의 자리 고정성을 밝히기 위한 방법도 제시하였다. 그리고 마지막으로 특정 단어들만 고려하는 것이 아니라 언어의 결합관계 특성을 보이기 위해 문법 법주들만을 고려한 연접범주관계(colligation) 특성을 밝히기 위한 방법론도 제시하고 실제 예를 바탕으로 연구를 진행하였다.

1.2 3장에서는 국어 공기관계의 계량언어학적 연구 방법으로, 중심어와 일정한 공간 내에 인접하여 공기하는 단어(어절)들의 특성을 분석함으로서 중심어의 특성을 밝히기 위한 연구를 진행하였다.

이 연구에서 사용한 자료는 품사 및 일부 형태소 정보가 부착된 말뭉치(corpus)로서, 공기 단어들의 형태 품사 정보를 활용하여 매우 유용한 자료의 추출 및 정리가 가능하였다. 그리고 중심어와 공기하는 단어들 중에서 통계 기법을 이용해 일정한 기준 이상의 유의미한 연어관계에 있는 단어들을 추출하였다. 이 단어들을 각 문법 범주별로 나누어 중심어와 공기하는 분포상의 특징을 분석하여 공기 단어들의 계열관계와 중심어의 결합관계 특성을 정리하였다. 그리고 특정 단어만을 고려한 공기관계 연구뿐 아니라, 중심어와 검색공간에서 출현하는 모든 단어들의 문법범주만을 고려한 연접범주관계 연구를 통해 중심어의 결합관계를 통사적 관점에서 정리하였다.

이 연구에서 계량언어학적 특징은 대규모 자료에서 효과적으로 언어학적 정보를 추출하기 위해 다양한 통계 기법을 이용한 것이다. 공기관계에서 두 단어의 공기성을 효과적으로 측정하기 위해, 여러 유의미성 검증 통계식의 특성을 파악하여 가장 적절한 검증식을 적용하였다. 그리고 검색 공간 내에서 공기하는 단어의 자리 고정성을 살피기 위해서 자리값 평균과 표준편차를 이용하였다. 이렇게 추출된 공기관계는 국어학 연구에 유용한 자료가 될 뿐 아니라, 자동적으로 대규모 언어 자료를 처리하는 자연언어처리 분야에도 매우 유용한 정보를 제공할 수 있다고 생각한다.

인접 공기관계 연구의 대상은 어절 단위 공기관계를 갖는 모든 단어가 된다. 따라서 실질어휘 중심의 연구가 되는데, 본고에서는 일반명사, 동사, 형용사, 관형사, 부사, 의존명사에서 몇 단어를 예로 들어 논의를 진행하였다. 인접 공기관계 연구 결과에서 각 품사별로 그 특성이 다르고, 한 품사 내의 단어들 사이에서도 다른 특성이 보임을 밝혔다.

일반명사에서는 서술성 명사 '말'과 비서술성 명사 '길'을 예로 들어 공기관계의 계량언어학적 방법의 특징을 보였다. 일반명사의 공기관계 연구에서는 좌우 각 3어절 내에 공기하는 모든 단어들을 추출하고, 이 단어들과의 통계적 유의미 공기성을 t-test를 이용하여 유의미 공기 단어들을 추출하였다. 수식 관계에서는 명사의 특성상 관형어가 좌측에 많이 공기하는 특성이 있었다. '말'의 경우 동사 '하다'가 여러 형태의 관형형으로 많이 나타나고, '길'의 경우 이동 동사들이 여러 형태의 관형형으로 나타난다. 이런 특성은 우측에서 공기하는 단어들에서도 비슷한 양상을 보인다. '말'의 좌측에 유의미하게 공기하는 체언들은 인칭대명사가 관형격조사와 결합하여 많이 나타나는 반면에, '길'에서는 그 성질이나 의미를 구체화하는 체언들이 관형격조사와 결합하여 많이 나타난다. 이 외에도 숙어적 용법으로 쓰이는 것이 '말'에서는 좀 나타나지만, '길'에서는 잘 나타나지 않는다. 연접범주관계에서는 일반명사의 특성상 좌측에는 용언의 관형형 활용 형태가 가장 많이 나타난다. 그런데 '말'에서는 일반명사가 조사결합형 중에서 부사격조사 결합형이 빈도가 제일 높은데 비하여, '길'에서는 관형격조사 결합형이 빈도가 제일 높다.

동사는 빈도가 가장 높은 '하다'와 '가다'를 예로 들어 연구하였다. 동사는 논항을 갖는데 이러한 특성을 살피기 위해 조사결합형을 기준으로 공기관계를 분석하였다. '하다'의 경우 서술성 명사가 대부분 목적어가 될 수 있다. 이 중에서 가장 유의미성이 있는 단어는 '일을'이다. 이 외의 다양한 서술성 명사들이 목적어로 나오는데 이 중에선 자리 고정성이 높은 단어들이 많이 분포한다. '가다'의 경우 목적격조사 결합 명사 중에서 '길을'이 가장 유의미한 공기관계를 보인다. '하다'에 비하면 자리 고정성은 낮은 편이다. 주격조사 결합형은 목적격조사 결합형과 달리 우측에 공기하는 경우가 많았다. '하다'의 경우 대부분 의미상으로 목적어에 해당하는 단어들이 많다. 반면 '가다'는 주격조사 결합형 명사들이 좌측에 많이 나오며 의미상 주어가 많이 나타난다. 그 밖에 부사 공기관계의 특성도 정리하였다. 연접범주관계에서는 '하다'의 경우 목적격조사 결합형 일반명사가 가장 많이 공기하는데, '가다'는 연결어미로 활용하는 동사가 가장 많이 나온다.

형용사는 '높다'와 '길다'를 예로 들어 공기관계 특성을 보았다. 주격조사 결합형 명사들은 대부분 형용사의 주어로 나타나는데 이들 단어에 의해서 각 형용사들의 의미별 사용 분포를 알 수 있다. '높다'에서는 '보통보다 크다'의 의미로 쓰이는 주어가 가장 많이 나타나는데 자리 고정성이 높다. '길다'는 주격조사 결합형에서는 '시간이 길다'의 의미로 쓰이는 것들이 많이 나오는데 반하여 우측에 공기하는 명사들은 '길이가 길다'의 의미로 쓰이는 것들이 유의미한 공기관계를 많이 보인다. 연접범주관계에서는 좌측 공기 단어들의 문법범주에서 '높다'는 주격조사 결합형 명사가 가장 빈도가 높은데 '길다'는 부사가 가장 많이 나타났다. 우측 공기 단어들의 문법범주에서도 두 형용사가 차이를 보인다. '높다'는 일반명사 단독형이 빈도가 가장 높은데, '길다'에서는 연결어미로 활용한 동사가 빈도가 제일 높다.

관형사는 지시관형사 '그, 이, 저'를 대상으로 수식 대상의 분포 특징과 차이를 연구하였다. 지시관형사의 특성상 우측 공기 단어들을 중심으로 분석하였다. '그'는 시간이나 위치와 관련된 명사가 많이 분포하고 '이'는 구체명사가 주로 분포하는데 '저'는 특이하게 체언뿐 아니라 부사 '멀리, 멀리서'를 수식한다. 연접범주관계에서 '그, 이'는 좌측에서는 일반부사와 동사의 연결어미 활용형이 가장 빈도가 높은데, '저'는 명사가 가장 빈도가 높다. 우측 공기 양상은 관형사의 일반적 특징으로 여러 형태의 체언을 수식하는데 공기·어절의 문법 범주별로 빈도 순서는 차이가 있다.

부사는 인접 공기관계 연구의 특성을 고려하여 성분부사인 '바로'와 '아직'을 예로 들어 연구하였다. '바로'는 의미적으로 특정 대상 지시의 기능을 강화하는 역할을 하는 특성이 강하다. 따라서 우측에 공기하는 단어들 중에는 지시성이 있는 단어들이나 위치를 나타내는 명사들이 많이 분포하는데 이는 부사로서 서술어를 수식하기보다는 체언을 수식하는 기능이 강한 특성을 보인다. '아직'이 수식하는 단어들은 대부분 용언들이 많고, 이들 단어의 의미적 특징은 부정(否定)의 의미를 갖는 것이 많다는 것이다. 연접범주관계에서는 우측 공기 단어들의 문법 범주에서 '바로'는 관형사가 가장 높은 빈도를 보이고, 부사임에도 불구하고 일반명사의 빈도가 다음으로 높다. 이와 반면에 '아직'은 동사의 연결어미 활용형이 가장 빈도가 높다.

1.3 4장에서는 문법관계 표지가 달려있는 자료를 바탕으로 중심어와 통사적으로 공기하는 단어들의 특성을 분석하였다. 그렇지만 고빈도 일반명사 100개와 본용언 100개만을 대상으로 구축된 자료이므로 앞서 연구한 인접 공기관계 연구에서 다룬 여러 문법 범주와는 달리 일반명사와 동사, 형용사만을 대상으로 하였다. 그리고 일반명사는 수식관계 정보만 있고, 본용언에 대해서도 일정한 기준으로 제시한 논항과 수식관계 정보만이 있는 자료를 이용하였다. 그러나 부

착한 문법관계 정보들은 다양한 하위 분류 기준을 설정하여, 연구자가 직접 작업한 것으로 정확성이 높다는 장점이 있다. 특히 이 자료에서 본용언의 논항 정보는 단순히 각 논항별 정리 뿐 아니라, 여러 논항이 동시에 어떤 유형으로 나타나는지 볼 수 있는 장점이 있다.

일반명사에서는 3장에서 다룬 '말'과 수식관계에 의존성이 큰 '경우'를 이용하여 논의를 진행하였다. '말'의 수식을 담당하는 여러 문법 범주별로 분포 양상을 살피고 일부 단어들은 통계적 유의미성 검증도 하였다. '경우'의 용례에서는 대부분 관형어와 함께 쓰이는 특성을 보인다. 그런데 이런 결과들은 3장에서 다룬 내용들과 큰 차이를 보이지 않았고, 오히려 사람이 직접 작업한 한정된 자료에서 추출되는 단어들의 수도 적어서 적절한 통계 검증을 하기 어려웠다. 인접 공기관계 연구에서 관형어의 다양한 문법 범주를 정확히 구별할 수 있는 기준만 설정한다면, 대규모 자료를 자동적으로 처리하여 많은 정보를 이용할 수 있다는 장점이 더 크다. 수식에 관련하여서는 용언도 이와 비슷한 상황이다.

그러나 동사와 형용사의 연구에서 논항의 출현 유형이나 유형별 분포를 파악하는 연구는 4장에서 이용한 자료가 아주 효과적이었다. 인접 공기관계 연구는 기본적으로 두 단어(어절)만을 대상으로 하는 것이기 때문에 전체적인 논항 출현 양상을 파악하기는 힘들다.

동사는 '말하다'와 '보내다'를 예로 하여 그 특성을 정리하였다. '말하다'의 논항 출현 양상을 통해 보문 동사의 특징이 명시적으로 나타난다. 우선 인용절 목적어 논항이 현저하게 많이 쓰인다는 것을 들 수 있다. 논항들의 문법 범주 출현 유형에서는 인용절 목적어 논항만이 단독으로 나타나는 문형이 제일 빈도가 높다. '보내다'는 주어 및 목적어 논항 이외의 기타 논항이 '말하다'에 비해 상대적으로 많이 나타난다. 그리고 논항들의 문법 범주 출현 유형에서는 주어와 목적어가 동시에 나타나는 경우가 가장 빈도가 높았다. 동사들은 전체적으로 한 문장에서 주어가 나타나지 않는 경우가 많이 있고, 다른 논항들도 생략되는 경우가 많이 있다.

형용사는 '새롭다'와 3장에서 다룬 '높다'를 이용하여 주어 논항을 중심으로 특성을 정리하였다. '높다'는 이중 주어가 나타나는데 '새롭다'는 나타나지 않는다. 그리고 '새롭다'는 의미상 주어가 '새롭다'의 수식을 받는 형태로 후행하는 비율이 아주 높다. 그리고 형용사는 동사에 비해서 주어 논항이 나타나는 비율이 매우 높다. '높다'의 경우 용례에서 95% 이상에서 주어가 나타나고 '새롭다'도 90% 이상이 주어가 나타난다. 이런 특성은 인접 공기관계 연구에서는 밝히기 어려운 특성이다.

1.4 5장에서는 중심어와 한 문장 내에서 공기하는 단어(어절)들을 추출하여, 그 공기 단어들 사이의 상관성에 의한 군집 현상을 이용하여 해당 중심어와의 공기관계 특성을 연구하였다.

중심어와 공기하는 단어들은 기본적으로 중심어와 의미 통사적으로 관련이 있는 단어들이다. 따라서 공기하는 단어들 사이에 중심어를 기준으로 일정한 관련이 있는데, 이런 기본적인 공통점에 의해 공기 단어들이 군집하는 성질이 생긴다. 그 공통점들 중에서 특별히 어떤 특정한 의미로 쓰이는 경우에 군집하는 단어들이 나타나는데, 이 특성에 의해 중심어의 특정 의미와 관련된 공기 단어들의 특징을 분석하였다.

이 연구에서 공기하는 단어들 사이의 상관성과 군집성을 분석하기 위하여 고급 통계기법인 인자 분석(factor analysis)을 이용하였는데, 이 방법은 직관적 연구 방법과는 매우 다른 계량언어학적 접근 방법으로, 대규모 자료를 이용한 연구에서 자동적으로 단어의 의미적 특성을 밝히는데 효과적인 것이다. 어휘의 의미적 특성을 정리하는데 인자 분석을 이용하는 것은 국어학에서는 처음하는 시도로서, 연구의 특징을 정확히 이해하고 연구에 적용하여 일부 단어를 예로 들어 연구를 진행하였다.

앞에서 다룬 공기관계 연구방법들과 인자 분석을 이용한 연구방법의 특성을 비교하기 위해 중의적 단어들인 일반명사 '병, 사고', 동사 '쓰다, 타다', 형용사에서 '높다, 길다'의 공기관계를 연구하였다. 부사, 관형사, 의존명사 등은 인자 분석을 통한 공기관계 연구 특성에 적합하지 않다고 판단하여 논의에서 제외하였다.

앞에서 다룬 인접 공기관계 연구와 문법관계적 공기관계 연구와는 달리, 자료의 처리와 분석 과정에서 연구자가 개입하는 것이 별로 없다. 일정한 기준을 설정하여 추출된 자료들의 인자 분석을 위한 통계 프로그램에서 자동적으로 처리한 결과에 대한 해석만을 하게 된다.

일반명사 '병'과 '사고'의 인자 분석 결과는 '병'의 경우 비교적 통계적으로 유의미한 결과가 나왔다. '병(病)'의 의미로 쓰이는 일반명사 '병'이 나타나는 문장에 자주 출현하는 단어들이 인자 분석에 의해 정렬되었다. 이렇게 정렬된 단어들은 직관적으로 '병(病)'과 의미적 관련성을 생각할 수 있는 단어들도 포함되어 있지만 그렇지 않은 단어들도 있다. 그러나 실제 용례에서 확인하면 대부분 특정 의미로 쓰인 문장에 주로 나타나는 단어들이다. 이런 특성은 언어의 전체적 양상을 모두 보여준다고 보기는 좀 힘들지만, 본고에서 이용한 자료로 제한하여 생각한다면 일반명사 '병'의 의미 중 '병(病)'으로 쓰이는 환경을 분석하는 것에는 매우 유용한 결과이다. 이에 반해 반면에 일반명사 '사고'의 의미별 문장 환경의 특징이 인자 분석에서 잘 나타나지 않는다.

동사 '타다, 쓰다'와 형용사 '높다, 길다'의 인자 분석 결과에서는 인자 분석 기법의 특성에서 통계적 유의미성이 큰 인자 1과 인자 2의 경우 해당 중심어의 의미적 특성을 보여주는 해석을 하기 힘든 단어들이 나타난다. 그렇지만 일부 하위 인자에서는 중심어의 특정한 의미 특성이 나타나는 결과들이 나왔다. '타다'의 경우는 '탈것에 몸을 얹다'의 의미로 쓰이는 환경에서 나타나는 단어들이 주로 군집하였다. '쓰다'에서는 '글을 쓰다'의 의미 특성이 잘 드러나는 환경을 보여주는 단어들이 군집하였다. 형용사 '높다'에서는 '보통보다 크다'의 의미로 나타나는 특성이 잘 보여졌고, '길다'에서는 '두 끝이 멀리 떨어져 있다'의 의미로 쓰이는 특성이 잘 드러났다.

　인자 분석을 이용하여 단어의 의미특성과 관련된 공기관계 연구를 하였을 때, 중심어의 여러 의미들 중에서 특정 의미로 쓰이는 경우에서 한 의미만이 잘 분석되었고, 다른 의미의 특성을 보여주는 공기관계 특성은 파악하기 힘들었다. 이런 점은 여러 의미가 있는 단어에서, 특정한 의미로 쓰일 때만 공기 단어들의 상관성이 높다는 것으로 해석할 수 있다.

2. 남은 문제 및 앞으로의 과제

　이 논문은 국어 공기관계를 계량언어학적으로 연구하기 위한 여러 방법을 제시하였다. 공기관계를 언어관계(collocation)의 관점뿐 아니라 연접범주관계(colligation)의 관점에서도 분석하였다. 그리고 공기관계의 계량언어학적 연구에 있어서 기존의 여러 방법들을 통계 기법을 중심으로 검증하고, 아직 국내에서 시도되지 않은 공기 단어의 자리 고정성 검증과 인자 분석을 통한 어휘 의미특성 연구까지 시도했다. 본 논문에서는 여러 새로운 시도와 함께 대규모 자료를 효과적으로 이용하여 공기관계 연구를 위해 필요한 내용에 대해 일부 예를 들어 논의를 진행하였다. 그러나 예로 든 단어들의 수가 적어서 전반적인 국어 공기관계 현상을 정리하지 못한 아쉬움이 있다. 그리고 이와 관련하여 새롭게 시도한 인자 분석 같은 연구 방법의 장점을 충분히 드러내지 못한 것 역시 향후 연구과제로 남긴다. 이상의 문제들을 보완하여 대규모 자료를 이용하여, 많은 단어를 대상으로 연구가 진행된다면 국어학 연구뿐 아니라 다른 응용 분야에 매우 유용한 정보를 제공할 수 있다고 본다.

인접 공기관계 연구에서는 품사 및 형태소 정보가 부착된 형태 분석 말뭉치를 이용하였다. 이 논문에서 사용한 자료의 규모는 550만 어절이었다. 기존의 연구에 비해서 자료가 대규모이고 논문에서 다룬 단어들이 비교적 고빈도 어휘였기 때문에 연구에 큰 무리는 없었다. 그렇지만 일부 저빈도의 공기 단어를 계량적 방법으로 공기 유의미성을 검증하기가 어려웠다. 본 논문에서 검증한 다양한 통계식을 좀 더 효과적으로 이용하기 위해서는 좀 더 큰 규모의 형태 분석 말뭉치가 필요하다. 아울러 본 논문에서 다룬 여러 계량적 연구 방법을 국어 공기관계 연구 전반으로 확대시키기 위해서도 대규모의 형태 분석 말뭉치가 필요하다. 일반 언어 사용 양상을 잘 반영할 수 있도록 설계된 균형 말뭉치(balanced corpus)를 기반으로 구축된 형태 분석 말뭉치의 규모가 커질수록 본 논문에서 다룬 연구 방법의 의의가 더 잘 드러나리라 기대한다.

문법관계적 공기관계 연구에서 사용한 자료는 일부 고빈도 체언과 용언에 한정된 것이었다. 수식관계에 대한 논의는 인접 공기관계 연구로도 효과적으로 이루어질 수 있지만, 용언의 논항 공기관계 연구를 위해서는 문장 내에서 단어들의 문법관계 기능 표지가 있는 자료가 필요하다. 본 논문에서 사용한 자료는 연구자가 직접 작업한 자료이기 때문에 문법 정보의 정확성은 높지만, 규모와 다양성에서 아쉬움이 있다. 현재 '21세기 세종계획'의 일부로 진행 중인 '구문 분석 말뭉치'나 여러 구문 정보가 부착된 말뭉치가 개발된다면, 대규모의 자료 이용이 가능하게 되어 본 논문에서 다룬 여러 계량적 연구 방법을 이용하여 매우 유용한 국어의 문법관계를 고려한 공기관계 특징을 보일 수 있다고 생각한다.

인자 분석을 이용하여 새로운 방법으로 국어 공기관계 연구를 시도하였다. 그러나 좀 더 엄밀한 인자 분석 기법을 사용하기 위해서는, 인접 공기관계 연구와 마찬가지로 대규모의 형태 분석 말뭉치가 필요하다. 그리고 이 방법은 외국의 연구에서도 많이 사용되지 않아서, 통계적 기법에 대한 좀 더 심도있는 고찰이 필요하다. 본 논문에서는 Biber(1993)의 방법론을 몇 번의 검증을 거쳐, 국어 연구에 적용해 보았다. 그렇지만 좀 더 엄밀한 통계 기법의 검증이 필요하다고 생각한다. 이에 대한 연구는 추후의 과제로 계속 진행해 나갈 것이다.

국어의 계량적 연구에서는 어떤 자료를 이용하여, 어떤 기준으로 자료를 가공하고, 어떤 계량적 방법을 사용하여, 어떻게 연구 결과를 해석 정리하는가가 중요하다. 본 논문은 국어 공기관계 연구에 필요한 다양하고 유용한 계량적 연구 방법을 제시한 데 그 의의가 있다. 그렇지만 전술한 바와 같이 아직 여러 과제가 남아있으며, 이런 과제를 앞으로 해결해 나간다면 계량언어학인 말뭉치 언어학(corpus linguistics)과 말뭉치를 기반으로 한 언어학 연구(corpus based linguistics)와 자연언어처리 분야, 그리고 외국어로서의 한국어 교육 분야에도 많은 실증 자료 제시를 통해 많은 성과를 기대할 수 있을 것이다.

 참고문헌

강범모(1983), "한국어 보문명사 구문의 의미자질", 어학연구 19-1, 서울대 어학연구소.

강범모(1999a), "빈도와 언어 기술", 언어정보의 탐구1, 연세대학교 언어정보개발연구원.

강범모(1999b), 「한국어의 텍스트 장르와 언어 특성」, 고려대학교 출판부.

강범모(2002), "술어 명사의 의미 구조", 언어학 31.

강범모·김흥규(2001), 'Variation across Korean Text Registers', CL2001 proceedings, Lancaster University, UK.

강범모·김흥규·허명회(1998), "통계적 방법에 의한 한국어 텍스트 유형 및 문체 분석" 언어학 22.

강범모·김흥규·허명회(2000), 「한국어 텍스트, 장르·문체·형」, 태학사.

강위규(1990), "우리말 관용표현 연구", 부산대 박사논문.

강현화(1998), "[체언+용언] 꼴의 연어 구성에 대한 연구", 사전 편찬학 연구 제8집, 191-224, 한국문화사.

강현화(1999), "복합구의 통사적 특성에 관한 고찰", 어문연구, 제104호, 한국어문교육연구회.

고신숙(1987), 「조선어리론문법(품사론)」, 과학백과사전

고영진(1997), 「한국어의 문법화 과정 - 풀이씨의 경우 -」, 국학자료원.

곽종근(1996), "일본어 코퍼스로부터 동사-명사 연어 패턴의 자동 추출", 포항공대 석사논문(전자계산학과).

권경일(1997), "국어의 '상투적 비유표현'에 대한 연구", 사전 편찬학 연구 제7집, 한국문화사.

김경훈(1996), "현대 국어 부사어 연구", 서울대 박사논문.

김광해(1997), "국어 어휘론의 지평", 말 제22집, 연세대 한국어학당

김광해·김동식(1993), 「국어사전에서의 합성어의 처리를 위한 연구」, 국립국어연구원.

김귀화(1994), 「국어의 격연구」, 한국문화사.

김나리(1997), "패턴 정보를 이용한 한국어 구문 분석", 서울대 박사논문.

김문창(1990a), "熟語 槪念論", 基谷 姜信抗 敎授 回甲紀念國語學論文集, 太學社.

김문창(1990b), "慣用語", 「國語硏究 어디까지 왔나」, 東亞出版社.

김미영(1996), "국어 용언의 접어화에 관한 역사적 연구 - "지속상 기능의 접어화"를 중심으로 -", 한글 제234호, 한글학회.

김민정·권혁철(1997), "연어적, 경험적 제약을 이용한 한국어 문자 인식 후처리 기법", 한국정보과학회 논문지 Vol. 24, No.1, 한국정보과학회.

김상욱(1987), "일본어 연어의 구조와 기능에 관한 고찰", 계명대 석사논문.

김석득(1979), "국어의 피사동", 언어 제72·73합병호, 한국언어학회.

김석득(1992), 「우리말 형태론」, 탑출판사.

김선희(1990), "감정동사에 관한 고찰", 한글 제208호, 한글학회.

김성규(1987), "어휘소 설정과 음운 현상", 國語研究 第77號, 서울大 國語研究會.

김영희(1981), "부류 셈숱말로서의 셈가름말", 배달말 제6호, 배달말학회.

김영희(1998), "부정 극성어의 허가 양상", 한글 제240·241 합본호, 한글학회.

김용진(1990), 'Register Variation in Korean: A corpus-Based Study', Ph.D dissertation, USC.

김우철 외(1994), 「현대통계학」, 영지문화사

김유섭(1994), "연어정보와 숙어에 기반한 영어 어휘 분석기의 구현", 서울대 석사논문.

김유섭(2000), "영한 기계 번역에서 k - 최근점 학습에 기반한 연어 정보의 자동 습득", 서울대 박사논문.

김은자(1994), "연어 패턴에 기반한 일-한 기계번역 시스템", 포항공대 석사논문.

김인호(1995), "우리 말 의미의 변화발전에서 볼수 있는 추상화의 경향", 조선어문 1995년 제1호(루계 제95호), 평양: 과학백과사전종합출판사.

김정은(1995), 「국어 단어형성법 연구」, 박이정.

김제열(1999), " '하다'구문의 연구", 경희대 박사논문.

김종택(1971), "이디엄(Idiom) 연구", 어문학 25, 한국어문학회.

김지은(1998), 「우리말 양태용언 구문 연구」, 한국문화사

김진균(1987), "연어의 의미적 이탈에 관한 연구", 동아대 석사논문.

김진동(1996), "어절 문맥을 고려하는 형태소 단위의 한국어 품사 태깅 모델", 고려대 석사논문.

김진해(1999), "연어(collocation)의 의미관계에 대하여", 한국어 의미학 제4집, 한국어의미학회.

김진해(2000), "國語 連語 硏究", 경희대 박사논문.

김창섭(1996), 「국어의 단어형성과 단어구조」, 태학사.

김창섭(2001), " 'X하다'와 'X를 하다'의 관계에 대하여", 어학연구 37-1, 서울대 어학연구소.

김창제(1996), "부분적인 어절결합과 연어정보에 기반한 모호성 해소", 충북대 석사논문.

김한샘(1999), "현대 국어 관용구의 계량언어학적 연구", 연세대 석사논문.

김현권(1989), "언어사전 정의의 구성과 유형에 대하여", 언어학 제11호, 한국언어학회

김혜숙(1993), "한국어 익은말 연구", 목멱어문 제5집, 동국대 국어교육과.

김홍규·강범모(1996), "고려대학교 한국어 말모둠 1(Korean-1 Corpus): 설계 및 구성", 한국어학 3, 한국어학회.

김홍규 외(2001), 「현대국어 기초 자료 말뭉치 및 형태소 분석 말뭉치 개발」, 문화관광부.

김홍범(1994a), "한국어의 상징어 연구", 연세대 박사논문.

김홍범(1994b), "한국어 상징어의 문법적 특성", 우리말글연구 1, 우리말학회.

김홍범(1995), "한국어의 상징어 연구 - 형태론적 특성을 중심으로 -", 한글 제228호, 한글학회.

김홍범(1998), "한국어 상징어 사전의 편찬 방안", 한글 제293호, 한글학회.

남기심(1993), 「국어 조사의 용법 - '-에'와 '-로'를 중심으로 -」, 서광학술자료사.

남기심(1995), "어휘 의미와 문법", 東方學志 第87號, 延世大學校 東方學硏究所.

남기심·조은(1993), " '제한소절' 논항구조에 대하여", 東方學志 第81號, 延世大 韓國硏究院.

남길임(1998), " '감정명사'의 설정과 그 사전적 처리에 대하여", 사전 편찬학 연구 제8집, 한국문화사.

남윤진(2000), 「현대국어의 조사에 대한 계량언어학적 연구」, 태학사.

문금현(1996), "국어의 관용 표현 연구", 서울대 박사논문.

문우진·김영택(1995), "한영기계번역에서 개념기반의 동사 번역", 한국정보과학회 논문지 Vol. 22, No. 8, 한국정보과학회.

민현식(1998), "의존명사", 서태룡 외(1998), 「문법 연구와 자료」, 태학사.

박경미(2002), "엔트로피를 이용한 한국어 연어 추출", 연세대 석사논문.

박동근(1995), "한국어 관용표현의 통사론적 특성 연구 - 사피동법 제약을 중

심으로", 建國語文學 제19, 20합집, 건국대 국어국문학연구회.

박동근(1996), "흉내말의 풀이씨 만들기", 우리말 연구 2 - 우리말 형태 연구, 박이정.

박만규·홍재성(1997), "자동사적 기능동사의 통사·의미적 분석", 제4회 서울 국제 언어학학술회의 논문집, 한국 언어학회.

박병선(1996), "한국어 구어의 어휘사용 특성", 고려대 석사논문.

박병선(2000), "통계적 기법을 이용한 한국어 구문구조의 연어성 연구", 서울국제언어학회 발표문. 한국언어학회

박병선(2002a), "한국어 공기현상을 이용한 어휘의의 분석 연구", 「한국어학의 오늘과 내일」, 한국어학회 국제 학술대회 발표집, 한국어학회

박병선(2002b), "국어 문법관계 공기현상 연구", 우리어문연구 19집, 우리어문학회

박병선(2002c), "국어 부사 연구의 계량적 접근을 위하여", 돈암어문학 15집, 돈암어문학회

박병선·강범모(2001), 'Korean grammatical collocation', CL2001 proceedings, Lancaster University, UK.

박성숙(1997), "한불사전에서의 연어처리", 불어불문학 연구 제34집, 571-587, 한국불어불문학회.

박소영 외(1999), "X - 바 이론의 중심어 개념을 도입한 형태소 단위의 한국어 자질기반 문법" 정보과학회 논문지 제26권 제10호.

박양규(1978), "사동과 피동", 國語學 第7號, 國語學會.

박영순(1994), 「한국어 의미론」, 고려대학교 출판부.

박용수(1984), "多義語(Polysemi)에 關한 考察", 총신대 논문집 제4호, 총신대.

박진호(1994), "통사적 결합 관계와 논항구조", 國語硏究 第123號 國語硏究會.

박형익(1989), "동사 '주다'의 3가지 용법", 한글 제203호, 한글학회.

백춘범(1992), 「조선어 단어결합과 단어어울림 연구」, 사회과학출판사: 평양.

서상규 편(1999), 「언어 정보의 탐구 1」, 연세대학교 언어정보개발연구원.

서상규(1997), " '단어결합'과 '단어어울림'에 대한 고찰", 東方學志 제98집, 연세대 국학연구원.

서승현(1996), "'NP - 이 지다' 구조의 특성 -'지다'의 자리 찾기", 「국어 문법의 탐구 Ⅲ」, 태학사.

서승현(1998), " '떨다/부리다' 動詞의 形態·統語的 特性", 語文研究 100호, 韓

國語文敎育硏究會.

서승현(1999), "'명사 - 조사 - 용언' 긴밀 형식 구문에 관한 연구", 연세대 박사논문.

서정수(1996), 「국어문법」, 한양대 출판원.

서태룡 외(1998), 「문법 연구와 자료」, 태학사.

손남익(1995), 「국어부사연구」, 박이정.

손남익(1998), "국어 상징부사어와 공기어 제약", 한국어 의미학 제3권, 한국어 의미학회.

송복승(1996), "복합동사 형성과 논항구조의 재구조화 양상에 대하여", 서강어문 12, 서강어문학회.

송인동(1994a), "Collocation in English: Its Theory and Implications", 전남대 박사논문.

송인동(1994b), "Collocation and Extend Meanings", 語學硏究 30-4, 서울大 語學硏究所.

시정곤(1993), "부사화 접사 '-이'의 통사적 해석", 어문논집 32, 고려대 국어국문학연구회.

신서인(2000), '현대국어 의존명사에 대한 연구', 국어연구 제162호, 국어연구회.

신중진(1998), "현대국어 의성의태어 연구", 서울대 석사논문.

신현숙(1986), "한국어 학습 자료 개발을 위한 동사의 의미연구", 「논문집」 제17호, 상명여대.

신현숙(1991), "접촉동사 [대다]의 의미 분석", 「국어의 이해와 인식」, 한국문화사.

심광섭(1994), "확장된 연어 정보를 이용한 to 부정사구의 구조적 모호성 해소", 서울대 박사논문.

심재기(1986), "한국어 관용표현의 화용론적 연구", 관악어문연구 11, 25-74, 서울대 국어국문학과.

심철민·권혁철(1996), "연어 정보에 기반한 한국어 철자 검사와 교정기의 구현", 한국정보과학회 논문지 Vol. 23, No.7, 한국정보과학회.

안명철(1992), "현대국어의 보문 연구", 서울대 박사학위논문.

안주호(1996), "한국어 명사의 문법화 현상 연구", 연세대 박사논문.

양경모(1995), "동사와 명사의 결합에 대한 대조 고찰: 일본어와 한국어의 기능동사 결합을 가지고", 언어학 제17호, 한국언어학회.

양영희(1995), "관용표현의 의미 구현 양상", 국어학 26, 국어학회.

양재형·김영택(1994), "다중 지식원을 이용한 한국어의 분석", 한국정보과
    학회 논문지 Vol. 21, No. 7, 한국정보과학회.

양정석(1990), "국어 기능동사 구조의 통사론적 분석", 창원대학 논문집 12-1,
    창원대.

양정석(1991), "재구조화를 특징으로 하는 문장들", 東方學志 71·72號 合輯,
    延世大 國學硏究院.

양정석(1995), 「국어동사의 의미 분석과 연결이론」, 박이정.

연세대 언어정보개발연구원 편(1998), 「연세 한국어사전」, 두산동아.

옥철영(1993), "한영 기계번역을 위한 구 단위 변환 사전", 서울대 박사논문.

옥철영·김영택(1993), "연어에 기반한 최상의 번역 선택", 한국정보과학회
    논문지 Vol. 20, No. 4, 한국정보과학회.

우인혜(1990), "시늉부사의 구문론적 제약 - 용언과의 어울림 관계를 바탕으
    로 -", 한국학논집 제17집, 한양대 한국학연구소.

우형식(1994), "'내리다'동사 구문의 분석", 우리말글연구 제1권, 우리말학회.

우형식(1996), "접속기능의 명사구", 남기심 엮음, 「국어 문법의 탐구Ⅲ - 국
    어 통사론의 문제와 전망 -」, 태학사.

우형식(1998), 「국어 동사 구문의 분석」, 태학사.

유현경(1994), "논항과 부가어 - 서술논항의 정립을 위하여", 우리말글연구
    1, 우리말학회.

유현경(1997), "활용형에 제약이 있는 형용사의 사전적 처리", 사전 편찬학
    연구 제7집, 한국문화사.

유현경(1998), "형용사의 격틀과 논항의 문제", 사전 편찬학 연구 제8집, 한
    국문화사.

유현경(1998), 「국어 형용사 연구」, 한국문화사.

윤애선(1998), "불어 - 한국어 정보화 환경", 불어불문학연구 제36집, 한국불
    어불문학회.

윤준태(1998), "공기 관계 기반 어휘 연관도를 이용한 한국어 구문 분석",
    연세대 박사논문.

윤준태(1999), "구문 분석을 위한 말뭉치로부터의 어휘 정보 획득 및 응용",
    서상규 편, 「언어 정보의 탐구 1」, 연세대학교 언어정보개발
    연구원.

윤희원(1993), "의성어, 의태어의 개념과 정의", 새국어생활 제3권 2호, 국립

국어연구원.

이공주 외(1995), “품사 태깅된 말뭉치로부터 한국어 연어 추출”, 정보과학회 추계 학술발표 논문집.

이공주 외(1996), “문법범위를 벗어나는 문장분석을 위한 구문정보 기반의 견고한 구문분석기” 정보과학회 논문지 제23권 제4호.

이광호(1995), 「類義語 通時論」, 이회문화사.

이기동(1995), 「영어 동사의 의미」, 한국문화사.

이남순(1984), “피동과 사동의 문형”, 국어학 제13호, 국어학회.

이동혁(1998), “국어의 연어적 의미 연구”, 고려대 석사논문.

이병규(1996), “문장 구성 성분의 항가 의존성 검토”, 「국어 문법의 탐구 Ⅲ」, 태학사.

이병근·박진호(2000), “결합 설명 사전의 어휘 기술 방법론”, 인문논총 43, 서울대 인문학연구소.

이상억(1995), “국어 관용표현의 분석과 어휘부 내에서의 처리”, 「人文論叢」 第34輯, 서울大 人文學研究所.

이상억(2001), 「계량국어학 연구」, 서울대학교 출판부.

이선희(1993), “복합술어연구”, 연세대 석사논문.

이선희·조은(1994), “통사부의 핵이동에 대하여”, 우리말글연구 1, 우리말학회.

이성범(1999), 「언어와 의미 - 현대의미론의 이해 -」, 태학사.

이성하(1998), 「문법화의 이해」, 한국문화사.

이수련(1997), “풀이씨의 공간론적 의미바탕과 분류”, 한글 제206호, 한글학회.

이익섭(1978), “피동성 형용사문의 통사구조”, 국어학 제6호, 국어학회.

이익섭·임홍빈(1994), 「국어문법론」, 학연사.

이재인(1991), “국어 복합명사 구성의 이해”, 「國語學의 새로운 認識과 展開 - 金完鎭先生 回甲紀念論叢」, 民音社.

이정택(1992), “용언 ‘되다’의 피동법”, 한글 제218호, 한글학회.

이현아 외(1998), “한국어 구문 공기 정보와 사전 규칙을 이용한 영 - 한 기계번역에서의 역어 선택”, ‘98 봄 학술발표 논문집(B) 25-1, 한국정보과학회.

이현희(1990), “補文化”, 「國語研究 어디까지 왔나」, 東亞出版社.

이호석·김영택(1993), “영어 - 한국어 기계번역을 위한 연어와 숙어 트랜스퍼”, 한국정보과학회 논문지 Vol. 20, No.7, 한국정보과학회.

이호석·김영택(1994), "영한 변환사전 생성을 위한 말뭉치에 기반한 蓮語와 慣用語의 자동추출", 한국정보과학회 논문지 Vol. 21, No. 11, 한국정보과학회.

이희자(1994), "현대 국어 관용구의 결합관계 고찰", 제6회 한글 및 한국어 정보 처리 논문 발표 대회 발표 논문집.

이희자(1995), "현대 국어 관용구의 결합 관계 고찰", 大東文化硏究 30, 成均館大 大東文化硏究院.

임근석(2002), "현대 국어의 어휘적 연어 연구", 국어연구 167, 서울대 국어연구회

임동훈(1991), "현대 국어 형식 명사 연구", 국어연구 제103호, 서울대 국어연구회.

임유종(1999), 「한국어 부사 연구」, 한국문화사.

임지룡(1989), 「국어 대립어의 의미 상관체계」, 형설출판사.

임지룡(1992), 「국어의미론」, 탑 출판사.

임지룡(1996), "다의어의 인지적 의미 특성", 言語學 제18호, 한국언어학회.

임지룡(1997a), "영상도식의 인지적 의미분석", 語文學 제60호, 한국어문학회.

임지룡(1997b), 「인지의미론」, 탑출판사.

임홍빈(1977), "被動性과 被動構文", 「論文集」 第12輯, 國民大.

임홍빈(1998), "용언의 어근 분리 현상에 대하여", 「국어 문법의 심층2」, 태학사.

임홍빈(2001), "한국어 연어의 개념과 그 통사 의미적 성격", 제28회 국어학회 발표집, 국어학회.

임홍빈·송철의(1998), "한국어 정보 처리를 위한 어절 분석 표지의 표준화 연구", 국어 기초자료 구축, 문화관광부.

임희석(1997), "언어 지식과 통계 정보를 이용한 한국어 품사 태깅 모델", 고려대 박사논문

임희석(1999), "순간 최적 기준과 전역 최적 기준을 이용한 통계기반 N-best 품사 태거", 진리논단 제4호, 천안대학교

장병규(1997), "문서 범주화에서 연어를 기반으로 한 문서 표현", 한국과학기술원 석사논문.

장세경·장경희(1994), "국어 관용어에 대한 연구", 한국학논집 25, 한양대 한국학연구소.

장응칠(1992), "聯想實驗을 통한 反意語의 實證的 硏究", 어문교육 6, 전북대

교육대학원.

전성기(1995), "한불사전에 있어서의 예문 번역의 문제", 불어불문학연구 제30집, 한국불어불문학회.

전현경 외(1998), "영한기계번역에서의 단일화 문법에 기반한 복합단위형태소 주도의 관용어처리", '98봄 학술발표 논문집(B) 25-1, 한국정보과학회.

정규섭(1985), "연어에 있어서 문법성의 이탈에 관한 연구", 동아대 석사논문.

정수영(1992), "<의미 - 텍스트> 대응 모형 속에서의 어휘 기술", 梨花女大 碩士論文.

정시호(1994), 「어휘장이론연구」, 경북대 출판부.

정영식(1997), "영어동사의 다의적인 의미 -인지문법이론을 중심으로-", 현대문법연구 제10호, 현대문법연구회.

정제한(1998), "단위명사", 서태룡 외(1998), 「문법 연구와 자료」, 태학사.

정주리(1995), "國語 補文動詞의 通辭・意味論的 研究", 高麗大 博士論文.

정지도(1990), "현대조선말 성구에 대하여", 언어학 논문집 제8호, 평양: 사회과학출판사.

정지도(1991), "굳은 단어결합들의 성구성문제", 조선어문 1991년 제3호(루계 제83호), 평양: 과학백과사전종합출판사.

정희정(1997), "서술성 명사의 통사적 특성", 사전 편찬학 연구 제7집, 한국문화사.

정희정(1998), "국어 명사의 연구 - 의미에 따른 통사적 특성을 중심으로 -", 연세대 박사논문.

조미정(1985), "작은 움직씨마디(V')와 작은 그림씨마디(A')", 한글 193호, 한글학회.

조성식 편(1990), 「영어학사전」, 신아사.

채 완(1990), "국어 분류사의 기능과 의미", 진단학보 제70호, 진단학회.

채 완(1993), "의성어, 의태어의 통사와 의미", 새국어생활 제3권 2호, 국립국어연구원.

최경봉(1995), "국어 사전에서의 관용적 표현의 처리문제: 관용어, 속담, 연어에 대한 처리를 중심으로", 한남어문학 제20집, 한남대 국어국문학회.

최경봉(1997), "국어 명사의 의미 구조 연구", 고려대 박사논문.

최경숙(1997), "연어 구성의 기능동사에 관한 연구", 울산대 교육대학원 석사논문.

최상진(1995), "合成語의 意味的 共起關係에 관한 硏究", 語文硏究 第85號, 韓國語文敎育硏究會.

최상진(1999), "文章意味 構成要素의 意味關係에 대하여", 語文硏究 第103號, 韓國語文敎育硏究會.

최승권(1995), "한국어와 여러 언어 통합기반 기계번역 - 기능동사구문을 중심으로 -", 語學硏究 第31券 第1號, 서울大學敎 語學硏究所.

최현배(1929/1955), 「우리말본」, 정음사.

최호철(1993), "현대 국어 敍述語의 의미 연구 - 義素 設定을 중심으로 -", 고려대 박사논문

최호철(2001), "한국어 문형사전의 개발", 한국어 세계화 기초 교육 자료 분과 보고서, 한국어 세계화 재단 한국어 세계화 추진 위원회

한송화(1998), "동사의 사전적 처리의 제문제", 사전 편찬학 연구 제8집, 한국문화사.

한영균(1997), "'명사＋동사' 합성구의 형태론적 특성", 울산어문논집 제12집, 울산대 국문학과.

한영균(1999), 「전자말뭉치를 이용한 사전편찬론」, 국어정보화 인력 양성 최종보고서, 문화관광부.

한영균(2001), "한국어 학습자 사전 개발을 위한 어휘계량적 접근", 울산어문논집 제15집, 울산대 국문학과

한영균(2002), '어휘 기술을 위한 연어정보의 추출 및 활용과 관련된 몇 가지 문제', 국어학 39집, 국어학회

허명회(1999), 「사회과학을 위한 다변량 자료 분석」, 자유아카데미

홍기선(1998), "한국어 관용어구와 논항구조", 어학연구 제34권 제3호, 서울대 어학연구소.

홍승욱(1984), "다의의 원인과 생성에 관하여", 언어연구 창간호, 한국현대언어학회.

홍재성 외(1997), 「현대 한국어 동사 구문 사전」, 두산동아.

홍재성(1990), "한국어 자동사/타동사 구문의 구별과 사전 -이른바 동족목적보어 구문의 경우-", 사전편찬학 제3집, 탑출판사.(東方學志 63호(1989), 연세대 국학연구워에서 재수록)

홍재성(1993), "약속의 문법: 서술명사의 어휘, 통사적 기술과 사전", 東方學志 81호, 연세대 국학연구원.

홍재성(1997a), "이동동사와 기능동사", 말 제22집, 연세대 한국어학당.

홍재성(1997b), "술어명사 사전과 '-이다' 술어명사 구문의 기술", 제6회 한국어 학술 대회 논문집, 한국어학회

홍재성(1998), "동사·형용사의 사전적 처리", 새국어생활 제8권 제1호, 국립국어연구소.

홍종선(1986), "국어 체언화 구문의 연구", 고려대 박사논문.

홍종선(1998), "명사의 사전적 처리", 새국어생활 제8권 제1호, 국립국어연구소.

홍종선·강범모·최호철(2000), "한국어 연어 정보의 분석 응용에 관한 연구", 한국어학 11, 한국어학회.

홍종선·강범모·최호철(2001), 「한국어 연어 관계 연구」, 월인

황영숙 외(2001), "단위구문 인식에 기반한 견고한 구문 분석 기법", Journal of computer science & Engineering technology, Vol 3.

Aisendtadt(1979), Collocability restriction in dictionaries, in Seminar on Lexicography.

Al-zahrani, M. S.(1998), Knowledge of English Lexical collocation among Male Saudi college Students majoring in English at a Saudi University, PhD Dissertation, Indiana University of Pensylvania.

Apresjan, Jurij D.(1992), *Lexical Semantics: user's Guide to Contemporary Russian Vocabulary*, Ann Arbor: Karoma. Moscow: Nauka.

Altenberg, B. and Eeg-Olofsson, M.(1990), 'Phraseology in Spoken English: Presentation of a Project', an Aarts, J. and Meijs, W.(eds), Theory and Practice in Corpus Linguistics, Amsterdam and Atlanta: Rodopi.

Bahns, J.(1993), 'Lexical collocation: a contrastive view', *ELT Journal*, 47-1, Oxford University Press.

Barnbrook, G.(1996), Language and Computers: A Practical Introduction to the Computer Analysis of Language, Edinburgh: Edinburgh University Press.

Bennett, T. J. A.(1988), *Aspect of English Colour collocation and Idioms*, Heidelberg: Winter.

Benson, M.(1985), Collocation and idioms, In *Dictionary, Lexicography and Language Learning*. Oxford: Pergamon presss Ltd and The British Council.

Benson, M.(1989), 'The structure of the collocational dictionary', *International Jour-*

nal of Lexicography 2-1

Benson, et al.(1986/1997), *The BBI Dictionary of English word Combination*, John Benjamins Publishing Company.

Berry-Rogghe, G. L. M.(1973), 'The Computation of Collocations and their Relevance in Lexical Studies', in Aitken, A. J., Bailey, R. and Hamilton-Smith, N.(eds), The Computer and Literary Studies, Edinburgh: Edinburgh University Press.

Berry-Rogghe, G. L. M.(1974), 'AutomaticIdentification of Phrasal Verbs', in Mitchell, J. L.(ed.), Computers in the Humanities, Edinburgh: Edinburgh University Press.

Biber, D.(1988), *Variation Across Speech and Writing*, Cambridge: Cambridge University Press.

Biber, D.(1993), 'Co-occurrence Patterns Among Collocations: A Tool for Corpus-Based Lexical Knowledge Acquisition', Computational Linguistics 19(3).

Biber, D.(1994) "Representativeness in Corpus Design", *Current Issues in Computational Linguistics*.

Biber, D., Conrad, S. & Reppen, R.(1998), *Corpus Linguistics - Investigating Language Structure and Use -*, Cambridge University Press.

Black, E. (1988), 'An experimental in computational discrimination of Dnglish word senses', *IBM Journal of Research and Development 32*.

Brown, D. F.(1974), 'Advaned vocabulary teaching: the problem of collocation', *RELC Journal* 5-1

Brown, P. F., Cocke, J., Della Pietra, S. A., Della Pietra, V. J., Jelinek, F., Mercer R. L. and Roosin, P. S.(1988), 'A Statistical Approach to Language Translation', in Proceedings of the 12th International Conference on Computational Linguistics (coling 88), Budapest.

Brown, P., Lai, J. and Mercer, R.(1991), 'Aligning Sentences in Parallel Corpora', in Proceedings of the 29th Annual Meeting of the ACL, pp.169-76.

Butler, C.(1985), *Computers in Linguistics*, Oxford: Brasil Blackwell.

Carroll, J. B.(1970), 'An Alternative to Juilland's Usage Coefficient for Lexical Frequencies and a Proposal for a Standard Frequency Index(SFI)', Computer Studies in the Humanities and Verbal Behaviour, 3(2), pp.61-5.

Chafe, W. L.(1968) 'Idiomaticity as an Anomaly in the Chomskyan Paradigm', *Foundations of Language* 4.

Chafe, W. L.(1970) *Meaning and the Structure of language, Chicago & London*, The University of Chicago Press.

Chrita Fernando(1996), *Idioms and idiomaticity*, Oxford University Press.

Church, K. W. and Hanks, P.(1990), 'Word Association Norms, Mutual Information and Lexicogrphy', Computational Linguistics, 16(1).

Church, K., Gale, W., Hanks, P. and Hindle, D.(1991), 'Using Statistics in Lexical Analisys' in Zernik, U.(ed.), *Lexical Acquistion*: Exploiting On-line Resources to Build a Lexicon, Hillsdale, NJ: Lawrence Erlbaum Associates.

Cop, M.(1989), 'Collocations in the Bilingual Dictionary', in *Encylopédie Internationale de Lexicographi*, Berlin, New York: Walter de Gruyter.

Cover, & Thomas, M. and Joy A. T.(1991), *Elements of Information theory*. New York: John Wiley & Sons.

Cowie, A. P.(1978), *Phraseology*, Oxford University Press.

Cowie, A. P.(1981), 'The treatment of collocations and idioms in learner's dictionary', *Applied Linguistics* 2-3.

Cruse, D. A.(1986), *Lexical Semantics*, Cambridge University Press.

Dagan et al.(1991), 'Two languages are more informative than one'. In ACL 29.

Daille, B.(1995), 'Combined Approach for Terminilogy Extraction: Lexical Statisticsand Linguistics', University of Lancaster, UK.

de Tollenaere, F.(1973), 'The Problem of the Context in Computer-Aided Lexicography' in Atiken, A. J., Bailey, R. W. and Hamilton-Smith, N. (eds), *The Computer and Literary Studies*, Edinburgh: Edinburgh University Press.

Dieter Mindt(1991), 'Syntactic evidence for semantic distinctions in English', *English Corpus Linguistics*.

Douglas Biber, Susan Conrad, Randi Reppen(1998), *Corpus Linguistics*, Cambridge University Press.

Dunning, T.(1993), 'Accurate Method for the Statistics of Surprise and Coincidence', Computational Linguistics, 19(1), pp.61-74.

Firth, J. R.(1957), 'Modes of meaning', In J. R. Firth, *Paper in Linguistics* 1934-

1951, London: Oxford University Press.

Fontenelle, T.(1997), *Turning a Bilingual into a Lexical Semantic Database*, ubingen.

Frank Smadja(1993), 'Retrieving Collocations from Text: Xtract', *Computational Linguistics* 19-1.

Gale, W. A. and Church, K. W.(1993), 'A Program for Aligning Sentences in Bilingual Corpora', Computational Linguistics, 19(1), pp.75-102.

Gale, W. A. and Church, K. W.(1991), 'Concordance for Parallel Texts', in Proceedings of the seventh Annual Conference of the UW Centre for the New OED and Text Research Using Corpora, Oxford. pp.40-62.

Gale, W. A., Gjurch K. W. and Yarowsky, D.(1992), 'A Method for Disambiguating Word Sense in a Large Corpus', Computers and the Humanities, 26 (5-6), pp.415-39.

Garside, R., Leech, G. and McEnery, A.(eds)(1997), *Corpus Annotation*, London: Addison-Wesley-Longman.

Gaussier, E. and Lange-, J.-M.(1994), 'Some Methods for the Extraction of Bilingual Terminology', in Jones, D.(ed.) Proceedings of the International Conference on New Methods in Language Processing(NeMLaP), 14-16 September 1994, UMSIT, Menchester, pp.242-7.

Gaussier, E. and Lange, J.-M. and Meunier, F.(1992), 'Towards Bilingual Terminology', 19th International Conference of the Association for Literary and Linguistic Computing, 6-9 April 1992, Christ Church Oxford, in Proceedings of the Joint ALLC/ACH Conference, Oxford: Oxford University Press, pp.121-4.

Geffroy, A., Lafon, P., Seidel, G. and Tournier, M.(1973), 'Lexicometric Analysis of Co-occurences', in Atiken, A. J., Bailey, R. W. and Hamilton-Smith, N.(eds). *The Computer and Literary Studies*, Edinburgh: Edinburgh University Press.

Gledhill, C.(1996), 'Science as a Collocation: Phraseology in Cancer Research Articles', in Botley, S., Glass, J., McEnery, A. and Wilson, W.(eds), Proceedings of Teaching and Language Corpora 1996, URCEL Technical Papers, Volume 9(Special Issue), Department of Linguistics, Lancaster University, pp.108-26.

Greenbaum, S.(1970), *Verb-Intensifier Collocations in English - an experimental* approach, Mouton, Hague and paris.

Grubber, J. S.(1965), 'Study in Lexical Relations', PhD dissertation, MIT, Cambridge, MA.

Grubber, J. S.(1970), *Study in Lexical Relations*, Indiana University Press.

Halliday, M. A. K.(1966), 'Lexis as a Linguistic Level', In Memory of J. R. Firth. London: Longman.

Hann, M. N.(1973), 'The Statistical Force of Random Distribution', ITL, 20, pp.31-44.

Harter, S. (1975), A probablistic approach to automatic keyword indexing: Part II. an algorithm for probablistic indexing. Journal of the American Society for Information Science 26.

Haskel, P. I.(1971), 'Collocations as a Measure of Stylistic Variety', in Wisbey, R. A.(ed.), The Computer in Literary and Linguistic Research, Cambridge UniversityHausman, F. J.(1985),

Hay, D. G.(1967), *Introduction to Computational Linguistics*, London: Mcdonald and Co.

Heid, U.(1992), *Using Lexical Functions for the Extraction of Collocations from Dictionaries and Corpora*, John Bejamins Publishing Co. Amsterdam/Philadelphia.

Henk Barkema(1993), "Determining the syntactic frexibility of idioms", *Creating & Using English Language Corpora*.

Hickey, R.(1993), 'Corpus Data Processing with Lexa', ICAME Journal 17, pp.73-95.

Hockey, S.(1980), *A Guide to Computer Applications in the Humanities*, London: Duckworth

Hofland, K.(1991), 'Concordance Programs for Personal Computers', in Johansson, S. and Stenstro"m, A.-D.(eds), *English Computer Corpora*, Derlin and NewYork: Mounton de Gruyter. Jelinek, F.(1990), 'Self-Organized LAnguage Modeling for Speech Recognition', in Waibel, A. and Lee, K. F.(eds), Readings in Speech Recognition, New York: Morgan Kaufman Publishers.

James Pustejovsky(1995), *The Generative Lexicon*, The MIT Press.

John Nerbonne(1998), *Database*, CSLI Publications.

Julliand, A., Brodin, D. and Davidovitch, C.(1970), *Frequency Dictionary of French Words*, The Hague: Mounton.

Kay, M. and röscheisen, M.(1993), 'Text-Translation Alignment', Computational Linguistics, 19(1), pp.121-42.

Kilgarriff, A.(1996), 'Which Words are Particularly Characteristic of Text? A Survey of Statistical Approaches', Information Technology Research Institute, University of Brighton, 6 March.

Kilgarriff, A.(1997), "I don't believe in word senses". *Computers and the Humanities* 31.

Kirk, J. M.(1994), 'Taking a Byte at Corpus Linguistics', in Flowerdew, L. and Tong, A. K. K.(eds), 'Entering Text', Language Centrem The Hong Kong University of Science and Technology.

Kita, K., Kato, Y., Omoto, T. and Yano, Y.(1994), 'Automatically Extracting Collocations from Corpora for Language Learning', in Wilson, A. and McEnery, A.(eds), URCEL Technical Papers, Volume 4(Special Issue), Corpora in Language Education and Research, A Selection of Papers from Talc94, Department of Linguistics, Lancaster University.

Kjellmer, G.(1984), 'Some Thought on Collocational Distinctiveness', in Aarts, J. amd Meijs, W.(eds), *Corpus Linguistics*, Amsterdam: Rodopi.

Kjellmer, G.(1990), 'Patterns of Collocability', in Aarts, J. and Meijs, W.(eds), Theory and Practice in Corpus Linguistics, Amsterdam and Atlanta: Rodopi.

Lakoff, G.(1987), *Womenm Fire, and Dangerou*s Things, The University of Chicago.

Lancshire, I.(1995), 'Computer Tools for Cognitive Stylistics', in Nissan, E. and Schmidt, K. M.(eds), From Information to Knowledge, Oxford: Intellect.

Luk, R. W. P.(1994), 'An IBM Environment for Chinese Corpus Analysis', Proceedings of COLING, Kyoto, Japan.

Lyne, A. A.(1985), *The Vocabulary of French Business Correspondence*, Geneva and Paris: Slatkine-Champion.

Mackin, R.(1978), On Collocation: 'Word shall be known by the company they keep'. In Strevens, 1978, *In honour of A. S. Hornby*, Oxford University Press.

McIntosh, A.(1961), 'Pattern and range', *Language* 37.

Manning, C. & Schützel, H.(1999), *Foundations of Statistical Natural Language Processing*, MIT press, Cambridge, Massachusetts.

Martin Everaert, Erik-Jan van der Linden, Andre Schenk, Rob Schreuder(1995), Idioms: Structual and Psychological Perspectives, Lawrence Erlbaum Associates.

Maurice Gross(1994), 'Constructing Lexicon-Grammars', *Computational Approaches to the Lexicon*, Oxford University Press.

McEnery, A. M. and Oakes, M. P.(1996), 'Sentence and Word Alignment in the CRATER Project', in Thomas, J. and Short, M.(eds), *Using Corpora for Language Research*, London: Longman.

Melćuk, I. A.(1988a), Semantic Description of Lexical Units in an Explanatory Combinatorial Dictionary: Basic Principle and Heuristic Criteria, *International Journal of Lexicography 13*

Melćuk, I. A.(1988b), Semantic Primaitives from the viewpoint of the Meaning-Text Linguistic Theory, Quaderni di Semantica 10(1)

Melćuk, I. A.(1995), The Feature of the Lexicon in Linguistic Description and the Explanatory Combinatorial Dictionary, In *Linguistics in the Morning Calm*, Hanshin Publishing Company, Seoul Korea

Melćuk, I. A.(1996), Lexical Functions: A Tool for the Description of Lexical Relations in a Lexicon. In. Wammer, L.(eds.) *Lexical Function in Lexicography and Natural Language Porcessing*. John Benjamins Publishing Co. Amsterdam/Philadelphia

Melćuk, I. A. & Wanner, L.(1996), Lexical Functions and Lexical inheritance for Emotion Lexemes in German, In. Wammer, L.(eds.) *Lexical Function in Lexicography and Natural Language Porcessing*. John Benjamins Publishing Co. Amsterdam/Philadelphia.

Milton, J. (1997), 'Exploiting L1 and L2 Corpora in te Design of an Electronic Language Learning and Production Environment', in Grainger, S. (ed.), *Learner English on Computer*, Harlow: Longman.

Mood, A. M. et al.(1974), Introduction to the theory of statistics. New York: McGraw-Hill. 3rd edition.

Moor, D. et al.(1989), *Introduction to the practice of statistics*. New York: Freeman.

Morton Benson(1985), 'Collocations and Idioms', *ELT Document 120*, Pergamon Press.

Nagao, M.(1984), 'A Framework of a Mechanical Translation between Japanese and English by Analogy Principle', in Elithorn, A. and Banerji, R.(eds), *Artificial and Human Intelligence*, Amsterdam: Elsevier Science Publisher.

Nakamuram J. and Sinclair, J.(1995), 'The World of Woman in the Bank of English: Internal Criteria for the Classification of Corpora', Literary and Linguistic Computing, 10(2) pp.99-110.

Newmeyer, F. J.(1988), *Linguistics: The Cambridge survey*. Cambridge University Press.

Oakes, M.(1998), *Statistic for Corpus Linguistics*, Edinburgh University Press

Oakes, M. P. and Xu, X.(1994), 'The Production of Concordancing Facilities for the Hua Xia Corpus of Chinese Text', in Moneghan.(ed.), Proceedings of CS-NLP Conference.

Oakman, R. L.(1980), *Computer Methods for the Literary Research*, Columbia: University of South Carolina Press.

Ooi, V. B. Y.(1998), *Computer Corpus Lexicography*, Edinburgh: Edinburgh University Press.

Palmer, F. R.(1976/1981), *Semantics*, Cambridge Press.

Parrish, S. M.(1959), *A Concordance to the Poems of Matthew Arnold*, Ithaca: Cornell University Press.

Partington, A.(1998), *Patterns and Meanings*, John Benjamins Publishing Co. Amsterdam/Philadelphia.

Ramsey, F. et al.(1997), *The statistical sleuth: a course in methods of data analysis*. Belmont, CA: Duxbury Press.

Renouf, A. and Sinclair, J.(1991), 'Collocational Frameworks in English', in Aijmer, K. and Altenberg, B.(eds), English Corpus Linguistics, London and New York: Longman.

Ricarda Dormeyerm Ingrid Fischer, Martin Keil(1998), 'A database for Verbal Idioms', Euralex '98 Proceedings.

Robertson ,A. M. and Winllett, P.(1992), 'Evaluation of Techniques for the Conflation of Modern and Seventeenth Century English Spelling', in

McEnery, A. and Paice, C.(eds), Proceedings of the 14th Information Retrieval Colloquium, Lancaster, pp. 155-65.

Roger Garside, Geoffrey Leech, Tony McEnery(1997), *Corpus Annotation*, Longman.

Rosamund Moon(1996), 'Data, Description, and Idioms in Corpus Lexicography', Euralex '96 Proceeding.

Ross, D.(1973), 'Beyond the Concordance: algorithms for description of English Clauses and Phrases', in Aitken, A. J., Bailey, R. W. and Hamilton-Smith, N.(eds), *The Computer and Literary Studies*, Edinburgh: Edinburgh University Press.

Rudall, B. H. and Corns, T. N.(1987), *Computers and Literature, Cambridge*, MA and Tunbridge Wells, Kent: Abacus Press.

Salton, G. and Mcgill, M. J.(1983), *Introduction to Modern Information Retrieval*, New York: McGraw-Hill.

Scott, Mike(1996), *WordSmith Tools Manual*, Oxford: Oxford University Press.

Sinclair, J.(1991), *Corpus, Concordance, Collocation*, Oxford University Press.

Smadja, F.(1991), 'Marco-coding the Lexicon with Co-Occurence Knowledge', in Zernik, U. (ed.), Lexical Acquisition: Exploiting On-Line Resources to Build a Lexicon, hillsdale, NJ: Lawrence Erlbaum Associates.

Smadja, F.(1992), 'XTRACT: An Overview', Computers and the Humanities, 26 (5-6), pp.399-414.

Smadja, F.(1991), 'Macro-coding the Lexicon with Co-Occurrence Knowledge', in

Smadja, F., McKeown, K. R. and Hatzivassiloglou, V.(1996), 'Translating Collocations for Bilingual Lexicons: A Statistical Approach', Computational Linguistics, 22(1), pp.1-38.

Snedecor, G. B. & Cochran, W. G.(1989), *Statistical methods*. Ames: Iowa State University Press. 8th edition.

Stubbs, M.(1996), *Text and Corpus Analysis - Computer-assisted Studies of Language and Culture -*, Blackwell

Svensén, B.(1993), *Practical Lexicography - Principles and Methods of Dictionary -Making -*, Oxford: Oxford University Press.

Thierry Fontenelle(1998), 'The semantic analysis of of-phrasesfor word sense disambiguation', Euralex '98 Proceedings.

Tucker, G. H.(1998), The Lexicogrammar of Adjectives - A Systemic Functional

Approach to Lexis -, Cassell, London and New York.

Veronika N. Telija(1992), 'The motivational basis in the semantics of idioms and was of its presentation in the computer data base', Euralex '92 Proceedings.

Vincent B. Y. Ooi(1998), *Computer Corpus Lexicography*, Edinburgh University Press.

Weinberg, S. H. et al.(1990), *Statistics for the behavioral sciences*. Cambridge University Press.

Zernik, Stubbs, M.(1996), *Text and Corpus Analysis - Computer-assisted Studies of Language and Culture -*, Blackwell.

Zernik, U.(1991), 'Train 1 vs Train 2; Tagging Word Sense in a Corpus'. *Lexical Aquisition: Exploiting On-line Resources to build a Lexicon*, Hillsdale, NJ: Lawrence Erlbaum.

제 2 장 계량적 연구 방법 설정 및 자료 처리

제 3 장 인접 공기관계 연구

제 4 장   구문적 공기관계 연구

제 5 장 군집 공기관계 연구

제 6 장 연구 방법별 비교 고찰

제7장 결 론

저자소개 ■ ■ ■

박병선(朴炳善)

　서울 경복고등학교 졸업(1988)
　고려대학교 문과대학 언어학과 졸업(1995)
　동 대학원 언어학 문학석사(1997)
　동 대학원 국어학 문학박사(2003)
　고려대, 성신여대, 창원대, 서울산업대, 한국방송대 강사 역임
　영국 랑카스터 대학교 객원연구원 역임(2001)
　고려대학교 민족문화연구원 선임연구원 역임
　BK21 한국학 교육연구단 박사후 연구원 역임
　한국과학기술원 전문용어언어공학연구센터 선임연구원 역임
　현재 대만 국립정치대학 한국어학과 조교수

　[주요논저]
　한국어 지시관형사의 사용 양상 연구
　현대 국어 양태 표현의 변천 외 다수

한국어 계량적 연구 방법론 ■ ■ ■

인　쇄　2005년　8월　20일
발　행　2005년　8월　30일

저　자　박　병　선
펴낸이　이　대　현
편　집　박　윤　정
펴낸곳　도서출판 역락
　　　　서울 성동구 성수 2가 3동 301-80 (주)지시코 별관 3층
　　　　전　화 : 3409-2058, 3409-2060　FAX : 3409-2059
　　　　홈페이지 : http://www.youkrack.com
　　　　이메일 : youkrack@hanmail.net
　　　　등　록　1999년 4월 19일 제2-2803호

정　가　20,000원
ISBN　89-5556-404-X-93710

■ 잘못된 책은 교환해 드립니다.